树立健康意识
生活方式 保持
乐观的心态 运动
良药 吃得健康
得长寿 零基础健
提高你的心肺
增强你的肌肉力
和肌肉耐力 提高
的平衡性 提高你
柔韧性 常见慢性
病的健身防治方法
初级 中级和高级
自方案 运动损伤

钟南山院士学健身

张少生 郭 勇◎著

▶视频版

人民出版社

致广大读者

为了健康、快乐和幸福

让我们一起来科学健身吧！

钟南山

序言

　　人为什么活着？人怎样活着才算有意义？拿出一张 A4 纸，在上面用笔画 30×30 的表格，1 个格子代表 1 个月，把过去的人生涂黑，涂到一多半，你会惊讶于时间的飞逝，从而更加关爱自己，重视健康问题。对于中老年人群而言，追求健康是一种智慧的选择。《跟钟南山院士学健身》一书的出版，如同照亮健康之路的明灯，引领我们在追求健康的道路上更加从容、自信。

　　钟南山院士，一位医学界的泰斗，他的名字与抗击疫情、保护人民健康紧密相连。然而，他的贡献远不止于此。他不仅在医学领域取得了卓越的成就，还在健身领域有着深入的研究和独到的见解。他的健身故事、健康理念和健身方法，对于我们每一个人来说，都是一笔宝贵的财富。

　　本书将钟南山院士的健身经验和健康理念娓娓道来，如同一位智者在与我们分享他的人生智慧。通过阅读本书，我们可以深入了解钟南山院士的健康之路，感受他在健身过程中的坚韧与毅力，从而受到激励，在自己的健康之路上更加坚定地前行。

　　我在此欣然为《跟钟南山院士学健身》作序，不仅因为这是一本关于健康的书，更因为它所传递的是一种积极的生活态度和向上的精神力量。我深信，每一位读者都能从中受益。

本书深入阐述了钟南山院士的健康理念。他认为，良好的心态是保持身心健康的关键因素之一。很多老人长寿的秘诀之一就是拥有良好的心态，"笑看庭前花开花落，静观天边云卷云舒"。内心保持淡定和从容，有益于身体健康。

钟南山院士认为，规律运动、合理膳食、心情愉悦、戒烟限酒、早防早治、良好睡眠、洁净环境是健康的七大基石。身体健康，生活才会有质量，生命才会更长久。然而，很多人仍然因工作繁忙而久坐少动，也顾不上健康饮食。规律运动应是所有人为改善健康而做的重要的事情之一。无论年龄、性别、身体状况有何不同，增加身体活动，加强体育锻炼，减少久坐行为，都会给人们带来巨大的好处。如今，很多老年人患有一种或多种可以预防的慢性疾病。很多慢性疾病是可以通过规律运动来预防的。规律运动可以使人们保持身体功能正常，预防失能，从而更好地生活。诚如古希腊哲学家苏格拉底所言：身体的健康因静止不动而破坏，因运动练习而长期保持。

在探讨健康生活方式时，本书强调了平衡膳食的重要性。通过科学的饮食搭配和营养素的摄取，我们可以保持身体各项机能的正常运转，增强免疫力，预防疾病的发生。同时，本书也提供了实用的膳食建议，帮助中老年人在日常生活中实现平衡膳食的目标。

大家都知道健身的重要性，但一部分人尚不懂得如何科学健身。运动过量、运动损伤和运动猝死等现象仍然时有发生。本书依据钟南山院士的健身实践，总结出了一套详细的适合中老年人的健身方法，包括针对零基础运动人群的健身方法，提高心肺耐力、增强肌肉力量和肌肉耐力、提高平衡性和柔韧性的练习方法，以及常见慢性疾病的健身防治方法，并介绍了针对不同运动水平人群的初级、中级和高级健身方案。通过阅读本书，我们可以多掌握一些有关科学健身的知识与方法，并把从书中学到的健身技巧运用到日常生活中。

关爱自己，才能更好地关爱家人。中老年朋友要学会娱悦自己、照顾自己，关注身体发出的警告信号，及时地调整自己，享受美好的生活，活出自我，活出精彩。爱自己，世界也会爱上你。健身可以让人看起来更有型、更精神、更自信。坚持锻炼并持之以恒，可以使高血压、脑梗死、2型糖尿病等疾病的发生率降低一半以上，中年时经常进行体育锻炼的人在70岁以后患阿尔茨海默病的可能性只是那些不锻炼的人的1/3。养成良好的生活习惯，坚持健身，健康、长寿并不是梦。

目前，我国已经进入老龄化阶段。为了应对老龄化，我们必须做好准备，积极参加体育锻炼，并把体育锻炼作为自己的爱好，体验锻炼带来的快乐。

健走、慢跑、跳绳、跳舞、做健身操等都可以与日常生活融合在一起，只要能给自己的生活带来乐趣，就多尝试吧！健身可以给生命增加活力、增加乐趣。不要找借口，说没有时间锻炼。每天抽出5分钟、10分钟，按照本书提供的科学健身指导建议和方法锻炼，你会收到平时锻炼半小时的锻炼效果。健身不一定要在健身房进行，随时随地都可以进行。排队时、看电视时，你都可以健身。

本书极具实用性和指导性。它不仅为我们提供了丰富的健康知识和实用建议，还激发了我们对健康生活方式的向往和追求。

我推荐大家阅读本书，我们可以跟随钟南山院士的步伐，探索适合自己的健身之路。我相信，《跟钟南山院士学健身》将成为中老年人群的健康指南和生活伴侣，为我们在追求健康的道路上提供更多的帮助和支持。愿每一位读者都能在阅读本书的过程中收获健康、快乐和幸福！

钟秉枢

首都体育学院原校长

前言

　　本书详细介绍了钟南山院士的健身故事、健康理念，讲解了健康的生活方式，给出了平衡膳食、科学健身的建议，旨在帮助读者循序渐进地掌握科学健身的方法。广大读者，尤其是中老年读者应以钟南山院士为榜样，改变久坐少动的生活方式，树立科学的健康观，坚持规律运动，配合平衡膳食，注重睡眠，从而提高身体素质，延年益寿。

　　年龄只是一个数字，不再是一个标签。规律运动的老年人可能比不爱运动的年轻人还强壮。无论年龄多大，活出生命的质量，活出生命的精彩，活出健康的体魄，才是硬道理。限制我们生命的不是年龄本身，而是自己的思维和行为模式。给自己10分钟，静下来，内观自心，重新思考一下生命的价值，审视一下自己的健康状态，想一想自己的生活习惯是否健康。不管你有多大年龄，我相信，只要你愿意改变，并付诸行动，什么时候开始采取健康的生活方式都不算晚。关爱自我，科学健身和健康饮食从今天开始。读过钟南山院士的健身励志故事，也许每个人都会思考，我该如何度过这一生。尽兴无悔、平淡顺遂，当然很好，但是自律、强大是不是会使你的生活变得更加精彩？

　　相信每一位中国人都知道钟南山院士的名字。网民亲切地称他为"定海神针""最美逆行者"等。新冠疫情肆虐全球之际，作为国家卫生健康委员会高级别专家组组长、中国工程院院士、国家呼吸系统疾病临床医学研究中心主任、中国医学科学院学部委员，钟南山院士带领科研团队不辞辛苦、殚精竭虑，一直奋战在抗击疫情的第一线。每次有钟南山院士的新闻播报时，人们讨论最多的就是他与80多岁高龄反差最大的强健身体。这洪亮的声音、这健硕的身材，一点儿都不显老，工作干劲一点儿不亚于年轻人。我们看到了一个朝气蓬勃、风度翩翩、体魄强健、自信满满、勤奋工作的钟院士。

为隆重表彰钟南山院士在抗击新冠疫情中作出的杰出贡献，2020年8月11日，中共中央总书记、国家主席、中央军委主席习近平授予他"共和国勋章"。

钟南山院士医术精湛，为国为民、敢于担当。更让广大中老年朋友惊叹的是，他今年88岁，有着强健的体魄和饱满的精神，每天还工作十多个小时。我们无法比肩钟南山院士在学术上的成就，但我们可以学习他是如何健身的。

钟南山院士从小就喜欢运动。在北京医学院（今北京大学医学部）读书期间，他曾以54.4秒的成绩打破了男子400米栏的全国纪录。至今，他仍然保持着每周健身的良好习惯。运动已经成为他日常生活的一部分。规律的运动、合理的膳食、充足的睡眠和良好的心态等使钟南山院士的生理年龄和心理年龄都较为年轻。

钟南山院士说："健康的身体取决于良好的生活习惯。最好的医生是你自己。"让我们从今天开始阅读本书，制订健身目标和健身计划，积极行动起来，养成健康的生活方式，提高生活质量，为建设"健康中国"贡献自己的一份力量。

伟大的思想家托尔斯泰说过，"全部教育，或者说千分之九百九十九的教育都归结到榜样上"。希望朋友们以钟南山院士为榜样，感悟楷模的崇高品质，追随榜样，积极参加体育锻炼，利用好每日的5分钟、10分钟、20分钟等，随时随地开始健身，成为"健康中国"战略的践行者。

钟南山院士说："运动对我保持身体健康起到了关键作用。再过几十年，医疗水平会大大提高，希望大家都高高兴兴地活到100岁。"正是因为有这样的健身理念，钟南山院士始终保持着良好的身体状态，八十多岁仍然奋战在医疗前线。他用实际行动证明了健身在人生历程中的积极作用。钟南山院士认为："任何工作都代替不了身体锻炼。健康是需要投资的。体育锻炼关系到国民体质的强弱，关系到民族的兴衰，关系到个人的身心健康。"

运动是良药，运动有益健康。增进健康、防衰抗老的最好办法莫过于体育锻炼。无论男女，无论年龄，人们都需要进行适量的体育锻炼（如进行有氧运动、力量训练、柔韧练习等）来增强心肺功能，增强肌肉力量，改善柔韧性和平衡性。运动有助于延年益寿，降低罹患多种慢性疾病的风险；有助于增加骨密度，降低罹患骨质疏松症、骨关节炎和腰部疾病的风险，提高免疫力；有助于缓解压力，使人身心愉快，增强自信，提高工作效率；等等。随着年龄的增长，人最终会衰老、死亡，这是不可抗拒的自然规律。然而，通过科学的健身方法强健身体，注重合理膳食，保持快乐的心态，延年益寿的愿望是完全可以实现的。只有长寿不可取，身心还得健康，将二者有机统一有助于人们拥有幸福的生活。将来是躺在病床上无所事事地活着，还是像钟南山院士一样精神焕发地生活，选择权就在你的手中。

体育锻炼要讲究科学。盲目的运动和过量的运动不仅收不到好的健身效果，还容易造成运动损伤。运动需要持久性和规律性。拥有顽强的毅力和超强的自控力，下定决心从今天开始运动，制订健身目标和计划，认真学习科学健身方法，任何人在任何时候开始健身都不晚。经过几周的锻炼，你就会发现你的身体发生了一些良性变化。健身可以带给人们很多益处。钟南山院士已经帮我们找到了保持年轻态的秘密。

朋友们，从今天开始，下定决心，开始制订自己的健身方案，每天先健走 10 分钟，或者参考本书第六章"零基础健身"的方法锻炼 10 分钟，逐步改变自己的生活方式，选择健康饮食，就会找到保持健康的秘密。

坚持两个月，你会发现：健身会给你带来快乐，健身会让你感觉年轻，健身会改变你的外表和体姿，健身会改善你的睡眠，健身会让你更强壮，健身会帮助你增肌、减脂，健身会减轻你的焦虑感，健身会使你精力更充沛，健身会让你更聪明。总之，健身会提高你的生活质量，预防慢性疾病，延年益寿。

树立健康意识，掌握科学的健身方法，养成积极的生活方式，真的可以逆龄生长。祝愿你们早日掌控自己的生活，预防疾病，健康快乐地生活每一天！

高云智
世界休闲体育协会秘书长

目录

第一章
健身楷模——钟南山院士

【钟南山谈健康】

1. 一个人最大的财富就是活着，最大的幸福就是健康。

2. 健康就像一条单行线，每个人都应认真对待。身体出了问题，很难恢复，不像工作，时沉时浮是常有的事。

3. 体育锻炼关系到国民体质的强弱，关系到民族的盛衰，关系到个人的身心健康。

从小就爱健身的钟南山用实际行动证明了运动在人生历程中的积极作用。钟南山今年88岁，工作非常繁忙，现在每日工作约14小时。虽然每天都要查房、到门诊室看诊、会诊、开会、做研究、讲课等，但是他总会挤出时间锻炼身体，如跑步、做俯卧撑和引体向上等。钟南山说："不要找借口。如果我们把体育锻炼看作与吃饭、喝水、工作一样，是日常生活中不可或缺的组成部分，那你的精神境界就达到了新的高度。如果达到了这个境界，你就能每天挤出时间去锻炼身体。任何工作都代替不了身体锻炼。"

对于体育锻炼，钟南山提出了两条建议：① 青少年应多参加竞技运动，因为竞技运动不仅可以锻炼身体，还可以培养人的意志、品德和精神；② 中老年人应适量运动，重视有氧运动、力量训练、柔韧性练习和平衡性练习，可以优先选择健走、慢跑、打太极拳、游泳等。

一、诗书传家，继世绵长

钟南山认为，自己今天所取得的成就与父母的教诲和影响密切相关。

钟世藩（1901—1987），钟南山的父亲，出生于福建厦门，20世纪30年代曾任南京中央医院儿科主治医师，中华人民共和国成立后成为中山医科大学（后并入中山大学）一级教授。

廖月琴（1911—1967），钟南山的母亲，祖籍福建厦门，出身于鼓浪屿的药商之家。她中学就读于当地著名的毓德女中（今福建省厦门第二中学），大学毕业于北平协和医学院（今北京协和医学院）高级护理专业。国民政府卫生署曾公派她到美国波士顿进修高级护理。中华人民共和国成立后，她担任过中山医学院附属肿瘤医院（今中山大学肿瘤防治中心）副院长。

钟世藩是孤儿，自幼跟着叔父在厦门生活，日子过得穷困潦倒。9岁时，钟世藩为了生活被人带到上海，在大户人家当童仆，过着寄人篱下的生活。特殊的身世、艰难的时势使钟世藩很早就开始自立、自强，并养成了脚踏实地、认认真真做事的品质。他在从事中药生意的五叔的帮助下上学读书。上学后，他学习刻苦，而且很有天分。21岁时，他以优异的成绩考入北京协和医科大学（今北京协和医学院）。入学时，他们全班共有40人，但最后毕业的只有8人，这其中就有钟世藩。1930年，钟世藩大学毕业，之后又取得美国纽约州立大学医学博士学位。

鼓浪屿位于厦门岛西南方，风景秀丽，气候宜人。廖氏庄园位于厦门鼓浪屿漳州路，其中44号院是林语堂故居，48号院是廖月琴的父亲廖超熙建造的。廖家家境殷实，人才辈出，有钢琴家、声乐家、医学家等，如著名文学家林语堂的妻子廖翠凤，著名钢琴家殷承宗的母亲廖翠娥，著名声乐作曲家林俊卿的母亲廖翠畴，中国工程院院士、骨科生物力学专家戴尅戎的母亲廖素琴，曾是厦门市卫生局专家顾问和厦门市政协委员的廖永廉（钟南山的舅舅）。

廖家数代经商。廖月琴的父亲廖超熙毕业于香港的英华书院。他在厦门鼓浪屿开办了一家华南药房。廖月琴的母亲谢淑媛是一位大家闺秀，温柔贤惠，知书达理，对女儿廖月琴影响颇深。

钟世藩和廖月琴相识、相爱于北平协和医学院。在北平协和医学院，共同的乡音拉近了他们之间的距离，二人还有共同的理想和追求。尽管钟世藩比廖月琴大了10岁，而且二人的家庭经济状况悬殊，但廖月琴还是被钟世藩深深地吸引了。那时的钟世藩虽长相平平，但身材挺拔，文质彬彬，"腹有诗书气自华"。1934年，23岁的廖月琴冲破家族重重阻力，不顾家人的反对，毅然地嫁给了家境贫寒的才子钟世藩。

1936年10月20日，钟南山诞生在南京中央医院。因为南京中央医院位于钟山南面，钟世藩和廖月琴便按照儿子出生地的位置为其取名钟南山。"南山"寓意孩子将来像巍巍的高山，壁立千仞，气势雄浑。果不其然，多年之后，钟南山不断攀越高山，超越自我，成为国之柱石。在贵阳，钟世藩和廖月琴又生了一个女儿，取名钟黔君。廖月琴教育孩子非常有耐心，她不仅在医学事业上卓有成绩，在子女教育方面也非常成功。钟世藩在医院十分忙碌，顾不上照看孩子，廖月琴就毅然承担起照顾家庭的责任。在家里，她常常陪两个孩子玩耍，给他们讲感人、有趣的故事。至今，钟南山还会想起母亲给他讲的美国作家欧·亨利的著名小说《麦琪的礼物》。廖月琴给孩子们讲述书里面的故事，希望他们通过故事学习知识，体会人生百味，懂得做人的道理。廖月琴经常与儿子谈心，让他一定要好好读书，将来报效祖国。每逢儿子有一点儿进步，廖月琴就鼓励他。

1937年冬天，为了躲避战乱，父母带着钟南山离开南京，前往贵阳。整个行程十分辛苦，颠沛流离，风餐露宿。钟南山回忆说："我出生后没多久，我们家就遭到日本飞机的轰炸，房子被炸塌了，妈妈和外婆冒着生命危险把我从瓦砾堆里救了出来。当时我的脸都已经黑了，后来才慢慢地喘过气来。现在我能活着，是妈妈给了我第二次生命。"

钟世藩在南京中央医院工作时，在肺炎球菌的研究上取得过重大成就。在贵阳，钟世藩担任贵州中央医院院长兼儿科主任。抗日战争结束后，贵州中央医院迁到广州成为广州中央医院（今广东省人民医院），钟世藩担任该院的副院长。同年，他又受聘为岭南医学院儿科教授。1946年，钟世藩担任广州中央医院的院长，并兼任儿科主任。在广州解放的前夕，钟世藩作出了一个重大的选择——他愤怒地拒绝了国民政府卫生署署长让他携带巨款撤去台湾的命令，义无反顾地留在了广州。中华人民共和国成立后，钟世藩把这笔巨款如数上交给广州市军事管制委员会。1949年，钟世藩被世界卫生组织聘为医学顾问。1953年，钟世藩教授担任华南医学院（今中山大学中山医学院）儿科主任。

20世纪50年代，钟世藩创办了中山医学院儿科病毒实验室，在这个实验室中从事病毒学研究并培养研究生。这不仅是广东省，也是全国最早创办的临床病毒实验室之一。当时我国经济还比较落后，医学科研条件有限。钟世藩为了研究乙型脑炎病毒，用自己的工资买来小白鼠做试验。"文化大革命"期间，钟世藩依然醉心于医学科学研究，历时4年，把自己的科研成果整理成了约40万字的医学专著《儿科疾病鉴别诊断》（人民卫生出版社出版）。该书后来多次再版印刷。钟世藩常对儿子说："一个人能够为人类创造点有价值的东西，那就没白活。"钟南山说："父亲的教诲一直铭刻在心。"钟世藩夫妇通过言传身教为儿子树立了榜样。

二、自幼活泼好动，从不自觉运动到自觉运动

钟南山6岁开始在广州岭南大学附属小学（今中山大学附属小学）读书。在小学期间，钟南山痴迷武侠小说，喜爱模仿书中的武林高手。他经常逃学，不爱读书，学习成绩一般，曾留过两次级，还是一个"问题少年"。小学五年级时，他在一次考试中偶然取得了比较好的成绩，母亲知道后很高兴，便抓住时机表扬："儿子，你还是很不错的啊！""南山，你还是行的！"那时，钟南山觉得母亲一下子发现了自己的优点，意识到自己并不比别人差，信心大增。从那以后，有了母亲的赞美，重拾信心的钟南山在母亲的鼓励下开始认真读书了。

钟南山展示过一张他儿时骑自行车的照片，这张照片背后有一

段令他难忘的故事。钟南山回忆说："当时我看到别的孩子有自行车，非常羡慕。上小学六年级时，妈妈对我说：'如果你小学毕业考试能考到前五名，我就奖励你一辆自行车。'我说：'真的吗？'妈妈说：'真的。'"不巧的是，1949年的小学毕业考试，钟南山因故未能参加。学校根据学生的平时成绩发了一份成绩单，钟南山排名第二。当时，钟南山很高兴，但也不敢跟母亲提出什么要求。因为母亲说参加毕业考试，考前五名，才给买自行车。那一年家里生活困难，但母亲还是给钟南山买了一辆自行车。母亲兑现了她的承诺。从那时起，钟南山就记住了一件事情：只要自己答应的事，就一定要做到。这是母亲教给钟南山的。钟南山现在对自己的孩子和研究生也是这样，要么不答应，答应了就一定要做到。正是钟南山的母亲使他从留级生到成为中国工程院的院士。这就是心理学所说的皮格马利翁效应。钟南山说："通过发挥和发扬孩子的长处，可以帮助他们建立起荣誉感和自尊心。"

拓展阅读

皮格马利翁效应

如果老师（家长）认为某些孩子聪明，对他们有积极期望，认为他们以后智力会发展得很快，那么若干个月后，这些孩子的智力就果真得到了较快、较好的发展。赞美与期望是激励孩子实现自我的有效方式。孩子需要鼓励，正如植物需要水分。

在小学阶段，钟南山还没有锻炼的概念，什么运动都喜欢，尤其喜欢跑步。钟南山从最初不自觉地喜欢运动，到慢慢地变为自觉地坚持运动。

初中三年，钟南山在学校的每次考试中，成绩均是年级第一。钟南山从广州岭南大学附属中学（初中，中华人民共和国成立后并入华南联合大学附属中学）考入了华南师范大学附属中学（高中）。在老师和同学的眼里，钟南山是一名优秀的学生，大家都很喜欢他。他爱钻研、思考，对新鲜事物总是充满好奇心，喜欢刨根问底。在高中期间，他已经懂得做事情要多为别人着想，尊重他人，帮助他人，真心实意地为同学服务。父母的言传身教激励着钟南山茁壮成长。1955年，读高三的钟南山在广东省田径比赛中打破了广东省的男子400米栏比赛纪录；随后，钟南山代表广东省到上海参加全国田径运动会，获得男子400米栏第三名。高三毕业时，面对中央体育学院（今北京体育大学）和北京医学院的报考选择，在父亲的建议下，钟南山选择报考了北京医学院。

小时候，钟南山经常看到父亲下班后为患者诊治。这让年少的钟南山体会到，治病救人是一件很神圣的事情。1955年，钟南山以优异的成绩考入北京医学院医疗系，沿着父母走过的路，开始了实现从医理想的第一步。当年，钟南山的一名高中同学考上了北京大学物理系，因为家境贫困，向钟南山借钱买火车票。钟南山跟母亲说明了情况。廖月琴沉默了一会儿，为难地说："南山，你不知道，我们为你准备你的学费都很困难了，实在没有办法借钱给你的同学了。"不料，就在钟南山出发去北京的前几天，廖月琴把钟南山叫到面前，手里拿着皱巴巴的20元钱，递给了他，并叮嘱道："南山，把这些钱拿给你的同学吧！"那时的20元钱就是一个人一个月的工资。这一刻，钟南山被母亲感动，又从母亲身上继承了舍己助人的良好品质。至今，钟南山仍然记得母亲是怎么帮助其他有困难的人的。

钟南山在北京医学院上学时，爱好田径运动，体育成绩特别好。大学一年级时，钟南山作为北京市三好学生代表，受到过周恩来总理的接见；大学三年级时，钟南山代表学校参加了北京高校运动会，获得了男子400米栏第一名的好成绩。由于田径项目成绩优秀，1958年，钟南山被抽调到北京市集训队训练，准备参加1959年第一届中华人民共和国全国运动会（以下简称"全运会"）。虽然钟南山在北京医学院时在田径男子 400 米栏项目中表现突出，并且在北京市集训队训练了 300 多天，但遗憾的是，他没有通过选拔赛。然而，钟南山并没有放弃训练。1958 年 8 月，钟南山在第一届全运会的比赛测验中打破了当时的男子 400 米栏全国纪录。

1960 年，钟南山参加了北京市运动会，获得了男子十项全能亚军。时隔半个多世纪，钟南山创造的男子 110 米栏和男子 400 米栏的纪录在北京医学院仍无人打破。

第一届全运会后，北京市体育运动委员会（今北京市体育局）曾希望钟南山留在北京市体育工作队。钟南山经过慎重考虑后，放弃了这个难得的机会，选择继续求学。从此，钟南山把医学研究和治病救人作为自己一生的职业。关于运动和学习，二者并不矛盾。钟南山说："我不认为四肢发达，大脑一定简单。体育运动包含许多学科，是需要动脑筋的。"

2008 年 5 月 4 日，北京大学举办 110 周年校庆，并颁发了第三届杰出校友奖。钟南山获此殊荣，入选北京大学第三届十大杰出校友。

三、运动之家，共同爱好

钟南山虽然没有走上职业运动员之路，但是他的家庭却与体育事业密切相关，可以称得上运动之家。

钟南山的妻子李少芬于 1950 年入选广州市篮球队，于 1952 年被选为中国国家女子篮球队（以下简称"中国女篮"）首批队员。1958 年，她与队友一起战胜过欧洲劲旅捷克斯洛伐克队。1961 年，她和队友获得第一届新兴力量运动会女篮比赛冠军。1964 年，她和队友获得匈牙利、法国、罗马尼亚、中国四国篮球邀请赛冠军。1999 年，她被选为中国篮球运动员 50 位杰出运动员之一，担任过中国女篮的副队长。电影《女篮五号》就是以李少芬为原型拍摄的。她历任广东省女子篮球队教练、广东省体育工作队副大队长、中国篮球协会副主席、广州市篮球协会顾问、广东省体育运动技术学院副院长等。李少芬篮球技术全面，能胜任中锋、前锋、后卫三个位置。李少芬在篮球场上拼搏多年，敢于向年龄挑战，努力延长运动寿命。

钟南山与李少芬拥有共同的运动兴趣、爱好，又有共同的人生观、价值观和爱情观。1963年12月31日，钟南山和李少芬在北京举行了简朴的婚礼。一个是立志救死扶伤的英俊青年，一个是立誓为国争光的篮球女将，两人同样喜欢运动，同样心怀理想，同样勇于拼搏。钟南山爱好运动，常说妻子是自己的私人教练。李少芬认为钟南山身上没有官气、学究气，却有运动员的朝气。

钟南山的儿子钟惟德，名字取自"惟吾德馨"，1968年出生。钟惟德子承父业，是广州市第一人民医院教授、主任医师、博士生导师，"新世纪百千万人才工程"国家级人选，享受国务院政府特殊津贴；是中国青年科技工作者协会及广东省青年联合会委员，中华医学会泌尿外科学分会青年委员会副主任委员及广州医学会主任委员等。他获得过中国泌尿外科最高荣誉——吴阶平泌尿外科医学奖。他是哈佛大学医学院麻省总医院第一位外籍教授。2002年，他获得"广州市十大杰出青年"称号。他不仅医术精湛，还是医院篮球队的主力。

钟南山的女儿钟惟月，名字取自唐诗"惟徐卿月在，留向杜陵悬"。她从小就有运动天赋，非常喜爱游泳，后被选入中国国家游泳队，代表国家参加各种世界游泳大赛。她毕业于美国南加利福尼亚大学会计专业。她的丈夫也是一位篮球高手，曾参加过美国大学职业男子篮球联赛。作为一名专业运动员不仅辛苦，还得放弃部分学业，钟惟月当时不知道如何选择。这时，父亲钟南山给了她鼓励和支持。钟南山鼓励她追逐自己的梦想，做自己喜欢的事。钟南山叮嘱女儿："永远有执着的追求，办事要严谨、实在。"钟惟月认为，正是父亲的开明成就了自己的游泳事业。她说："我记得当时中国的孩子都一心读书，但是我的父亲却鼓励我成为一名游泳健将。"

一家四口都爱好体育，还有两位曾入选过国家队，这一家是名副其实的运动之家。全家人一起参与运动，不仅有利于强身健体，还有利于促进家人之间感情的交流，培养温馨、和谐的家庭气氛。

四、意识到健康和锻炼的重要性

钟南山说："锻炼就像做饭一样，是生活的一部分。我们要树立一种观念，就是要一辈子运动。这样，才能享受比较好的生活质量。人最大的成功就是健康地活着。"

2004年，钟南山因突发心脏病接受了心脏搭桥手术。钟南山年轻时锻炼是出于那份热爱，而他真正开始规律健身是在2005年以后。那时，钟南山深深地意识到健康的重要性，觉得必须要好好锻炼身体了。于是，他开始了规律健身，每周锻炼三四次，一直坚持到现在。他通常在晚饭前运动，一次锻炼40～50分钟。他先热身，再进行健走和跑步共20～25分钟，然后进行力量训练，最后进行拉伸。

钟南山在北京医学院留校任教时经常去冬泳。即使在出差时，也不忘健身。

钟南山的爱人李少芬在生活方面对钟南山的照顾和支持颇多。她在家里为钟南山安装了一个简易的健身房，配置跑步机、单杠、双杠、功率自行车、拉力器、哑铃等器材。李少芬还负责钟南山的饮食。可口的饭菜、平衡的膳食营养是钟南山身体健康的基础。李少芬还兼任钟南山的私人健身教练，指导钟南山科学健身。

今年已经80多岁的钟南山身材魁梧健硕，肌肉发达，精神矍铄，激情洋溢，看上去似乎不到60岁的模样，这得益于他几十年如一日地坚持锻炼的良好习惯。大家应以钟南山院士为榜样，坚持规律地锻炼，养成健康的生活方式，每周锻炼5小时，开开心心每一天，幸福生活一辈子。

第二章
树立健康意识，改变生活方式

【钟南山谈健康】

1. 健康就像空心的玻璃球，工作就像皮球。玻璃球掉落下来会碎，不会弹起来，而皮球掉在地上会弹起来。健康受损，难以再恢复，但是工作干不完，我们还可以继续干。

2. 健康的身体取决于良好的生活习惯，最好的医生是你自己。健康长寿靠自己。

3. 在影响人类健康的决定性因素中，遗传、社会环境、自然环境等因素都不是我们自己能左右的。唯有生活方式，我们可以选择它、控制它和改变它。前20年的生活方式，决定着后20年的生活质量。

随着我国的经济发展水平和医疗卫生水平的不断提升，我国人均预期寿命日益提高。每年老年人口增长的比例高于其他年龄段。中国是世界上老年人口最多的国家。一旦失能，老年人便不能外出活动，日常生活需要他人照顾，这不仅会对其生理不利，还会对其心理造成不良影响。老年人应注意保持良好的身体功能，即使患有慢性疾病也应采取积极的生活态度，缓解病症，促进健康。树立健康意识、养成平衡膳食和经常运动的良好习惯是促进老年人身体健康的积极手段，也是实施健康老龄化、积极老龄化的关键。

一、树立正确的健康观，提高健康素养

众所周知，健康是宝贵的财富。新的健康观认为，健康由多种因素构成，包括身体、心理、社会适应、智力、精神等方面的完好状态，而不仅仅是身体没有疾病或不虚弱。这是整体健康观。每个因素相互作用，相互依存。每个人都是自己健康的第一责任人。我们要树立"健康第一"的理念，意识到健康是自己和家庭的幸福之基，意识

到自己所应承担的社会责任，带领全家关注健康，形成健康的生活方式。特别是对于老年人来说，健康更加重要。为了自己的幸福，为了家人的幸福，请爱惜自己的身体，从我做起，从今天做起。个人的选择和坚持决定了自己的健康水平。

（一）世界卫生组织提出衡量健康的 10 条标准

为了使人们完整和准确地理解健康的概念，世界卫生组织提出了以下衡量健康的 10 条标准。

（1）有充沛的精力，能从容不迫地担负日常生活和繁重的工作，而且不感到过分紧张和疲劳。

（2）处世乐观，态度积极，乐于承担责任，事无大小，不挑剔。

（3）善于休息，每天保证七八个小时的睡眠。

（4）适应能力强，能够适应外部环境的各种变化。

（5）能够抵抗一般性感冒和传染病。

（6）体重适当，身材匀称。站立时，头、肩、臂等位置协调。

（7）眼睛明亮，反应敏捷，眼睑不易发炎。

（8）牙齿清洁，无龋齿，不疼痛。牙龈颜色正常，无出血现象。

（9）头发有光泽，无头屑。

（10）肌肉健硕，皮肤红润，有弹性。

（二）钟南山的健康观

钟南山认为，人生最大的幸福是健康地活着。2011 年，广州医学院（今广州医科大学）举办第 2 届南山班开学典礼，32 名 2011 级南山班新生从钟南山手中接过《钟南山传》和白大褂，并宣读医学生誓言。钟南山引用乔布斯的故事："乔布斯将计算机技术、艺术、信息技术融合到一个平板里，为世界作出了巨大的贡献。然而，他却因身体原因过早地离开了人世。"乔布斯曾说过："活着就是为了改变世界，难道还有其他原因吗？"钟南山却加了一句话："不活着，能改变世界吗？"

世界卫生组织原总干事马勒博士曾经说过："有了健康并不等于有了一切，但是没有健康就肯定没有一切。"健康对自己、对家人、对社会至关重要。世界卫生组织认为，人的健康有五大影响因素，即遗传、社会环境、自然环境、医疗条件，以及生活态度和生活方式。其中，生活态度和生活方式在很大程度上影响着个体的健康和寿命。健康，一方面指生命的长度，另一方面指生活的质量，这在很大程度上取决于人的生活态度和生活方式。积极的生活态度和良好的生活方式有助于降低高血压、糖尿病和癌症的发病率。

钟南山的健康秘诀就是规律运动、健康饮食、睡眠充足、心胸开阔、不吸烟。钟南山说，"我觉得我没有感到年龄大、记忆力差，我想这还是和喜欢运动，喜欢体力活动有关系""运动就像吃饭一样，是生活的一部分。我们要树立一种观念，就是要一辈子运动。这样，才能享受比较高的生活质量。人最大的成功就是健康地活着"。

二、中老年健康箴言

深受人们敬重的钟南山院士的健康理念非常值得学习，尤其值得中老年人学习。人们应树立健康意识，重视体育运动，选择健康饮食，改变生活方式，从今天开始自己的健康之旅。

全民健身是中国人增强体质、增进健康的途径之一。自2014年全民健身上升为国家战略以来，"健身热"在中国持续升温。虽然参与健身运动的人数快速增长，但是中国成年人经常锻炼率仍处于较低水平。我国民间有"百岁笑嘻嘻，九十不稀奇，八十多来兮，七十小弟弟，六十摇篮里"的顺口溜。健康是每个老年人自主生活和参与社会活动的前提和基础。医生主要是治疗我们已经发生的疾病。预防疾病、维护健康的主要责任人还是我们自己。我们要倡导健康老龄化、积极老龄化的理念，实现老有所养、老有所医、老有所为、老有所学、老有所乐，让老年人共享改革发展的成果、安享幸福晚年。

▨ (一) 老年人的标准

《论语》有云："三十而立，四十而不惑，五十而知天命，六十而耳顺，七十而从心所欲，不逾矩。"由此可知，在中国古代，50 岁的人便被称作老年人。随着社会发展，生活水平提高，人类的平均寿命延长。《中华人民共和国老年人权益保障法》第二条规定："本法所称老年人是指六十周岁以上的公民。"一些发达国家把老年人定义为"65 岁以上"。有学者把 60 ~ 74 岁的人称为"少老"，把 75 ~ 89 岁的人称为"中老"，把 90 岁及以上的人称为"寿星"。

▨ (二) 退休后的 10 条建议

有人退休后会感觉心里空落落的，一时不知道如何安排自己的日常生活，容易受到失落、孤独、焦虑等不良情绪的困扰，甚至导致患病。其实，退休生活的精彩与否完全取决于自己。

▩ 1. 心态平和，知足常乐

心情舒畅，人会感到快乐。一个人的晚年生活是否幸福，关键在于精神世界是否强大。就像衰老是不以人的意志为转移的客观规律一样，退休也不可避免。退休后，老年人应保持良好的心态，不骄不躁。首先，老年人应该在心理上接受退休这个事实。其次，老年人应学会乐观地看待生活和享受生活中的点点滴滴。老年人应过自己的生活，不要跟他人攀比，知足才能常乐。有些老年人患有关节疾病，行动不便，但他们借助手杖、轮椅或代步车，依然坚持出门、下楼散步，甚至在子女的帮助和陪同下外出旅游，欣赏祖国壮丽的自然风光，享受天伦之乐。最后，老年人凡事要看到好的一面，这是很重要的幸福之道。

◤ 2. 制订生活计划，让生活变得充实

退休后，有的老年人会变得敏感、悲观或多疑，身体健康水平也开始下降。有人称这种现象为离退休综合征。其实，这是一种适应性的心理障碍。老年人可以利用退休后的人生阶段，把平凡的人生变成有意义的人生。老年人应该制订一个退休后的生活计划，让生活变得充实起来，珍惜每一天。退休后，前 3 个月最难熬，老年人可以按照上班的工作时间，尽量详细地列出生活作息表，如列出起床、做饭、吃饭、健身、看书、聚会、休息等的具体时间。除了日常作息，老年人还可以安排一些轻松的活动，如去公园健走、结交新朋友、带孙子或孙女玩、养宠物等，让身体和心理逐步适应退休生活。

◤ 3. 重新设定目标，培养兴趣爱好

老年人退休后之所以会出现失落感，主要是因为没有了工作。因此，重新找到自己喜欢做的事情填补原来的工作时间非常重要。设定目标，找准方向，更好地发挥作用。如今，很多老年人学钢琴、书画、唱歌、烹饪、健身，这些都是不错的选择。在自己可以自由支配的时间里，做自己喜欢的事情，这便是最快乐的事。有研究表明，退休后仍然工作的人，其身体和精神健康状态好于完全停止工作的人。为了有意义的人生，老年人需要重新设定目标，培养兴趣爱好。

◤ 4. 照顾好自己的身体，定期体检，早防早治

人老了，若想幸福，照顾好自己的身体是关键。受到离退休综合征的影响，不少老年人退休后，其健康开始走下坡路，睡眠、食欲、精神大不如前。有的老年人对退休生活常抱有消极想法。如果换个积极的角度看，我们会发现，在这个时期，老年人拥有很多年轻人羡慕的东西——更自由、更安逸、更快乐。

随着年龄的增长，人体的各个器官都在不停地退化，随之而来的

就是各种慢性疾病。对于疾病，我们要早防早治。李嘉诚曾说："人的健康如堤坝保养，当最初发现有渗漏时，只需很少力量便可堵塞漏洞；但倘不加理会，至溃堤时才做补救，则纵使花费更多人力物力，亦未必能够挽回。"定期体检至关重要。老年人需定期检测的项目主要有体重、血压、血糖、血脂、胰岛素、眼底、大便潜血、直肠指检、胸片、甲胎蛋白、癌胚抗原等。女性还应注意进行乳腺、宫颈等部位的检查。早诊断，早治疗，早康复。规律运动和健康饮食有助于促进身体健康，预防慢性疾病的发生。大多数有慢性疾病的老年人可以从规律的运动中获得益处，并且益处很快即可显现。老年人应根据医生的建议尽快改变自己的生活习惯，调整自己的饮食结构，积极参加锻炼。有了自己更多可支配的时间和自由，老年人更应该把其用在保持和促进健康上，保证自己身体健康，能吃，能动，能睡，做到规律生活、每天运动、定期体检、健康饮食、戒烟限酒、乐观向上。

5. 不断学习，让大脑保持灵活

不勤用大脑思考，大脑很容易变得迟钝。研究发现，学习对认知能力的保持很重要。老年人可以学唱歌、乐器、跳舞、健身、摄影、绘画等，也可以上老年大学，参加读书俱乐部等。要注意的是，老年人在开始学习前，先不要给自己定过高的目标，而要从简单的开始，否则可能因为遇挫折而放弃学习，增加思想负担，反而得不偿失。老年人开始健身时，要学习科学健身的方法，否则容易造成运动损伤；老年人若想减脂，应多掌握有关营养学的知识，不要盲目地节食。

6. 当志愿者，发挥余热

老年人如果身体好，平时可以多参加社会活动，多与他人交流，为社区、居委会多做一些义务工作，或参与其他志愿者活动，发挥余热，开拓新的生活领域和人际关系，排解孤独、寂寞，使自己的生活变得充实，从而增进身心健康。

7. 适当储蓄和理财

研究发现，有自己收入的老年人或有存款的老年人，通常生活得比较幸福。攒够养老钱能减轻老年人的压力感和焦虑感，有利于身心健康。需要提醒的是，老年人应理性确立投资目标，以增值、保值为目的，不要贪图高回报，警惕投资陷阱。必要时，老年人可以请子女或富有经验的金融理财师帮自己做规划。

8. 家庭和睦，享受和家人在一起的时光

家庭关系是社会关系中既重要又复杂的关系。处理好家庭关系是家庭幸福的关键。退休后，有些老年人不适应角色的变化，容易与家庭成员发生矛盾或冲突。与家人共度幸福时光，可以帮助老年人树立积极的人生态度。因此，老年人不要把工作习惯带回家庭，要重新适应家庭角色，多和家人沟通，承担部分家务活，不要斤斤计较；不要对子女过分依赖或过多干预，要"大事清楚，小事糊涂"，少唠叨；不要总对子女说过去过得多苦，不要总以"过来人"的身份教训子女；不要试图改变子女，学会欣赏子女的优点。

9. 结交新朋友

常言道："千金易得，知己难求。"人到暮年，能有三五好友为伴，实在难得。丧偶、空巢老人往往会产生孤独感。有研究发现，孤独感越强的人，其免疫系统和心血管功能可能越弱。人际交往可以促进大脑分泌令人愉悦的激素。退休后，随着朋友圈越来越小，老年人的孤独感通常会加重。这时，老年人应该勇敢地去结交新朋友。加入健身队、报团出游、上老年大学、加入感兴趣的民间社团、参加社区组织的文体活动等，都是很好的交友方法。交友有利于缓解压力，分享喜悦。然而，老年人交友时，要远离3类人：不法商贩或允诺给予高回报的人；陌生而又主动接近自己的人；推销各种保健品的"熟人"。老

年人要捂紧自己的钱袋子，尽量与他人减少金钱往来。老年人在交友时，一定要注意防骗。一旦被骗，老年人应及时向公安机关报案，同时告知子女。

当今社会有一种新兴的生活理念——"断舍离"。"断舍离"不是简单地处理杂物、丢弃东西、收纳物品，而是审视物品与自我的关系，把不需要的东西和令自己不舒服的情感及人际关系通过分离、舍弃和更新，让自己的身心重新焕发能量，构建愉悦的生活状态。这就是"少即是多"的哲学道理。有时，低质量的社交不如高质量的独处。与"负能量"满满的人相处，会让道路越走越"黑"。只有精简自己的社交圈，与不必要的人和事分离，老年人才有更多的精力去做自己喜欢的事，去结交挚友。需要注意的是，老年人交友要谨慎，若遇到人品不好的人，应尽快远离，敬而远之。生活是自己的，不该为了不值得的人烦恼。

▌10. 打扮自己，生活要有仪式感

生活中的每一天与昨天、前天如此相似，时间就这样一天一天过去了。村上春树说："人不是慢慢变老的，而是一瞬间变老的。人变老，不是从第一道皱纹、第一根白发开始的，而是从放弃自己那一刻开始的。"很多老年人觉得自己上岁数了，再怎么打扮也没必要了。有的老年人不注意个人卫生，如不剪指甲，不刷牙，不常换衣服，对自己没有要求，生理功能下降，从而影响自己的健康；有的老年人随意穿件衣服，不管是否得体，就去参加聚会，这太随意了。由于岁月的磨砺，老年人失去了昔日的风采，但依旧可以优雅地生活，不要邋里邋遢，影响家庭的整体形象。其实，"美丽是一种责任"，打扮意味着生活中有美好的事物值得我们去追求。老年人的生活也要有一些仪式感。例如，在情人节，给爱人买件礼物或做一份甜点，陪爱人喝一顿下午茶或听一场音乐会。这是对幸福的感知，对美好生活的追求。老年人应把平凡的生活过得更有滋有味，充满情调，让每一天都令人

向往。在每天有限的时间里，老年人应把手上那些不利于身心健康的事情放下，少玩手机，少看电视剧，少打麻将，去做一些有意义的事情；精简自己的生活，哪怕只是平常的日子，也让自己活得充实而且丰富，过得有质量；把家里很久都用不着的东西捐出去，在自己经济能够承受的范围内，挑选自己喜欢、有品质的商品，把家里布置得更舒适、温馨，使自己的生活变得更加精致；热爱自己所坚持的，坚持自己所热爱的，让岁月变得多姿、浪漫，期待明天更漂亮、更精神的自己。

////（三）促进健康的 5 类行为

促进健康的 5 类行为如下。

（1）日常健康行为：健康膳食，每天喝 1500 ～ 1700 毫升水，有规律地作息，规律运动，保持健康的体重，乐观、开朗。

（2）避开环境危害行为：远离二手烟污染的环境，不在有污染的环境中锻炼，积极应对使心理产生应激反应的生活事件。

（3）戒除不良嗜好：戒除吸烟、酗酒、滥用药品、手机成瘾、通宵打麻将等不良嗜好。

（4）预警行为：驾车和坐车使用安全带。预防走失、跌倒、烫伤、坠床、噎呛、溺水、触电、火灾等意外事故。

（5）合理利用医疗卫生服务：定期体检，接种疫苗，患病后及时就诊，遵从医嘱，配合治疗，积极进行康复锻炼，等等。

三、养成健康的生活方式

生活方式是指个体在日常生活中表现出的相对稳定的行为模式总和。钟南山认为，人生最重要的支柱就是健康的身体。健康的身体取决于良好的生活方式。健康的头号杀手是不良的生活方式。

我们都知道不良的生活方式的危害性。随着我国社会经济的发展，国民生活方式发生了深刻的变化，有些人的生活方式不良，如吸烟、酗酒、三餐不规律、挑食、不爱喝水、久坐少动、过度疲劳、起居无常、熬夜、不定期体检、有病不看医生、盐糖摄取过量等。由于人口老龄化的加速，中国心血管病危险因素流行趋势明显，心血管病的发病人数持续增加。《中国心血管健康与疾病报告 2022》显示，推算我国心血管病患者数量为 3.3 亿，其中脑卒中患者 1300 万，冠心病患者 1139 万，心力衰竭患者 890 万，肺源性心脏病患者 500 万，心房颤动患者 487 万，风湿性心脏病患者 250 万，先天性心脏病患者 200 万，外周动脉疾病患者 4530 万，高血压患者 2.45 亿。因不良生活方式导致的疾病，如高血压、心脏病、脑卒中、2 型糖尿病、癌症等已经成为当今中老年人常见的疾病。改变不良生活方式的措施可具体概括为几句话：管住嘴，迈开腿，多饮水，不吸烟，少饮酒，好心态，饭吃七八分饱，日行万步路。当然，改变不良生活方式还有很多科学要求，要因人而异，根据个体差异来确定实施措施，不能盲目地统一成一个标准。

（一）改变不良习惯的过程和步骤

1. 改变不良习惯的过程

习惯是慢慢形成的。改变习惯是一个复杂、渐进、连续的过程。改变习惯的 5 个阶段如下。

（1）没有准备阶段：自己还没有考虑要健身或在未来 6 个月不会考虑。这时自己应了解自己的不良习惯可能造成的健康风险，如暴饮暴食会给自己带来的健康风险。

（2）犹豫不决阶段：自己知道健身的益处，但有诸多困难，如没有时间、健身房离家远等；自己考虑在未来 6 个月内准备健身。这时，自己应找出阻碍自己健身的因素，逐一克服。

（3）准备阶段：采取小步骤推进策略。一个月内，自己开始准备实施，先确定目标，确定开始健身的日期，并且准备进行计划。之后购买运动装备（如运动鞋），并且每周预留出锻炼的时间。

（4）行动阶段：坚持 6 个月的健身和健康饮食。这一阶段是改变旧习惯的关键期，自己可以找一个爱健身的朋友与自己一起健身；可以给自己买一件礼物，作为对自己能够坚持这么久的奖励。

（5）维持阶段：持续坚持 6 个月以上。这个阶段，每日锻炼成为自己日常生活的一部分。自己开始想挑战自己（如跑完 5 千米），也开始关注营养学知识。自己可以明显地感到锻炼和健康饮食令自己改变很多，如肚子变小了、便秘不见了、胸部开始挺拔了。这时应注意循序渐进、安全第一。

2. 改变不良习惯的步骤

（1）找到自己要改变的不良习惯，了解新行为方式的知识。

无论在哪个阶段，自己都需要明确改变的目标和改变的具体内容。例如，自己想改变不健康的饮食习惯，想吃得健康，就得了解每天吃什么健康，吃多少健康。自己想健身，就得知道每天参加什么运动项目，锻炼多久等。

（2）一次只改变一个习惯，从短期目标开始。

不良习惯不是一天形成的，新的健康习惯也一样。自己可以从改变一个不良习惯开始，一次只改变一个不良习惯。如果自己设置闹钟提醒早起，但每天早上自己却按下停止按钮继续睡眠，那就把闹钟放在远离床的位置（如电视柜上）。这样，自己可能就无法再睡下去了。如果自己以前经常不吃早餐，刚开始改变这一习惯时，早餐吃一个煮蛋、一片面包、一杯牛奶或一杯咖啡就可以。改变习惯从最简单的事情做起。例如，把餐桌上的饼干、巧克力、可乐等换成苹果、菠萝、蓝莓、坚果等。改变习惯时，自己还要把长期的目标分解成几个小的容易实现的目标。例如，减脂 12.5 千克是个长期的目标，自己可以把这个长期的目标分解成每周减脂 0.5 千克这样短期易于实现的目标。

自己坚持每周锻炼 3 次，每次半个小时，甚至也可以第一周每天挤出 10 分钟健走，第二周再逐步增加运动时间。这样，自己便不会因为没有实现目标而懊悔。改变不良习惯时，自己每天要设定提示、提醒。例如，自己提前把运动鞋、毛巾等放入运动包中；在冰箱上贴上自己的健身周计划；等等。

（3）与喜欢健身的朋友一起健身。

自己可以找一个喜欢健身的朋友一起健身，最好是找一个已经坚持健身多年的好朋友。他有很多好的经验，可以避免自己走弯路，还能帮助和督促自己健身。

（4）学会控制自己，并用良好行为取代不良行为。

用良好行为取代不良行为更有效。例如，在饮食方面，自己可以用柠檬水代替可乐，用水果和坚果代替饼干等甜食；在社交方面，如果有人邀请自己参加聚餐，需要喝酒，自己可以找借口不参加，除非自己能够在餐桌上控制自己。自己要凭借毅力达到知行合一。

（5）取得成绩，奖励自己。

注意到自己所取得的进步很重要。自己一旦养成了一个新习惯，实现了一个小目标，就可以奖励自己。例如，自己的目标是减脂，减了 2.5 千克后，可以给自己买一件运动服装奖励自己。健身时，有的人很容易产生厌倦心理，导致半途而废。这时，自己可以变换一下运动项目，请一名健身教练，或报名参加一个运动兴趣班等。

（6）坚持就是胜利。

有人常立志，却不能坚持下来。很多人坚持一段时间后，就停下来了。一旦停下来，自己就应思考，是什么原因导致自己没能坚持下来。自己下决心健身后，就要从心理上做好准备，再准备好健身的常用装备，如运动鞋、运动服、瑜伽垫、哑铃、弹力带等。当然，自己应变得更加自律。为了自己的健康，自己应坚持 3 个月，这样习惯就可以改变。刚开始健身时，不要先跑步，而是要先健走或是根据本书第六章"零基础健身"的方法锻炼。坚持养成良好的习惯比什么都重要。

（7）记录和监控自己每日的健身情况。

参考附录二"月度健身打卡记录表"，记录和监控自己每日的健身情况，每隔 4～8 周测试自己的身体素质水平，自己会发现自己的进步，这样自己就会更加自信。现在很多手机软件也有记录自己每天健走和跑步情况的功能，因此也可用于记录和监控。生活态度积极、阳光，也有助于自己坚持良好的健身习惯。

////（二）改变不良饮食习惯

很多慢性疾病是人们的饮食习惯不科学造成的。因此，我们应该改变不良饮食习惯。

（1）食盐摄入过多是目前最突出的不良饮食习惯。盐乃百味之首。盐可以调味，可以调节细胞的渗透压，维持血压，调节人体内的酸碱平衡。《中国居民膳食指南（2022）》建议每日人均盐摄入量控制在 5 克以内，若超标，就容易造成钠摄入超标。5 克盐约是一个啤酒瓶盖的量。在日常饮食中，钠的来源不仅是食盐，酱油、鸡精、腌菜、豆瓣酱、蚝油、辣酱、话梅、冰激凌、挂面、方便面、坚果、苏打饼干等都含有盐。盐摄入过多，不仅会导致血压升高，还会增加肾脏的负担，增加罹患癌症的风险。为避免摄入过多的盐，拌菜时可以用油醋汁代替沙拉酱；炒菜时，快出锅前放盐；用醋、柠檬、咖喱、蒜、辣椒等香辛料和调味品代替食用盐；尽量选择低钠盐和海盐；推荐使用盐勺，以控制食盐的量。此外，我们可以多吃含钾的食物，如海带、紫菜、芥蓝、香蕉、橙子、花生等，以帮助排出体内摄入过多的钠。

（2）用煎、炒、烹、炸等方法烹调不仅会破坏食物营养成分，还会产生对身体健康有害的成分。建议采用凉拌、炖、蒸、低温煎炒等烹调方式。

（3）不要过多食用加工食品，如香肠、熏肉、腊肉、罐头、挂面、面包、蛋糕、薯片、爆米花等。这些加工食品不但含有防腐剂，而且脂肪、盐和碳水化合物的含量也都不低。

（4）摄取食物品种单一，导致优质蛋白质摄取不足。每日的食物应多样化，应平衡膳食，不挑食。每顿饭中，当季、当地的蔬菜应占 1/2，另外的 1/4 应是蛋、豆、肉、奶和坚果，剩下的 1/4 应是主食。建议饭后吃约一个拳头大小的水果。

（三）改变久坐少动的习惯

改变久坐少动的习惯应从现在开始。

（1）减少每天坐着的时间。

（2）坐一段时间后起身活动一下。建议每 30 分钟起立活动一次，每坐 1 小时散步 10 分钟。

（3）关掉电视机，减少长时间坐着看电视的时间。如果想要看电视，可以边看电视边健身。

（4）每天积极进行规律性的运动。建议每天运动 30 ～ 60 分钟。

拓展阅读

久坐少动对健康的损害

久坐少动对人体健康的损害是巨大的。

（1）久坐少动会导致糖代谢异常，会使血糖升高、高密度脂蛋白胆固醇（一种抗动脉粥样硬化的脂蛋白）降低，增加罹患 2 型糖尿病的风险。

（2）久坐少动不利于身体能量的消耗，易使身体脂肪堆积，导致肥胖、骨质疏松等。

（3）久坐少动容易使人出现脑供血不足的现象，造成脑供氧和营养物质减少。因此，久坐少动的人更容易出现乏力、困倦、失眠、记忆力减退、注意力不集中、认知能力差等问题。

（4）久坐少动会导致腰酸、颈痛、背痛、肩痛、腿无力、头晕、关节疼痛、肌肉僵硬等问题。

（5）久坐少动不利于肠胃蠕动，会使人出现便秘、痔疮、食欲不振等问题。

（6）久坐少动会造成脊椎变形、探肩，还会引发骨质增生、腰椎退行性病变、平衡性差等问题。

（7）久坐少动易导致膀胱经气血运行不畅，从而影响肾脏功能，引发肾脏疾病。

（8）久坐少动会导致动脉血管斑块沉积，加速血栓形成，并增加罹患心脏疾病和癌症的风险。

老年人常见的肌无力、心肺功能差、2型糖尿病、记忆力差、骨质疏松症、关节炎、容易跌倒等表现和疾病均可以通过规律的运动来预防。积极锻炼身体可以使老年人的日常生活变得更容易，包括吃饭、洗澡、上厕所、穿衣、上下床，以及在房间或社区里活动。经常锻炼的老年人更不容易摔倒。如果摔倒了，他们受伤的可能性也更小。经常锻炼有助于保持身体正常机能和灵活性，这有助于老年人保持生活的独立性和降低重大残疾的发生率。老年人一般都患有一种或几种慢性疾病。运动是预防和控制慢性疾病的关键。运动还可以降低老年人罹患阿尔茨海默病的风险，改善生活质量，减轻焦虑等。此外，老年人与他人一起参加健身活动，可以增加社交和互动的机会，结交更多的新朋友。有氧运动、力量训练和拉伸练习是促进健康的有效健身方式。

////（四）戒烟限酒

香烟的有害成分至少有几百种，其中致癌的成分至少有几十种。

吸烟会严重损害身体健康，戒烟越早对身体的影响越小。另外，世界卫生组织明确提出，电子烟有损健康。相关研究表明，电子烟含有高度刺激性的气体，如丙二醇、重金属等。

喝酒因人而异，要适量，不可过量。对于常喝酒的人来说，白酒饮用量每天不要超过 0.1 千克；啤酒饮用量每天不要超过一瓶；红酒饮用量，男性每天不要超过 300 毫升，女性不要超过 150 毫升。喝酒时，切记不要空腹。过量饮酒对肝脏、肾脏、胰腺等会造成损害，可能诱发脑血管疾病、胃出血等。

▰▰▰（五）工作张弛有度，不做"过劳模"

当今时代，竞争非常激烈，人们的生活和工作节奏加快，生活压力加大。有的人因过度劳累早早地离开了人世。

当出现以下症状时，大家务必高度重视。

（1）身体过度劳累，并且心理压力大，引起不易消除的疲劳。

（2）没有明确的原因造成肌肉无力。

（3）失眠，多梦，打鼾。

（4）头涨，头昏，头痛。

（5）注意力不集中，记忆力减退。

（6）食欲不振。

（7）肩颈或腰背有紧缩感、疼痛感。

（8）发热。

（9）肥胖症。

从医学上解释，"过劳死"是因为劳动者工作时间过长，劳动强度过高，心理压力过大，从而出现精疲力竭的亚健康状态，由于积重难返，突然引发身体潜在的疾病急剧恶化，救治不及时引起的死亡。

不做"过劳模"，我们应注意做到以下几点。

（1）提高工作效率，尽量避免加班、熬夜，注意合理调整作息时间。

（2）规律作息，保证睡眠时间。

（3）主动避免进食油炸食品、高糖饮料等不健康饮品和食品，注重平衡膳食。

（4）减小心理压力。

（5）坚持规律运动。

（6）保持健康体重。

（7）不吸烟，少饮酒。

（8）保持稳定的婚姻关系。

（9）培养有益身心的兴趣爱好。

四、钟南山总结的长寿秘诀

钟南山总结的长寿秘诀具体为以下 7 个方面。

（一）心理平衡，态度乐观

（1）学会服老，认识到健康的重要性。老年人应增强自信心，乐观地看待老年生活，采取积极态度，活得健康、开心。

（2）学会自信。人生要有追求，寻找乐趣。老年人应积极参加社会活动，结合自身情况参加有益身心健康的体育健身、文化娱乐等活动。

（3）学会宽容。包容他人，也是包容自己。老年人应不过分苛求自己，不过分期望他人。

（4）学会排解。一旦发现自己出现异常现象（如失眠、心情压抑、坐卧不安、对日常活动缺乏兴趣、感到生活没有意义等），要及时找亲友诉说或向专科医生咨询，进行必要的心理辅导和药物治疗。

（二）合理膳食，均衡营养

老年人饮食要定时、定量，每日食物品种应包含谷类、杂豆类及薯类（粗细搭配），动物性食物，蔬菜、水果，奶类及奶制品，以及坚果类等，控制烹调油和食盐摄入量。建议老年人一日三餐能量分配为早餐约30%，午餐约40%，晚餐约30%，即早餐要吃好，午餐要吃饱，晚餐要吃少；不喝碳酸饮料和含糖的果汁饮料，不喝浓茶，适量饮水，少量多次。

///（三）适量运动，循序渐进

老年人最好根据自身情况和爱好选择中低强度的运动项目，如健走、慢跑、游泳、跳舞、打太极拳等。老年人运动时的注意事项如下：10：00—11：00和15：00—17：00为最佳运动时间，每次运动时间以30～60分钟为宜，避免运动过量；睡前一两个小时不做剧烈运动；运动要循序渐进，也要适度；运动因人而异，不要盲目攀比；加强功能性锻炼，保持身体功能正常；一定要做肌肉力量训练，包括核心肌群的训练。

///（四）及早戒烟，限量饮酒

越早戒烟越好。老年人如果饮酒，应当限量，尽量避免过量饮酒，切忌酗酒。

///（五）早防早治，定期体检

老年人对待任何疾病都要秉持"早发现、早诊断、早治疗"的理念，学会定期自我监测健康，定期参加体检。

（1）定期自我监测血压。高血压患者每天至少自测血压3次（早、中、晚各1次）。

（2）定期监测血糖。老年人应该每1～2个月监测血糖1次，不仅要监测空腹血糖，还要监测餐后2小时血糖。

（3）定期监测自己的心率、胆固醇、体重、腰围等。

（4）每年至少做1次体检，以便做到疾病早发现、早治疗。预防胜于治疗。

（5）重视口腔保健。坚持饭后漱口、早晚刷牙，正确使用牙线；每隔半年进行1次口腔检查，及时修补龋齿孔洞，及时种植缺失牙齿或佩戴义齿，以尽早恢复咀嚼功能。

（6）保持个人卫生。定期剪指甲、修鼻毛、理发，经常洗澡，注意勤换内衣、袜子。

////（六）保护环境，有益健康

钟南山是我国著名呼吸病学专家。他认为，老百姓吃的东西没毒，喝的水放心，呼吸的空气干净，比经济发展更重要。他一直关注环境问题，号召大家积极参与，与政府一起共同保护环境，维护我们美好的家园。老年人健身时，应远离雾霾环境和车流量较大的公路。

////（七）充足睡眠，健康同行

除了食物、水、空气之外，睡眠也是人类生存的基本需求。我国超3亿人存在睡眠障碍。改善睡眠有以下技巧。

（1）保持规律的睡眠。成年人每天应睡7～8小时，每天最好在同一时间就寝和起床，晚上睡前用温水泡脚。

（2）注意饮食。不要在过饱或饥饿的情况下就寝。另外，尼古丁、咖啡因和酒精的刺激作用会影响睡眠质量。

（3）限制白天小睡的时间。老年人如果选择白天小睡，应限制在30分钟内，并避免在傍晚小睡。

（4）在日常生活中，坚持体育锻炼。规律的中低强度运动有助于改善睡眠。但是，老年人应避免在睡前进行剧烈运动。

（5）消除顾虑和担忧。老年人应努力在睡前消除顾虑和担忧，学会管理压力和释放不良情绪。

（6）寻求医生的帮助。老年人如果经常失眠，应尽快就医，找出失眠原因，并积极配合治疗。

　　老年人在日常生活中，应养成良好的生活习惯，起居有常，劳逸结合，饮食均衡，经常运动，力戒不良嗜好。这样可以提高免疫力，有利于保持身心健康，延年益寿。我们要从改变小的不良习惯开始，自我约束，自律自觉。习惯影响一个人的性格形成，习惯左右一个人的人生，习惯改变一个人的命运。美好的生活从今天开始。

第三章

保持积极、乐观的心态

【钟南山谈健康】

1. 在健康的影响因素中，心理平衡是最关键的。

2. 健康的一半是心理健康，疾病的一半是心理疾病，保持好心情有益健康。

3. 在一切不利的影响因素中，最能使人短命夭亡的莫过于不良的情绪和恶劣的心情，如忧虑、惧怕、贪婪、怯懦、嫉妒、憎恨等。

4. 要乐观，保持心情愉快。任何不悦的事都不要窝在心里，要说出来。

人们往往特别关注饮食和身体健康，对心理健康并不在意。心理健康是指内心世界的和谐状态。人的心理健康对人的生理健康的影响很大。心理健康每时每刻都在影响着人的生理健康。一个人如果长期处于高度紧张或抑郁的状态，其内激素分泌、肌肉紧张度等的变化会导致免疫系统难以处于最佳的工作状态，其抵抗力就会下降，疾病就会乘虚而入。钟南山从医学的角度阐述了心理健康对生理健康的影响。人的忧虑、惧怕、贪婪、怯懦、嫉妒、憎恨等情绪会给人带来压力。在外界压力的刺激下，肾上腺素和肾上腺皮质激素分泌增多，会使人的血压升高、心率加快、胆固醇升高等，导致代谢障碍，长此以往就会导致疾病的发生。

> **拓展阅读**
>
> ## 长寿之乡——江苏如皋
>
> 江苏省如皋市是我国著名的长寿之乡。截至 2021 年 1 月 1 日，如皋人口约 140 万人，其中百岁以上老人 525 人，百岁老人占比远远高出了联合国评价世界长寿之乡的标准。如皋被评为

"中国长寿之乡"和"世界长寿之乡",也是唯一处于经济发达区域、平原地区的世界长寿之乡。

针对如皋的长寿秘诀,世界长寿之乡调查团、复旦大学生命科学学院如皋长寿研究所曾对当地百名百岁老人进行走访调查。调查发现,在饮食方面,如皋老人最爱吃的蔬菜是青菜、韭菜、菠菜;最爱吃的主食是玉米、荞麦、大米;最爱吃的副食是鸡蛋、牛奶、鱼虾。其中,近八成百岁老人喜欢早晚喝粥,平时喝白开水,约10%的百岁老人喜欢喝淡茶。此外,大多数百岁老人劳作不停,肥胖者少;约90%的百岁老人睡眠质量高,约72%的百岁老人有午睡习惯;大多数老人抱着知足常乐的心态,家家户户都养花。

一、保持心理健康的重要性

随着我国经济社会的快速发展,人们的工作和生活方式发生了改变。由于生活、工作等压力,部分人会产生抑郁孤独、恐惧焦虑、敏感猜疑、自责内疚等一系列的心理问题。有些人常常会感到倦怠乏力、失眠多梦、食欲减退、脾气暴躁等,这是人体对各种外界变化的神经精神反应,而这种反应反过来又会严重干扰和损害人的生理功能,从而加速衰老和促使慢性疾病发生和发展,严重影响人的身体健康和生活质量。

心理健康是保持良好健康状态的重要保障。保持良好的心态,心情舒畅,心胸宽广,对生活充满信心,对人生抱有希望,就是真正踏上了心理健康之路。心理健康有助于提高自身的免疫力,提高身体机能。

在我国古代,人们就已经认识到心理健康与长寿的关系。我国古代著名的思想家、教育家孔子,在那个时代的生活环境中,能够活到 70 多岁，其长寿的原因之一是注重心理健康。孔子提倡心胸坦荡、刚毅坚强，反对患得患失、怨天尤人的精神状态。他认为，一个人如果在身体虚弱时还竭力去追求名利，往往得到的是苦恼和烦闷，甚至是疾病。因此，我们不仅要关注自己的身体健康，还要关注自己的心理健康。

曹操在《龟虽寿》中写道："神龟虽寿，犹有竟时；腾蛇乘雾，终为土灰；老骥伏枥，志在千里；烈士暮年，壮心不已；盈缩之期，不但在天；养怡之福，可得永年。"有志进取的人，虽然知道年寿有限，却雄心勃勃，壮志不衰，表现了积极进取、奋发有为、自强不息的乐观主义精神。这说明要想延年益寿，我们应该培养乐观开朗的性格，保持愉快舒畅的情绪。

二、心理健康的 10 条标准

心理健康的 10 条标准如下。

（1）有充分的安全感。

（2）能充分地了解自己。

（3）生活目标切合实际。

（4）与外界环境保持接触。

（5）能保持人格的完整与和谐。

（6）具有一定的学习能力。

（7）能保持良好的人际关系。

（8）能适度地表达与控制自己的情绪。

（9）在符合集体要求的前提下，能有限度地发挥个性。

（10）在不违背社会道德规范的情况下，能恰当地满足个人的基本要求。

三、保持心理健康的原则

适度原则是保持心理健康的原则，也是一种生活态度。适度就是把握好分寸，是应对生活各个方面的好方法。为人、做事、交友等都要遵循适度原则。如果超越了度的极限，必定欲速则不达、物极必反、过犹不及，使事物发生质的变化。《周易》将"中"或"中正"视为事物的最佳状态和最高境界，以及处理各种事情的最佳原则和方法。《周易》注重"中正"原则，无过无不及、过犹不及、物极必反，因此，我们应遵循适度原则，热爱生活，量力而行。

四、保持心理健康的方法

////（一）保持乐观的心态

研究显示，长期保持乐观的心态，可以延长人的寿命。乐观的心态可以提高人体免疫系统的功能，帮助人体抵抗疾病的侵扰。很多癌症患者的经验告诉我们，乐观的心态是战胜癌症的关键因素之一。乐观的心态会使人更多地关注自己的健康，更关爱自己和家人；会使人更自律，不断学习营养知识、养生知识、健身知识等，也愿意身体力行。老年人要老有所学，老有所乐，老有所为，以关注健康为己任，增强生命的活力，而不仅仅是延长寿命。老年人要积极参加各种社交活动和健身活动，有计划、积极地享受自己生命的每一个阶段。

钟南山认为自己很容易找到快乐。例如，解决一个疑难病症，科研工作得到了同行的认可，科研成果发表在核心期刊，赢得患者的赞许，这些都会令他十分开心。究其原因，快乐带给他的是信心和力量，也大大地提高了他的工作效率。

钟南山认为，做自己喜爱的工作，做自己喜欢的事，实现自己的人生价值，从而获得满足感，这是非常美好的人生体验。钟南山经常加班加点地工作，十分辛苦。他心中充满了使命感和责任感，虽然辛苦，但他觉得付出有价值、有意义，因此感到很快乐、很享受。对于曾奋战在前线的医疗工作者来说，他们肩负着保障全国人民健康的使命，他们所做的事情是十分有意义的，他们会从内心深处感到无比快乐、无比幸福。

北京大学体育教研部的林教授不幸患了直肠癌，但他非常乐观、开朗。他认真配合医生做手术、放疗、化疗，平时注重饮食和锻炼。他最主要的体会是保持乐观的心态，蔑视癌症。每次见到他，他经常说："乐观点，没什么大不了，想开了，不放弃，好好活。"坦然面对癌症，认真过好每一天。如今，七八年过去了，他现在身体非常好，没有发现癌细胞的复发和转移。他现在经常给癌症病友讲述自己成功抗癌的经验和心得。相信自己，找到对付癌症的办法，通过饮食、锻炼、休息等方法，癌症患者的病情也可以得到一定程度的好转。

科学研究发现，人体血液里有 90 多亿白细胞，其中 50 亿是抗癌细胞。人体一天可生成 3000 个癌细胞，可是多数人身上并没有生成真正的癌，这是因为在我们的身体里面有很多自然杀伤细胞专门负责杀伤癌细胞，使其在萌芽状态时就被及时杀死。当情绪低落（如抑郁）时，自然杀伤细胞分泌系统的功能被抑制，其杀伤癌细胞的作用被弱化。通常，乐观的人对肿瘤的抵抗力和免疫力会更好。

当一个人处在恶劣的心境下时，身体会受到很大的危害。研究发现，人们一旦获知自己患有肿瘤，约有 55% 的患者会进入抑郁状态，而一般人群的抑郁比例约为 17%；约半数肿瘤患者会进入焦虑状态，这一比例约是正常人群的 3 倍。另一项研究表明，抑郁状态的肿瘤患者的死亡率比心情舒畅的肿瘤患者的死亡率高约 22%。国外还有研究者对肿瘤患者进行了心理干预，受干预组患者的存活时间为 36 个月，没有得到心理干预的患者的存活时间仅为 18 个月。由此可见，人的精神状态对肿瘤的发生和发展有非常重要的影响。

我们在日常生活中也能看到，同样是查出了肿瘤，有的人被吓倒了，天天待在家里胡思乱想；有的人想得开，每天去公园锻炼，四处旅游。后者的生活质量远高于前者。肿瘤细胞发展一般需要二三十年，在这段时间内叫癌前病变。如果一个人心态好、饮食平衡、生活习惯良好，整个机体状态就能保持平衡，这些潜在的肿瘤就不容易发展起来；如果一个人遇到生活打击或者经常闷闷不乐，癌细胞可能就会迅速地产生和发展。肿瘤治疗是综合性的，患者要配合医生，对心理、环境、生活方式、饮食习惯等进行综合干预。

许多经历过二万五千里长征、抗日战争和解放战争的革命老战士，在90多岁时依然耳聪目明、身体强健，这是什么原因呢？在现实生活中，这些革命老战士是如何保持心理健康的呢？许多革命老战士在介绍自己的长寿经验时，都有自己的"秘诀"：有的钟情丹青，有的酷爱垂钓，有的喜欢园艺健身，有的喜欢下棋。他们共同的秘诀是保持乐观的心态，拿得起，放得下，看得开。

///（二）人生有目标，有追求

目标是对活动预期结果的主观设想，是在头脑中形成的一种主观意识形态，也是活动的预期目的，为活动指明了方向。没有目标，人们往往会觉得生命失去了意义，幸福不再。人生的目标是对生命、健康和幸福的不断追求。要想获得幸福，人们必须拥有良好的生活习惯、乐观的心态和高尚的情操。亚里士多德认为："对我们来说没有什么比幸福更重要。"然而，快乐最大化并不是唯一的选择。即使是最幸运的人，也难免会有痛苦。受伤或患病等会给人们带来身体上的痛苦，孤独或悲伤等会给人们带来精神上的痛苦。痛苦是人活着必然要经历的人生考验。伊壁鸠鲁说："不可避免的痛苦实际上让共济失调更有吸引力。"接受不可避免的事情，同时尽量减少其危害，是一种生存之道。我们可以将最小化疼痛作为自己的行动指南。如果写小说的过程带来的痛苦多于完成小说带来的快乐，那就别写了。如果现在的一点痛苦可以防止以后更大的痛苦，就可以忍受短暂的痛苦。例如，为了避免癌症而戒烟有痛苦，那么这种痛苦是合理的。幸福是我们一生的追求，我们需要通过行动来获得幸福。

李白诗曰："停杯投箸不能食，拔剑四顾心茫然。"每一个人可能都会有这样的时刻。美好的事物在面前，自己却没有心情，因为自己的人生不得志，理想不能实现，不能做自己喜欢的事情。人生遇到艰难时刻是很正常的。所谓的人生理想并不一定是非要做大事，而是要做有意义的事。这个有意义是指不仅对自己、家庭有用，还对社会有用。

在人生的长河中，如果没有目标，人就会失去方向，感到迷茫。当人们不知道往什么方向走时，生活就很容易止步不前。因此，目标是一种牵引力，而确定目标的一个前提就是自己找到能让自己兴奋、激动的努力方向，自动、自觉、自愿地去做某件事。如果自己设定的这个目标无法让自己兴奋起来，或者是他人给自己定的，那是难以形成动力的。目标本身没有高低之分，只有因人而异的不同，但整体而言，都是为了自我成长，实现自己的理想，为了自己的人生走得更加顺利，让自己更有成就感和喜悦感。

有自己的追求，这对于一个人的健康生活是非常重要的。康德曾说过："没有目标的生活就像没有罗盘的航行，目标是我们的动力，信念是我们的支柱。"生活有目标，人生幸福的概率大。健健康康、平平安安是我们最大的追求。想一想，当一个人患了重病时，一定会深刻地感悟到健康和生命的重要性。

钟南山说："一个人有追求极为重要。不要每天睁开眼睛无所事事。我们要有一个追求的目标，一切为这个目标努力，那么对于周围一些不愉快的事情，也就不在意了。我几十年来一直以此为信条。"钟南山一生都有追求，但追求都会产生压力，同样，压力也会产生新的动力。钟南山说："我们要有一个明确的目标，同时为之不懈地努力。执着的精神有利于健康。但是，执着不等于不切实际的追求和妄想。"钟南山大学毕业后，当过锅炉工，当过农民，当过大学教师。钟南山从来没有停止努力，认为自己一辈子总要有一个追求。1971年，钟南山回到广州当住院医生，后来负责研究和治疗慢性支气管炎。当时，没有人愿意做这件事。钟南山和同事创建了呼吸科。1979年，广州呼吸疾病研究所成立，钟南山担任副所长。1987年，钟南山担任广州医学院第一附属医院院长。1992年，钟南山担任广州医学院院长。1996年，钟南山被评为中国工程院院士。钟南山面对生活的不顺，从来没有放弃，总觉得人生始终要有追求，要做出点儿事，要活得有意义，要活得长一些。即使到80多岁，钟南山仍在不断追求，为国家、为社会冲在医疗卫生的前线。作为我国呼吸疾病研究领域的领军人物，钟南山敢医敢言，勇于担当，他提出的防控策略和防治措施挽救了无数生命，在严重急性呼吸综合征和新冠疫情防控中作出巨大贡献。2020年，中共中央总书记、国家主席、中央军委主席习近平授予钟南山"共和国勋章"。获颁"共和国勋章"后，钟南山依然坚持在第一线，他说："愿继续在呼吸系统疾病和突发性公共卫生事件防控上为祖国贡献力量，不负国家给予的重托。"

一个人只要有追求，哪怕这个追求没有很宏伟，但是经过努力实现自己的追求，便会获得成就感和满足感。然而，人一旦每天无所事事，精气神就差了，身体状况也就不如从前了。一个始终有追求的人，一般会活得更长久，原因是自己始终有一个追求，实现了这个追求，他还会再给自己树立一个新的追求，继续奋斗。钟南山也生过病，做过冠状动脉旁路移植术，但是他认为，之所以他能每天工作14个小时左右，保持十足的精神状态，是因为他"始终有追求"。

有志者，事竟成。一个人有目标和梦想，并为之奋斗，是一件令人愉快的事情。目标不在大小，只要人们满怀热情地为目标努力奋斗，就容易感到非常快乐，充满自信心、成就感。目标要具体，可评估，易实现，有期限，并有相关性。人生有追求，会使自己的生活更加有滋有味，色彩斑斓。

///（三）心灵充实

并非只有快乐的经历才能充实人们的心灵。一场苦难的经历可能会让自己很难感到特别快乐或认为活着有意义，但这种经历仍然可以在某种意义上充实心灵。痛苦的经历如果改变了自己对自身和周围世界的理解和看法，改变了对生命和健康的认知，那么这仍旧是有价值的。

笔者的一位邻居，已经 100 岁的孙老师，特别钟情于听书。他通过听书，感受到精神愉悦和生活充实。他平时心态平和，喜好与家人和朋友聊天、谈心，交流思想感情，保持融洽的人际关系。

拓展阅读

健康老人心理健康的 4 个秘籍

（1）善良。善良的人会以他人之乐为乐，会与人为善，乐于友好相处，光明磊落。善良的人的心中常有愉悦之感，会始终保持泰然自若的心理状态。

（2）宽容。宽容是一种美德，是一个人良好的心理表现。它不仅包含理解和原谅，还显示一个人的气度和胸襟。一个不会宽容、只知苛求的人，其心理往往处于紧张状态，从而导致神经兴奋、血管收缩、血压升高。因此，学会宽容就等于给自己喝上一碗"心灵鸡汤"。

（3）乐观。乐观是一种积极向上的性格和心境，可以激发人的活力和潜能。许多人经过了无数次生与死的考验，悟透了人生的真谛，心情豁达，乐观向上，生活中充满了正能量，能够逾越困难，远离悲观。

（4）淡泊。淡泊是一种崇高的境界和心态。淡泊能使人始终保持一颗平常心，不会在世俗中随波逐流、追逐名利，更不会满腹牢骚、攀比嫉妒。长寿老人大多不计个人得失，不求名利，在自己平凡的工作岗位上踏踏实实地工作，离开工作岗位后依然淡泊名利。其实，这就是人生的追求在深层次上的定位。

五、钟南山保持心理健康的秘籍——人生"四乐"是良药

钟南山总结了保持心理健康的秘籍：得意时助人为乐，失意时自得其乐，一般时知足常乐，困境时苦中求乐。若想身心松，四乐在其中。这就是他的人生"四乐"。

（一）助人为乐

保持好心情，很重要的一条就是助人为乐。人无论能力强弱，都可以帮助他人。助人为乐会让自己开心、快乐。我们应在自己有能力的时候，多帮助他人，不求回报；要学会做好事，说好话，做好人。例如，医生帮助患者解除痛苦、挽救了患者的生命，患者和家属会非常感激医生，医生也会得到精神上的满足，会觉得开心、快乐。这也是孔子说的"仁者寿"之意。英国伯明翰大学的研究显示，老年人比年轻人更有可能做出惠及他人的事情。

关于助人为乐，一方面，倡导助人为乐是因为社会需要。例如，"只要人人都献出一点爱，世界将变成美好的人间""我为人人，人人为我"，强调的都是助人为乐的奉献精神，能让我们生活的世界变得更加美好。见义勇为、拾金不昧、捐资助学、志愿服务……目之所及的助人义举，让我们心中充满了昂扬向上的正能量，激发了崇德向善的社会风气。另一方面，助人为乐也是一种自我需要。相比鲜花和掌声，快乐更是一种内生的、更强烈的动力。我们做好事时难免要付出时间和精力，甚至有时候要承担一定的风险，但付出也可以是一种

快乐，如医生看到患者的病情好转时会感到很快乐。这种快乐，不同于物质上的满足，而是一种精神上的满足，更是自我实现后的充实感——引导更多人发现这一快乐，体会这一快乐，进而习惯于自己创造这种快乐，有助于进一步发挥助人为乐精神的感召力。

（二）自得其乐

人失意时，会觉得世事艰难。这时，保持心态平衡十分重要。在美国电影《相约星期二》中，学生问临终前的莫瑞教授，"如果可以，你想过的完美一天是什么？"莫瑞教授回答说："吃早餐，运动，见朋友，散步……非常平常的一天。"学生本以为莫瑞教授会说出宏大的愿望。莫瑞教授在得知自己得了肌萎缩侧索硬化时，从失意到接受，主要归功于他怀有一颗平常心，能够坦然面对生活的不幸，勇敢、乐观地面对现实。

老年人退休后，身体比较好时，喜欢吃什么就吃什么，喜欢穿什么就穿什么，喜欢旅游就去旅游，不要对自己太苛刻。老年人不要过于依赖孩子，要依靠自己，学会独立生活，关注自己的健康，注重平衡膳食和适量运动。吃得营养，注重保养，要有修养。记住人生"三养"，老年人会自得其乐。

（三）知足常乐

老子在《道德经》中写道："祸莫大于不知足；咎莫大于欲得。故知足之足，常足矣。"这句话的意思是，灾祸没有比不知足更大的，过错没有比贪得无厌更大的，因此知足常乐才是长久的满足。

对于普通人来讲，知足常乐其实是一种人生态度。对于能得到的东西，我们要尽量争取；对于得不到的东西，我们要学会释怀。因此，知足常乐最好的理解在于控制自己的欲望，尤其是不合理的欲望，这才是正确的"知足常乐"之道。平日里，我们应知足常乐，生活简单一些，欲望少一些，自由多一些，过自己的生活，不要与他人攀比。

简单就是最好的幸福。极简生活也许会令人学会放下对物质的过度追求，轻松简单地享受生活，用较少的物品过幸福的生活。心情烦闷的人穿上运动服，进行两三千米的慢跑，让自己出一身汗，再冲个热水澡，就会感觉非常轻松。在室外，张开两臂，晒晒太阳，做几次深呼吸，大吼几声，一展歌喉……快乐就在自己身边。

///（四）苦中求乐

快乐和痛苦是一对孪生姐妹。大凡智者，得意时助人为乐，困难时苦中求乐。困难时，我们是否可以苦中求乐？有时候，我们会伫立在岁月的十字路口张望，为那些落幕的繁华哀伤，为那些没能如愿以偿的梦想而长叹。无论我们如何感慨伤神，也不能从头再来。人生旅途，我们不可能把所有的风景尽收眼底。生活，有得就有失。人生没有过不去的坎。生病不一定完全就是坏事，这是身体在发出警告，要注意关爱自己，是个及时的提醒。对于癌症患者，保持乐观、积极、向上的心态极为重要。

我们可以通过很多办法，找到自己的快乐。钟南山养了一条宠物狗，这条宠物狗给他们带来了很多快乐。调整自己的心态，我们也可以找到自己的快乐。

笔者同学的父亲患上了阿尔茨海默病，需要有人搀扶和搂抱才能上卫生间，甚至有时大小便失禁。笔者同学在医院陪护期间，最多的一次是在一天之内帮他的父亲换 9 次衣服，冲 9 次热水澡，停歇下来，感觉疲惫不堪。老人失忆和胡言乱语是有周期性的，一般是正常三天，迷糊一天。某天，老人突然严肃地问笔者同学："你是谁？"笔者同学一本正经地回答："报告司令员，我是您的勤务员。"一句话把病房里的人都逗乐了。人生实苦，学会苦中求乐也是一种容纳苦难，笑对人生的生活情趣。苦中求乐是一种生活态度，它不是逃避，更不是自欺欺人，而是在情绪低落时给予自己一份希望，让内心清晰地感触到这个世界还有很多美好的地方值得自己继续勇敢地生活下去。痛苦不是永恒的，我们总有办法去战胜它。学会苦中求乐，就是把注意力从痛苦上移开，唯有不念、不想、不纠结，才能找到新的快乐。

六、你的年龄，你做主——永葆青春的秘密

2015 年，世界卫生组织发布的《关于老龄化与健康的全球报告》指出，"虽然很多老年人最终都会面临众多的健康问题，但是年老并不意味着无法独立"，"健康的老龄化并不仅仅是指没有疾病。对于大多数老年人来说，维持功能发挥是最为重要的"。老年人通常有慢性疾病，但最让人担忧的是老年人身体功能的丧失。听力、视力、行动能力丧失会给老年人带来诸多不便。老龄与疾病共存并不可怕，我们应重点关注如何防止失能现象的发生。年龄其实只是一个数字，一个人是否年轻还需要看心态，老年人要保持积极向上的心态。

每个人有 3 个年龄：自然年龄、生理年龄和心理年龄。

（1）自然年龄就是我们的实际年龄，是按照人的出生日期计算的年龄。自然年龄不受人的生活阅历、生活条件等因素的影响，而是随着时间的推移而增加。

（2）生理年龄是指一个人生理学上的年龄，代表这个人的生命活力。生理年龄主要取决于人的生活方式和健康状况。生理年龄是一个人在一定自然年龄时身体各系统、各器官的形态和功能的发展水平。有的人生理年龄比自然年龄大，也就是早衰，虽然自然年龄不老，看上去却老态龙钟；有人的部分生理功能提早衰退、失调，也要引起注意。80 多岁的钟南山仍然在医疗卫生工作的第一线忙碌。很多人第一次见到他总是不相信他的年龄，都问："你有那么老吗？"大家看他怎么也不像这个岁数的人。他的身体看起来只有 60 岁，身体机能多项指标与 50 岁的人基本类似，心理年龄看起来只有 40 岁。

（3）心理年龄是依据人的整体心理活动和特征的表现而确定的个体年龄。心理年龄是按照记忆、认知、情感、毅力等来衡量的年龄，

是由自己决定的。如何看待年老？有的人咏叹："夕阳无限好，只是近黄昏。"有的人刚一退休，就说自己老了。这些是悲观的处世态度。其实，人到老年，应承认自然法则，科学抗拒衰老，安排好自己的老年生活，做到老有所为、老有所乐，做一个身心健康的老年人。日本作家村上春树说："我一直以为人是慢慢变老的，其实不是，人是一瞬间变老的。"话剧演员王德顺54岁开始迷上健身，练就了一身腱子肉，身材挺拔；65岁学骑马；78岁学骑摩托；70岁开始练腹肌；79岁走秀登上时装舞台；85岁考取了飞行驾照。王德顺说："年龄老不老，是老天爷决定的，我们左右不了，但心态老不老是自己决定的。"

每个人都会经历一个从幼稚到成熟的过程。心理年龄对一个人的事业、家庭乃至整个人生都起着至关重要的作用。心理年龄的增长，实际上是内心的成长。我们应注重从自信心、性格特征和情绪能量方面修炼自己。培养自己的终身幸福能力，我们应从改变自我开始，树立目标，反思以往的行为方式，不断作出改变，完善自我。"老骥伏枥，志在千里。烈士暮年，壮心不已。"曹操的《龟虽寿》中的这几句完美地阐释了钟南山院士的心路历程。

在影响老年人心理健康的各类因素里，坚持锻炼是显著影响心理健康的重要因素。中国科学院的调查显示，相比不爱锻炼的老年人，拥有良好锻炼习惯的老年人拥有较高的个体幸福感和较少的抑郁情绪。相比住房条件、收入水平这类难以在短期内提升的客观因素，锻炼是一种更为主观可控，同时也是相当有效的影响因素。老年人应养成定期锻炼的习惯，找到适合自己的锻炼方式，通过规律运动提高自己的心理健康水平。

我们应时常审视自己的人生目标与生活质量之间的平衡关系，调整自己的生活方式；保持乐观、积极的生活态度，花点时间与家人或朋友一起锻炼。这样我们就会更好地享受人生的每个阶段。

第四章

运动是良药

【钟南山谈健康】

1. 我是一名医生，很了解一个人的身体健康状况。运动对身体健康起着重要作用，可以让人保持年轻的心态。运动对我保持健康就起到了关键的作用。

2. 什么时候你把运动看作与吃饭、睡觉、工作一样重要，是生活中不可或缺的重要组成部分，什么时候你的精神境界就会达到新的高度。如果你达到了这个境界，那么你一定能挤出时间进行运动。

3. 运动是第一位的。我每个星期都要运动三四次，每次大概40分钟。跑步、游泳、打篮球、力量训练等，我都喜欢。

4. 我深深地感受到运动对我从事其他领域工作的重要意义，它对我的一生产生了极大的影响。

5. 我为什么到现在还这么喜欢运动呢？因为它能培养人的3种精神：第一个是竞争精神，人一定要力争上游；第二个是团队精神；第三个是在单位时间内高效率地完成任务的精神。把体育精神用到工作、学习上是极为可贵的。

人生就是一场永无止境的追求，无论成败，都只有一个终点。面对日益隆起的肚腩、烦扰不断的颈肩疼痛，我们是否该停下脚步，思考一下如何珍惜自己的生命，珍爱自己的健康？首先，我们要下定决心，改变自己的不良习惯，行动起来，像钟南山院士一样坚持锻炼身体。其次，我们要减少无效的社交活动，给自己和家人留出更多的健身时间，享受美好时光。运动带给我们的不仅仅是强壮的身体、充沛的精力，还有年轻的心态。

我们的先人早就了解到运动可以增强体质，使气血流畅、关节滑利、情志畅达、耳聪目明。《吕氏春秋》指出："形不动则精不流，精不流则气郁。"人若缺乏运动，则精气流通不畅，从而导致气机郁滞。

华佗发明了五禽戏，模仿虎、鹿、熊、猿、鸟 5 种动物的动作来锻炼身体。孙思邈认为，"流水不腐，户枢不蠹，以其运动故也"，提倡运动健身。

随着年龄的增加，老年人成为慢性疾病的高发人群。久坐少动和运动不足是当今慢性疾病发生的第一独立因素。其中，运动不足会引发多种慢性疾病，如心脑血管疾病、糖尿病、恶性肿瘤、慢性阻塞性肺部疾病等。《新英格兰医学杂志》认为，运动不足会缩短预期寿命。据世界卫生组织报告，全球范围内死亡的五大危险因素分别是高血压、吸烟、高血糖、运动不足、肥胖。然而，很少有人关注运动不足的问题，人们更倾向于关注其他四个危险因素。

一、久坐少动的风险

一般来说，久坐少动行为是指在清醒状态下以低水平能量消耗小于或等于 1.5 梅脱为特征的行为。任何久坐少动行为都是有害的，无论是坐在书桌旁、方向盘后还是在屏幕前，其风险如下。

（1）引发代谢综合征，如高血压、高血糖、腰部脂肪过多和胆固醇水平异常等。

（2）增加心脑血管疾病和部分癌症的致死风险。

（3）提高全因死亡率。

（4）引起颈肩和腰部肌肉酸痛、头晕头痛。

（5）降低心肺功能。

（6）引起肠胃蠕动减慢，导致腹胀、便秘、消化不良等消化系统疾病。

（7）引发痔疮，导致大便出血、肛裂等症状。

（8）加重乏力、失眠、记忆力减退等症状，并可能导致阿尔茨海默病。

（9）使人精神状态欠佳。

研究发现，每天进行 60 ～ 75 分钟中等强度的身体活动可以抵消久坐少动行为对身体健康造成的影响；对于坚持体育锻炼的人来说，坐姿保持时间对其身体健康几乎没有影响。

【建议】

（1）每隔 30 分钟活动一次。

（2）站着打电话或看电视。

（3）伏案工作时，尝试使用站立式办公桌，或者就地取材，利用较高的台面。

（4）改变会议形式，与同事进行走动式会议，而不要坐在会议室里。

（5）每天抽出至少 30 分钟运动，可以分多次运动。

二、规律运动的益处

研究证明，规律运动可以改善睡眠质量，增强体质，增进健康，延缓衰老，提高生活质量，使人心情更愉悦，心态更乐观。

（一）提高心肺功能

心肺功能是影响体质和健康的核心要素之一。心肺功能低下易导致过早死亡风险增加。规律运动可以提高心脏和肺部等器官的机能，调节血压，改善血脂，增加肺活量；可以降低心脑血管疾病、高血压、2 型糖尿病、高脂血症的发病率。

（二）增强肌肉力量，促进骨骼健康

规律运动有利于增强肌肉力量，促进骨骼健康，维持关节稳定性和灵活性，从而减轻关节疼痛、改善身体机能。长期坚持规律运动还可以降低髋部骨折的风险。规律运动对骨关节炎、类风湿关节炎等关

节疾病患者都有益处。

（三）提高柔韧性

有规律的拉伸运动可以提高肌肉和关节韧带的柔韧性，缓解关节疼痛，预防运动损伤。

（四）减脂、增肌、塑形

规律运动不仅可以减脂（尤其是与减少热量摄入相结合时效果更好），还可以增加肌肉含量，改善不良的身体姿态，使锻炼者看起来更年轻、身姿更挺拔。

（五）促进脑健康和心理健康

规律运动可以促进脑健康，如缓解焦虑、改善睡眠、提高认知功能等。它是一种减轻压力的好方法，可以促进人体释放内啡肽，让人心情变好。内啡肽是大脑中一种令人兴奋、快乐的激素，可以缓解人的紧张和压力，使人获得快感。规律运动还会提高大脑中多巴胺、去甲肾上腺素和血清素的水平，使人缓解疲劳和疼痛，精神振奋、开心、活力四射。同时，规律运动可以提高人的自信心，使人内心强大，更开朗，更外向，更合群。

（六）预防疾病，降低死亡率

美国卫生与公众服务部的报告指出，在 10 种最常见的慢性疾病中有 7 种可以通过规律运动进行预防和治疗。研究表明，规律运动可以降低一些重大疾病（心脏病、某些癌症等）的死亡率。

（七）提高基础代谢率，改善免疫系统的机能

基础代谢是指人体维持心跳、呼吸等基本生理活动所消耗的热量。单位时间内的基础代谢称为基础代谢率。研究发现，运动可以促

进入体耗能，尤其是力量训练可以提升肌肉含量，进而提高基础代谢率。肌肉力量训练是提高身体基础代谢率的最佳方式。经常进行肌肉力量训练，能使人体的基础代谢率提高 6.8%～7.8%。

中等强度和高强度的规律运动不仅可以促进血液循环，还可以使机体增加巨噬细胞、免疫球蛋白 A 及其他免疫成分，从而使免疫细胞更快地到达身体各个部位，杀死更多的细菌和病毒，改善免疫系统的功能。

三、运动的副作用

虽然规律运动能给人带来很多益处，但是这并不意味着运动完全没有副作用。运动可能给人体带来的副作用包括如下几个方面。

（一）运动过量和高危运动会增加骨骼、肌肉等发生损伤的风险

骨骼、肌肉等发生损伤的风险随运动量的增加而增加。例如，一个每周跑 60 千米的人要比一个每周跑 20 千米的人发生运动损伤的风险更高。对于参加高危运动项目的锻炼者来说，发生运动损伤的风险较高。例如，经常参加有身体接触或身体碰撞的锻炼者比经常参加非身体接触性的锻炼者受伤的风险更高。

缺乏运动常识会增加运动风险。建议读者在参加体育运动前先阅读本书第十三章"运动损伤的预防"，以提高安全意识，遵循安全第一的原则。

（二）运动过量会使人体免疫机能受到损害

如果锻炼者在参加体育运动后感觉疲惫不堪、腰膝酸软、肌肉疼痛且两天内未得到恢复，则说明运动过量，这时锻炼者会出现血小板聚集力下降，免疫力下降的情况。

(三) 运动过量会导致夜间睡眠质量差

运动过量会导致交感神经系统障碍，尤其是锻炼者白天进行高强度的力量训练或无氧运动，会使交感神经异常活跃，导致夜间睡眠质量差。锻炼者在晚上睡觉前两小时内不宜做剧烈运动。

(四) 运动过量会导致心脏病发作或猝死等恶性事件

在运动过程中，虽然心脏病发作或猝死现象十分罕见，但是当锻炼者突然增加运动量时，会导致心脏病的发作风险增加。马拉松比赛偶尔会发生猝死事件，因此运动过量的问题应该引起锻炼者的重视。对于经常进行规律运动的锻炼者来说，不论是在运动时还是在平时，运动过量导致的恶性事件的发生风险非常低。

虽然运动存在一定的副作用，但是一般而言，规律、科学的运动给人体带来的益处远远大于运动对人体造成的危害。

四、成年人健身指南 *

(1) 运动形式：以有氧运动为基础，兼顾力量训练和柔韧性练习。

(2) 运动频率：每周运动 3 ～ 5 次。每周进行 2 ～ 3 天的力量训练。

(3) 运动时间：每周进行 150 ～ 300 分钟中等强度运动（心率为 100 ～ 140 次 / 分）或 75 ～ 150 分钟高强度运动；或者中等强度运动与高强度运动交替进行。

(4) 运动强度：普通人以中等强度运动为主；有运动基础者可以进行高强度运动。

(5) 有氧运动天天做，高强度运动选择做。每周 2 ～ 3 天力量训

---

* 根据我国的《全民健身指南》和美国的《美国人身体活动指南第 2 版（2018）》编写。

练，力量训练隔天做。柔韧性练习运动前后做。

（6）每天应多动少坐。少胜过无，多则更有益。

（7）运动前，应做准备活动；运动后，应做整理活动。

锻炼者应根据成年人健身指南的要求，对比自己的健身时间和频率是否达标。该指南重点关注有氧运动、力量训练和柔韧性练习，老年人还应加强平衡练习。锻炼者应根据自身的身体状况，循序渐进地增加运动时间，提高运动频率和运动强度，争取达到成年人健身指南推荐的运动要求。

五、监控运动强度的两种简易方法

当锻炼者进行有氧运动（如步行或骑自行车）时，运动强度与锻炼者对运动的感觉有关。运动强度体现在锻炼者的感觉和心率，以及呼吸是否急促、是否出汗等。

以下是两种监控运动强度的简易方法。

（一）锻炼者的感觉

锻炼者运动时感觉到的用力程度（主观感觉）是运动强度的主观衡量指标。每个人进行相同运动时感知的用力程度可能有所不同。例如，对你来说感觉艰难的跑步，对于更健康的人而言是比较轻松的运动。

自觉运动强度由瑞典学者博格提出，是一种可以自我观察的运动强度分级方式，从 0 级开始，运动强度递增，直到 10 级最高。自觉运动强度是主观的评估。自觉运动强度表见表 4–1。在运动中，请你聆听身体的声音。

表 4-1 自觉运动强度表

级差	运动强度	体感
0 级	无感	没什么感觉，呼吸平缓，静止不动
1 级	很低	不疲惫，呼吸平缓，静止不动
2 级	较低	稍感疲惫，呼吸平缓，简单活动
3 级	中等	稍感疲惫，呼吸轻松，简单活动
4 级	稍强	轻微疲惫，呼吸轻松，缓慢步行
5 级	强	轻微疲惫，呼吸稍急促，快走
6 级	中强	疲惫，呼吸急促，对话自如，运动可持续
7 级	很强	疲惫，呼吸急促，简短对话，运动可持续
8 级	非常强	极度疲惫，呼吸非常急促，简短对话，运动可持续
9 级	超强	极度疲惫，呼吸困难，无法交谈，运动不能持续
10 级	极强	筋疲力尽，剧烈喘气，无法交谈，无法持续运动

（二）锻炼者的心率

通过监测心率，锻炼者能够更客观地了解自己的运动强度。一般来说，在运动中，锻炼者的心率越高通常代表运动强度越高。

最大心率计算方法：用 220 减去年龄来计算锻炼者的最大心率。例如，如果锻炼者的年龄是 45 岁，用 220 减去 45，得到其最大心率为 175。这是锻炼者的心率增加所能达到的最大限度。确定自己的最大心率后，锻炼者即可计算出自己的目标心率区（心脏得到锻炼和调节但没有过度劳累的心率水平）。美国心脏协会通常建议的目标心率区：① 最大心率的 50%～70%；② 最大心率的 70%～85%。如果锻炼者身体不适或刚刚开始参加运动，应以最大心率的 50%～70% 为目标心率区；如果锻炼者身体健康，想进行较高强度的运动，可选择最大心率的 70%～85% 为目标心率区。需要注意的是，有些药物（如一些降低血压的药物）会降低人体的最大心率，从而降低目标心率区。如果锻炼者由于服药或健康问题需要参考较低的目标心率区，请咨询医生。

自觉运动强度一般与运动心率相结合使用，这样能更准确地反映出运动强度，帮助锻炼者达到安全运动的目的。如果锻炼者需要更准确地监控心率，可以使用监测心率的健身智能手环等设备。采用适合的运动强度有助于锻炼者实现自己的健身目标，从运动中得到收获。如果锻炼者没有感到任何疲劳或运动心率过低，可以逐渐提高运动强度；如果锻炼者担心自己用力过猛或心率过高，可以适当降低运动强度。在开始剧烈运动前，有多种心脏病风险因素的人、45 岁以上的男性和 55 岁以上的女性应咨询医生并进行相应的身体健康测试，听从医生的建议进行适当运动强度的锻炼。

六、健身原则

进行运动，锻炼者必须遵循以下健身原则，从而增强健身效果，养成良好的健身习惯，减少运动损伤。

（一）安全第一原则

安全第一原则是指在运动过程中，锻炼者要确保不出现或尽量避免发生运动伤害事故，这是参加运动的首要原则。虽然规律、适量的运动能够促进身心健康，但是由于缺乏对自身运动能力的认识，锻炼者选择不合适的运动项目、运动量过大、不做准备活动和整理活动等，都有可能造成运动损伤，甚至危及生命安全。因此，在日常健身中，必须坚持安全第一原则。开始运动前，锻炼者应先如实填写《体育锻炼前的调查问卷》（见附录一）并进行运动水平测试。患有心脏病等慢性疾病的锻炼者应在医生的指导下进行身体检查和运动水平测试。此外，锻炼者要注意检查周围的运动环境是否安全，按照要求穿戴专业防护装备并做充分的准备活动；运动结束后，锻炼者要做好整理活动。

▰///（二）循序渐进原则

循序渐进原则是指科学地、逐步地增加运动时间，提高运动强度、运动频率和动作难度等。循序渐进原则要求锻炼者根据自己对运动的适应程度，逐渐增加运动量，使身体机能得到改善，不断提高运动能力，以收到理想的健身效果。对于初级健身者来说，开始参与健身活动时，应先从低冲击力的有氧运动（如健走、超慢跑等）开始，在第 1 个月内采用中低运动强度，每次运动时间为 10 ～ 20 分钟，逐渐增加运动量。

▰///（三）超负荷原则

超负荷原则是基于身体机能对运动负荷刺激的基本反应与适应规律而提出的。根据刺激与反应的生物学原理，在一定的生理范围内，运动负荷越大，人体的机能反应越大，形成的刺激效果越深，引起的超量恢复也会越明显。锻炼者的任何身体活动都会引起人体产生生理、心理等方面的变化。由运动的生物反馈机制可知，只有当训练的负荷量超过了人体的适应水平，机体的超量恢复才会发生。如果锻炼者在很长时间内采用固定的训练负荷进行练习，身体机能就不会出现实质性的变化。例如，刚开始进行哑铃弯举时，锻炼者只能举起 5 千克的哑铃，随着肌肉力量的提高，1 个月后，身体已经适应这种运动负荷，这时想要继续提高肌肉力量，锻炼者需要增加训练的组数或每组训练的次数。

▰///（四）全面发展原则

首先，锻炼者选择的运动项目要使身体各部位都参与运动，使各器官、系统的机能水平普遍得到提高。跑步、游泳等全身性运动可以达到这一目的。在力量训练过程中，锻炼者除了注重各主要肌群的全面参与，还应注意肌肉的左右对称和不同部位的平衡、协调发展。其次，在健身过程中，锻炼者还应保证各项机能素质的全面提高，既要提高心肺功能，又要增强肌肉力量，提高柔韧性等身体素质。因此，锻炼者每周不仅要做有氧运动（如健走、跑步等），还要兼顾力量训练和柔韧性练习，这样更有利于收到全面发展的健身效果。

////（五）个性化原则

个性化原则是指锻炼者根据自己的身体素质、兴趣爱好、运动经验和运动目标，选择适合自己的运动项目、运动频率和运动强度，制订个性化的健身方案。选择自己喜欢的运动项目有助于锻炼者坚持健身，享受健身带来的快乐。如果锻炼者的主要运动目标是增肌，应重点加强力量训练，辅助进行有氧运动；如果锻炼者的主要运动目标是减脂，应加强中低强度的有氧运动，辅助进行力量训练。

七、健身形式

身体活动和健身的区别在于，身体活动是一个总括性术语，包括做家务活、日常行为、健身，以及与工作相关的活动等。身体活动是指身体产生位移、较安静时引起能量消耗增加的所有活动。健身又称"体育健身""体育锻炼"或"运动"，是指为了实现健康目标而进行的有计划、有组织、重复性的身体活动。

健身形式主要包括4个类型：有氧运动、力量训练、柔韧性练习、平衡性练习。锻炼者综合运用这4个类型的健身形式，会达到增进身体健康的目的。初级健身者的健身形式应以有氧运动为主，兼顾力量训练、柔韧性练习和平衡性练习。本书将分章重点讲解这4种健身形式的重要性及其训练方法，指导锻炼者测试自己的心肺耐力、肌肉力量、柔韧性和平衡性，并学会自己设计个性化的健身方案。

拓展阅读

　　误区：天天做家务，不需要锻炼。

　　事实：首先，人们做家务时的运动强度比较低，而且全身各部位肌肉的负担轻重不均；而各种健身运动可以有目的地使全身主要肌群得到活动，特别是对家务劳动中活动不多的身体部位进行重点锻炼，并加速疲劳肌肉的恢复。其次，大多数的家务劳动对心肺功能的提高效果不及跑步、游泳、跳绳等有氧运动。最后，家务劳动主要集中在某几个身体部位的动作，容易导致这些部位的肌肉劳损，需要人们通过适当的健身来促进康复，加强该部位的肌肉力量训练和柔韧性练习。

（一）有氧运动

1. 有氧运动的概念

　　有氧运动又称为耐力运动或心肺耐力运动，是指人体在氧气供应充足的条件下，较长时间全身主要肌群参与的节律性周期运动。它是一种以提高人体耐力质素、增强心肺功能为目的的体育运动。有氧运动是其他运动的基础。有氧运动的特点是运动强度不高，有节奏，呈现周期特征，持续时间较长（10分钟以上）。常见的有氧运动项目有健走、慢跑、游泳、骑自行车、乒乓球、网球、高尔夫球、广场舞、交谊舞、跳绳、登山、上下楼梯等。初级健身者宜以中低强度的有氧运动为主要的健身方式，有助于避免造成运动损伤。

　　为改善身体健康，锻炼者须注意每周运动的总量、频率和强度。每周中等强度运动的总量比单次长时间运动的总量更重要。

2. 有氧运动的十大益处

无论锻炼者的年龄、体重或运动能力如何，有氧运动对促进健康的作用不容置疑。有氧运动的十大益处如下。

（1）控制体重。

有氧运动搭配健康饮食可以促进脂肪消耗，使锻炼者保持身材苗条。

（2）增强耐力、体能和力量。

第一次开始有规律的有氧运动时，锻炼者可能会感到疲劳。长期坚持会使锻炼者的耐力得到提高，体力更充沛。随着时间的推移，锻炼者的心肺功能会得到增强，骨骼和肌肉力量也会得到提高。

（3）预防病毒性疾病。

有氧运动能很好地激活免疫系统，使锻炼者不容易感染轻度病毒性疾病，如普通感冒和流行性感冒。

（4）降低慢性疾病发生的风险。

有氧运动可以降低许多慢性疾病发生的风险，包括肥胖症、心脏病、高血压、2型糖尿病、代谢综合征、脑卒中和某些类型的癌症。跑步等有氧运动有助于降低人们患骨质疏松症的风险。

（5）控制慢性疾病的病情发展。

有氧运动有助于降低血压和控制血糖，可以减轻关节炎患者的疼痛，并改善关节功能，还可以改善癌症患者的健康状况。

（6）增强心脏功能。

强有力的心脏能更有效地泵血，促进血液流向身体的各个部位。有氧运动能够增强心脏功能。

（7）保持动脉畅通。

有氧运动可以提高人体中的高密度脂蛋白（即"有益"胆固醇）含量，降低低密度脂蛋白（即"无益"胆固醇）含量，因此可以减少动脉中的斑块堆积。

（8）改善情绪。

有氧运动可以缓解抑郁或焦虑引发的紧张情绪，令人心情放松，还可以改善睡眠。

（9）预防失能。

有氧运动能使肌肉强壮，使老年人保持灵活性和平衡性，从而降低跌倒受伤的风险，提高生活质量；能使人思维敏捷，有助于保护老年人的记忆力、推理能力、判断力和思维能力（认知功能），有助于预防阿尔茨海默病，提高阿尔茨海默病患者的认知能力。

（10）延长寿命。

研究表明，经常参加有氧运动的人比不经常运动的人寿命更长，罹患心脏病和某些癌症等疾病的风险也较低。

（二）力量训练

1. 力量训练的概念

力量训练又称阻力运动或抗阻力运动，是指一种进行多次、多组、有节奏的动作，来帮助人增强肌肉力量、增加肌肉围度的运动方式。力量训练以无氧训练为主，它可以帮助锻炼者增强上肢力量、核心（腰腹）力量和下肢力量。力量训练包括徒手练习和负重练习两种。其中，锻炼者进行负重练习时可以使用弹力带、拉力器、哑铃、壶铃、杠铃等器械。成年人应每周至少进行 2 次（注意至少要隔天，如周二、周四）针对所有主要肌群（包括腿部、臀部、胸部、背部、腹部、肩部和臂部）的力量训练。这是因为肌肉经过训练后需要休息48 小时。如果两次力量训练的时间间隔不足，容易造成运动疲劳，影响力量训练的效果。力量训练的要素是练习、营养和休息。锻炼者做单项训练时，使用的重量或阻力应以重复 10 ~ 12 次动作后感到肌肉疲劳为宜。力量训练要多样化，以增强不同部位的肌肉力量。初级健身者开始进行力量训练时应从徒手练习（如扶墙俯卧撑、跪式俯卧撑到标准俯卧撑）开始，根据个人的身体状况逐渐调整训练方式。在日常生活中，抱孩子、拎购物袋、搬箱子等身体活动也相当于力量训练。

老年人的力量训练应该以增强身体机能为主，这些力量训练动作主要由身体的对立肌群来完成。因此，制订力量训练方案时，锻炼者可以考虑每周选择身体某几个区域的前后对立肌群进行训练。最常用的对立肌群包括胸和背、大腿前侧和大腿后侧、上臂前侧和上臂后侧，以及肩部、臀部和腹部。即使低强度的力量训练也会收到明显的健身效果。

骨质疏松症和肌少症是造成老年人失能的主要原因，伴随而来的可能是生活品质下降、生活无法自理，甚至是死亡风险的增加。50 岁以上成年人的肌肉会以每 10 年减少 8% 的速度流失。长期久坐少动的 80 岁老年人的肌肉量与 25 岁的人相比会减少约 40%，脂肪会增加 114%。男性肌肉流失的速度更快。肌少症可以用小腿围度来测量。小腿围度小于 34 厘米的男性、小腿围度小于 32 厘米的女性有患肌少症的风险，应尽快进行力量训练，同时补充蛋白质。

2. 力量训练的益处

肌肉是活跃的组织，符合"用进废退"的原则。任何年龄的人进行力量训练都可以强健肌肉。中老年人更要加强力量训练。力量训练可以阻止肌肉流失，可以帮助中老年人完成每日生活必需的活动，如起床、吃饭、购物等。

【科学事实】30 岁以后，每 10 年，人体肌肉量平均会下降 4%。35 岁以后，骨密度平均每年会下降 1%。

力量训练的益处主要包括以下几个方面。

（1）力量训练可以增强肌肉力量，降低患肌少症的风险，促进身体健康。

（2）力量训练可以提高人体的平衡能力，防止跌倒，降低骨折的风险。

（3）力量训练可以保持和提高骨密度，减少骨流失。

（4）力量训练可以有效地控制体重，提高基础代谢率，加快燃脂。

（5）力量训练可以减轻腰部疼痛，缓解关节炎引发的疼痛。

（6）力量训练可以增强体力。

（7）力量训练可以降低血压。

（8）力量训练可以提高关节的柔韧性。

（9）力量训练可以提高胰岛素的敏感性，改善糖代谢。

（10）力量训练可以缓解抑郁。

（11）力量训练可以改善脑机能。

（12）力量训练有助于改善人的体态，使人看起来更加挺拔。

///（三）柔韧性练习

1. 柔韧性练习的概念

柔韧性是指身体各个关节的活动幅度，以及胯关节的韧带、肌腱、肌肉、皮肤等其他组织的弹性伸展能力。柔韧性练习是一种提高身体柔韧性和增大关节运动幅度的手段。柔韧性练习包括瑜伽、普拉提和拉伸（包括静态拉伸和动态拉伸两种）。静态拉伸包括压肩、压腿等活动；动态拉伸包括摆腿、甩腰等活动。在日常生活中，叠被子、弯腰系鞋带、放风筝等使身体某部位得到充分伸展的身体活动也相当于柔韧性练习。

2. 柔韧性练习的益处

柔韧性练习是其他运动的基础。关节紧张会限制肌肉的活动范围，造成人体使用其他肌肉"代偿"完成这个动作。肌肉力量不均衡不仅会导致不良体姿（如探肩、驼背等），还会造成老年人失去生活独立性（如无法弯腰系鞋带等）。

柔韧性练习的益处主要包括以下几个方面。

（1）柔韧性练习可以增大肌肉、关节的运动幅度，增强健身效果。

（2）柔韧性练习可以改善体姿，放松肌肉，预防运动损伤。

（3）柔韧性练习可以提高肌肉的协调性。

（4）柔韧性练习可以改善消化系统的机能。

（5）柔韧性练习可以改善心血管系统的机能。

（6）柔韧性练习可以缓解关节疼痛、疲劳。

///（四）平衡性练习

1. 平衡性练习的概念

平衡是身体所处的一种稳定姿态，以及身体在运动或受到外力作用时能够自动调整并维持姿势的能力。平衡性练习是一种提高身体平衡性的手段，包括单腿站立（闭眼）、一字步、原地旋转、太极拳、交谊舞、广场舞、健身操等。锻炼核心力量和腿部的肌肉力量也可以提高人体的平衡性。

2. 平衡性练习的益处

平衡性练习的益处主要包括以下几个方面。

（1）平衡性练习可以改善体姿。

（2）平衡性练习可以提高身体的协调性。

（3）平衡性练习可以预防跌倒和损伤。

八、运动前的健康检查和运动能力测试

患有慢性疾病或其他重大疾病的锻炼者，必须在开始运动前进行

身体健康检查，并向医生咨询有关运动安全的注意事项。运动前的健康检查和运动能力测试对保证运动安全、规避运动风险十分重要。运动前测量和记录自己的基础数据可以为锻炼者进行健身活动提供一个基准数据，以此数据与未来的数据做对比，锻炼者就可以清楚地了解自己在哪些方面收到健身效果，在哪些方面还需要改进。

（一）运动前的健康检查，规避运动风险

1. 运动前身体健康状况的自查

运动前身体健康状况的自查包括以下几个方面。

（1）身体情况：包括晨脉、体重、体脂率、腰围、臀围、臂围等。

（2）医学指标：心血管疾病患者应测量血压、胆固醇；糖尿病患者应测量空腹血糖、餐后血糖、血脂等；肾病患者应测量尿蛋白情况；等等。

（3）身体局部（如膝关节）不舒服，感觉及程度：非常不舒服、不舒服、有些不舒服、没有不适。

（4）用药情况：药量及用药时间。

> **拓展阅读**
>
> （1）晨脉和心率。
>
> 正常人的脉搏和心率是一致的。正常成年人的脉搏（心率）是 60 ～ 100 次 / 分，一般情况下是 70 ～ 80 次 / 分。晨脉（安静心率）就是清晨起床前静卧时的脉搏。测量晨脉可以判断疲劳状态。如果锻炼者经过一段时间的锻炼，每天晨脉有所下降，说明锻炼有效，心肺功能正在逐步提高。如果某一天锻炼者的晨脉突然升高（比前一天高出 5 次 / 分以上），说明前一天晚上休息不足或前一天的运动强度过高，身体还没完全恢复，处于疲惫状

态，需要多休息。心率是评定运动性疲劳的简易指标之一，人们常用基础心率、运动后即刻心率及恢复期心率来判断疲劳程度。坚持规律运动一两个月后，锻炼者的安静心率会降低。

经常锻炼者的心率较低，一般为 40～60 次 / 分。老年人的心率一般为 55～60 次 / 分。脉搏跳动应均匀、规则、有力。压力、吸烟、疾病等因素会使心率加快。每周 5 天，每天进行 30 分钟及以上的中等强度有氧运动，或者每周 3 天，每天进行 30 分钟高强度有氧运动，可以使安静心率大约每周降低 1 次。在进行有氧运动的过程中，锻炼者可以通过监测心率判断是否达到预期的运动强度，并及时做出调整。锻炼者可以使用手机软件或运动手表等工具监测自己的心率。

（2）体重指数和腰围。

体重指数（Body Mass Index，简称 BMI）是国际上常用的衡量人体胖瘦程度及健康程度的一个标准。体重指数 = 体重（千克）/ 身高^2（米^2）。虽然体重指数是一个重要的参照值，但是它无法测量腹部周围的脂肪含量。腹部脂肪多的人罹患 2 型糖尿病、高血压、心脏病等疾病的风险较高。锻炼者可以经常测量自己的腰围，以了解腰腹部的脂肪含量。测量腰围的正确方式是，测量者先找到肋骨的底端和臀部的顶端，然后用皮尺测量这两点之间的中间部位。测量时，测量者应保持正常呼吸。中国的腰围判断标准：女性≥ 85 厘米、男性≥ 90 厘米属于"腹型肥胖"。

◤ 2. 填写《体育锻炼前的调查问卷》

开始运动前，锻炼者除了要关注自己的血压、心率、体重、身高、腰围等指标外，还应填写《体育锻炼前的调查问卷》（参见附录一），对自己即将开始的运动进行风险评估，以确保运动安全。

◢◢◢（二）运动前运动能力的自测，知晓自己的运动起点数据

锻炼者可以根据自己的健身目标和身体情况，自定测量指标，并把这些数据作为自己的运动起点数据，运动一段时间（如一个月）后，再次测量以上指标，以了解自己取得了哪些进步，还需要做哪些调整。

◣ 1. 简单自测

（1）日常步行速度、跑步距离。例如，6分钟步行的距离、步行后的心率、步行后的感觉；12分钟跑的距离，跑时的心率和感觉。

（2）日常的关节活动范围。例如，每个关节各个方向的活动范围、关节活动是否受限。

（3）提起两个超市购物袋的感觉：很重、有些重、一般、轻、很轻。

（4）保持某个比较费力姿势（如单腿站姿）的时间。

◣ 2. 较正式自测项目

（1）体态测试。

良好的体态可以保持肌肉在最佳长度内产生高水平的功能和力量等。体态测试的目的主要是帮助锻炼者改善身体部位的疼痛症状或纠正不良体态。

测试时，受试者自然站立，目视前方，请同伴帮自己拍侧身照。观察自己的耳部、肩部、臀部、膝关节和脚是否在一条直线上。对比自己的体态与图4–1中哪幅图片类似，自测打分。体态测试评分表见表4–2。

差　　　　　　一般　　　　　　良好　　　　　　标准

图 4-1　体态测试

表 4-2　体态测试评分表

体态	得分
差	1
一般	2
良好	3
标准	4

（2）力量测试。

【温馨提示】进行力量、心肺耐力、柔韧性和平衡性测试前，锻炼者应进行约5分钟的准备活动，如健走、原地踏步、热身操、超慢跑等，以提高肌肉组织的适应性。

受试者自测1分钟扶椅俯卧撑（图4-2）的数量，并对照表4-3给自己打分。

图 4-2　扶椅俯卧撑

表4-3 1分钟扶椅俯卧撑测试评分表

女性	男性	得分
2 个以下	5 个以下	1
3～9 个	5～15 个	2
10～25 个	16～35 个	3
25 个以上	35 个以上	4

（3）耐力测试。

耐力测试主要评估锻炼者的心肺功能。

受试者按照高抬腿踏步（图4-3）动作说明，记录自己左腿膝关节2分钟内到达墙上标志的次数，并对照表4-4给自己打分。

图4-3 高抬腿踏步

表4-4 2分钟高抬腿测试评分表

女性	男性	得分
80 次以下	90 次以下	1
81～100 次	91～110 次	2
101～120 次	111～130 次	3
120 次以上	130 次以上	4

（4）柔韧性测试。

锻炼者可通过坐位体前屈测试来了解自己在静止状态下躯干、腰部、髋等部位的活动幅度，主要反映这些部位的关节、韧带和肌肉的柔韧性。

受试者两腿伸直，两脚分开 10 ～ 15 厘米，平蹬测试板，上体与地板成直角。上体前屈，两臂伸直向前，用两手中指指尖慢慢地向前推动游标，直到不能前推为止（图 4–4）。测试两次，取最好一次的成绩。为取得最好的测试成绩，受试者在上体前屈时呼气，确保膝关节保持伸直。上体前屈时，两腿不能弯曲。在测试期间，受试者保持正常的呼吸，不应屏住呼吸。测试成绩以厘米为单位，受试者对照表 4–5 给自己打分。

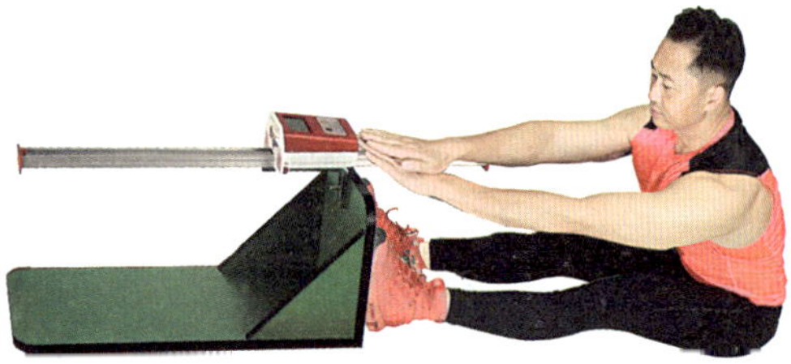

图 4–4　坐位体前屈测试

表 4–5　坐位体前屈测试评分表

女性 / 厘米	男性 / 厘米	得分
0 ～ 5	− 6 ～ 1	1
6 ～ 11	2 ～ 7	2
12 ～ 18	8 ～ 14	3
>18	>14	4

（5）平衡性测试。

单脚站立测试主要反映人体的平衡能力。

受试者直立，两脚分开，间距与肩同宽，抬头收腹，两手叉腰，保持直立姿势。测试时，受试者在听到"开始"口令后，抬起任意一只脚（图 4-5），同时测试员开始计时。当受试者支撑脚移动或抬起脚着地时，测试员停止计时。测试成绩以秒为单位。测试两次，取最好成绩。单脚站立测试评分表如表 4-6 所示。

图 4-5　单脚站立测试

表 4-6　单脚站立测试评分表

所有人 / 秒	得分
<20	1
21 ～ 35	2
36 ～ 50	3
>50	4

九、设定健身目标

　　许多锻炼者盲目健身，忽略了设定健身目标，因此没有长期坚持。还有一些锻炼者开始健身几天或几周后，因故暂停。设定目标是一种给予自己方向和动力并为成功做好准备的方法。设定健身目标时，锻炼者应尽量保证健身目标是具体、可以实现、适合自己、有时间限制的。健身目标可以分为长期健身目标和短期健身目标。它可以为锻炼者提供定期运动所需的动力，以目标促进行动。

大部分人的健身目标是改善体形、促进健康、增肌、减脂等，这些健身目标主要可以简单地分为"增加肌肉量""减少身体脂肪"等类型。然而，这样粗略地设定健身目标，不利于锻炼者坚持健身。

健身目标应从具体的目标开始。如果锻炼者刚开始健身，应按照本书健身指南的建议，每周至少进行150分钟的中等强度有氧运动或75分钟的剧烈有氧运动（或两者结合），另外还需要进行力量训练、柔韧性练习和平衡性练习。如果锻炼者的健身目标是减脂，如半年内减脂20千克，则应每周进行5天有氧运动和2天力量训练。另外，锻炼者需要和医生进行沟通，确定每周的饮食方案和减脂量。

以下是帮助锻炼者实现健身目标的几个方法。

（1）确定自己想要实现的健身目标。

（2）寻找可以选择的方式去实现这个健身目标。

（3）制订适合自己的可行健身方案。

（4）执行自己的健身方案。

（5）定期检查健身方案的成效。

（6）有需要时，对健身方案作出修改。

（7）有进步时，给自己奖励。

十、选择适合自己的健身方案

完成以上5项较正式自测项目的测试后，锻炼者统计自己的得分，求得平均分，并以此为参照选择适合自己的健身方案。简单来说，一个健身方案必须至少在3个主要方面提高身体素质，即心肺耐力、肌肉力量和柔性性。健身时，锻炼者选择适合自己的健身方案十分重要，既可以提高自己的身体素质，又可以避免过度疲劳，确保运动安全。注意：运动前，应做准备活动；运动后，要做整理活动。

///（一）初级健身方案

如果锻炼者的平均分为 1 ～ 1.9，则应该从初级健身方案开始运动。初级健身方案的时间约为 8 周。

初级健身方案建议如下。

运动形式：健走、超慢跑、走跑、广场舞、瑜伽、太极拳、徒手力量训练、哑铃力量训练等。

运动强度：55% ～ 60% 的最大心率。

运动时间：每次运动 10 ～ 20 分钟，逐渐增加到 30 ～ 40 分钟。

运动频率：3 天 / 周，逐渐增加到 5 天 / 周。

运动感觉：运动后，有舒适感，精神愉悦。

///（二）中级健身方案

如果锻炼者的平均分为 2 ～ 2.9，则可以选择中级健身方案运动。达到中级健身水平后，体能有所增强，锻炼者可以逐步提高运动强度和增加运动时间。中级健身方案的时间约为 8 周。

中级健身方案建议如下。

运动形式：选择自己喜欢的有氧运动，如跑步、游泳、跳绳、广场舞、瑜伽、太极拳等，适当增加力量训练。

运动强度：60% ～ 80% 的最大心率。每周至少安排一次力量训练。力量训练采用约 15 RM 的运动强度，重复 10 次左右。

运动时间：每次运动 30 ～ 50 分钟。每周安排一两次隔天的力量训练，每次进行 6 ～ 8 种肌肉力量训练，各重复 2 或 3 组。

运动频率：3 ～ 5 天 / 周。

运动感觉：运动后，有舒适感，精神愉悦。体力明显增强。完成同样强度的运动，身体感觉越来越轻松。

///（三）高级健身方案

如果锻炼者的平均分为 3 ~ 4，则可以选择高级健身方案运动。在身体机能和运动能力达到较高水平，养成良好的运动习惯后，锻炼者应选择适合自己的运动形式，保证运动形式的多样化，坚持全面性健身原则。另外，锻炼者还要注意进行功能性训练，使所有的肌肉都参与训练，而不是进行单一肌肉的训练。高级健身方案的时间约为 8 周。

高级健身方案建议如下。

运动形式：选择自己喜欢的有氧运动，如跑步、游泳、跳绳、球类、瑜伽、太极拳等，适当增加力量训练。

运动强度：60% ~ 80% 的最大心率。每周至少安排两次力量训练。力量训练采用 15 ~ 20 RM 的运动强度，重复 10 ~ 15 次。

运动时间：每次运动 30 ~ 60 分钟。每周安排两次隔天的力量训练，每次进行 8 ~ 10 种肌肉力量训练，各重复 2 或 3 组。尝试高强度间歇训练方法。

运动频率：3 ~ 5 天 / 周。

运动感觉：运动后，有舒适感，精神愉悦。体能明显增强。完成同样强度的运动，身体感觉越来越轻松。

十一、准备自己的运动装备

锻炼者一定要挑选一双适合自己的运动鞋和运动袜。例如，跑步时，建议购买跑步鞋，因为跑步鞋比交叉训练鞋轻，更有支撑性。

锻炼者如果计划购买一些健身器材，应尽量选择实用、舒适、多功能的器材，如弹力带、哑铃等。在购买健身器材前，锻炼者也可以先在健身房试用相关类型的器材。

锻炼者还可以考虑在智能设备或其他活动跟踪设备上使用某些健

身应用程序，如可以追踪距离、监测心率的应用程序。

十二、开始自己的健身之路

锻炼者制订了自己的健身目标和健身方案，并准备好运动装备后，即开始自己的健身之路。下面将介绍锻炼者应该如何开始运动，或暂停运动后如何重新开始运动，保持积极、活跃的生活方式，逐步提高运动强度，尽量达到本书推荐的健身指南要求。

（一）让运动成为日常生活的一部分

坚持规律性运动才能收到较好的健身效果。开始运动时，锻炼者一定要选择自己喜爱的运动项目，安全地运动，记录自己每天的运动（参考附录二），从而肯定自己的进步，确保运动适合自己。

1. 把运动安排为每天必做的事情

想要保持和提高自己的健康水平，锻炼者应把运动安排为每天必做的事情，并在月度健身打卡记录表中画上记号。锻炼者可以尝试把运动安排为每天第一重要的事情最好。例如，早上醒后，锻炼者不要着急起床，先做拉伸动作（在床上仰卧，两手举过头，拉伸 10 ～ 15 秒，重复 3 次），再梳头（十指按摩百会穴，从头顶开始梳头 20 ～ 30 次），这样可以调整自主神经，改善头痛、眩晕、脱发等症状；上完厕所后，喝一杯温水，然后开始 10 分钟的拉伸操，或者早餐后一小时左右开始运动，都是不错的选择。

2. 开始运动时，动作应简单、轻松，循序渐进

锻炼者应先从自己熟悉的运动项目开始运动。刚开始运动时，许多锻炼者会感到兴奋、新奇，很容易运动过量，或动作做得较快，锻炼者每次运动不要超过 10 分钟，一天之内可以分三四次运动。运动

后，以不感到疲劳为宜。无论做任何动作，一旦感觉身体某个部位疼痛，应立即停止动作。开始运动时，锻炼者不需要使用昂贵的设备，只需要一双运动鞋。如果没有哑铃，那么锻炼者可以使用矿泉水瓶代替。运动一段时间后，随着体力增强，锻炼者若想增加负荷，可以把矿泉水瓶装满沙子。锻炼者可以利用每天的零散时间随时随地运动。例如，锻炼者可以在客厅沙发旁边放两个哑铃，每天在看电视时做几个力量训练动作；步行去附近的超市购物，而不是网购；排队时，练习单腿站立，两腿交替练习；走路时，收腹挺胸，摆动手臂，加快步伐。

3. 与家人或朋友一起运动

研究表明，与家人或朋友一起运动能促使锻炼者坚持运动，大家可以相互激励，探讨运动经验。例如，晚饭后与家人或朋友去户外散步、慢跑；周末与家人或朋友一起去爬山、划船、郊游。

4. 运动要有趣、快乐

运动时，锻炼者应感到有趣、快乐。例如，锻炼者如果喜欢户外运动，可以爬山、钓鱼、慢跑、郊游等；锻炼者如果喜欢听音乐，可以戴上耳机，一边听音乐，一边健走。

拓展阅读

随时随地运动的 10 个小妙招

（1）利用乘公交车、地铁的时间，进行低强度的运动。上车后，尽量保持站姿，同时可以有节奏地收缩自己的腹部，不断地踮起脚跟，放下，重复多次，锻炼自己的小腿肌肉。走路时，尽量加快步伐。

（2）在办公室注意坐姿，不能拱肩缩背，应挺胸，抬头，收腹，直膝。尽量不跷二郎腿。在座位上坐久了，可以伸直一条腿，勾紧脚尖，保持 10 秒，恢复原位，再换另一条腿，做几组，拉伸腿部肌肉。

（3）采用坐姿办公一段时间后，可以双手合十，举过头顶，拉伸手臂，尽量向上举，举到最高处时，保持 10 秒，重复 10 次左右；或者站在椅子后，两手扶着椅背，弯腰，保持背部挺直，压肩，保持 20 秒，重复几次。

（4）当坐在椅子上感觉有些疲劳时，可以做搓面动作，把搓热的手平放在面部，两手中指分别沿鼻两侧向下至鼻翼两旁，反复揉搓，直到面部发热为止，然后闭目，用两手指腹按摩眼周。

（5）久坐后，可以站起来适当活动。例如，趁打印文件、取快递的机会舒展身体。

（6）中午吃完午饭，可以在楼下或走廊里健走 30 分钟，抬头，挺胸，收腹，注意速度不要太慢，夹紧上臂，摆动前臂。

（7）交通方式尽量选择步行。空闲时间可以做家务（如擦地、收拾房间等），同样能够起到锻炼作用。但是，注意不要长时间保持固定姿势，如蹲着擦地等。弯腰拿起重物时，记住要先屈曲膝关节，再拎起重物。

（8）出差时，可以徒手或利用椅子、沙发、床及瓶装矿泉水等物品随时随地运动，如做上斜俯卧撑、扶椅箭步蹲、坐姿臂弯举、靠墙深蹲等练习。

（9）打电话时，尽量站着打电话，同时做高抬腿踏步，也可以练习单脚站立。

（10）利用零碎时间做运动。例如，如厕时，可以做叩齿运动；泡脚时，可以拉伸头部；洗漱时，可以做提肛运动；排队时，可以练习单腿站立；等等。这些都是非常可取的运动方法。

///（二）睡前拉伸

锻炼者如果入睡困难、睡眠质量差、身体紧绷、颈肩及腰部酸痛，可以在睡前把灯光调暗，听听轻音乐，做拉伸动作。拉伸动作不仅可以提升筋膜的含水量、增加润滑度，还可以刺激胶原蛋白合成，提高身体的代谢能力，放松紧张的肌肉，提高睡眠质量。锻炼者可以利用 5 分钟的时间做 5 个拉伸动作，慢慢地开始拉伸，同时配合深呼吸（用鼻子吸气 4 秒，用嘴吐气 1 秒）。

1. 肩颈拉伸

【动作要领】锻炼者采取坐姿，左臂放在体侧，右手放在头部的左后方，上体保持直立；右手慢慢地将头部向右侧牵拉，保持 20 秒（图 4–6），然后换左侧拉伸。重复 3 次。

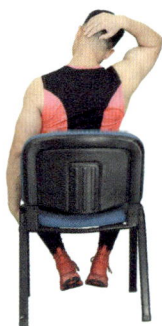

图 4–6　肩颈拉伸

2. 腹部拉伸

【动作要领】锻炼者俯卧，两腿向后伸展，两脚间距与髋同宽，两脚脚趾着地；两手手掌撑地，慢慢地依次提起头部、胸部和腹部，保持 20 秒（图 4–7）。重复 3 次。

3. 臀部和腰部拉伸

【动作要领】锻炼者平躺在床上，两手抱住膝关节，使大腿尽力贴近腹部，保持 20 秒（图 4-8）。重复 3 次。

图 4-7　腹部拉伸　　　　　图 4-8　臀部和腰部拉伸

4. 背部拉伸

【动作要领】锻炼者仰卧，两腿屈曲，两脚平踩在地上；两臂向身体两侧伸展，两手掌心向上；两腿向左侧转动，保持 20 秒（图 4-9），然后换另外一侧练习。重复 3 次。

5. 腿部和臀部拉伸

【动作要领】锻炼者两腿跪成八字形，臀部压住脚跟，两膝外展至最大距离；上体前屈，两臂尽力伸至最远处，然后上体下压保持 20 秒（图 4-10）。重复 3 次。

图 4-9　背部拉伸　　　　　图 4-10　腿部和臀部拉伸

▨/// （三）因故暂停健身后的补救措施

锻炼者因故不得不暂停运动时，后期应规划重新开始运动。以下是因故暂停健身后的补救措施。

（1）锻炼者不要对自己要求太严格，每个人都会有懈怠的时候。偶尔暂停运动，无关大碍，但是尝试尽快恢复运动至关重要。越早恢复运动，锻炼者感觉越轻松，也越容易重新开始规律运动。锻炼者在暂停运动后应下意识告诉自己，必须重新开始运动。

（2）病愈后，锻炼者想重新运动，应先向医生或健身教练咨询。锻炼者如果因病停止了运动，再次开始运动前，应先向医生或健身教练咨询，了解自己何时可以恢复运动，以及运动注意事项。

（3）锻炼者可以回想自己开始运动的原因，以及自己设定的健身目标。锻炼者回想自己的健身理由和已经收到的健身效果，有助于重新开始运动。

（4）锻炼者可请家人或朋友帮助自己重回正轨。有时，锻炼者可能需要家人或朋友的支持和鼓励，帮助自己重新开始运动。

（5）锻炼者如果不喜欢目前的运动项目，可以尝试一些感觉更有趣的项目或已经熟练掌握但近期没有做过的动作。这有助于锻炼者恢复信心，重新开始运动。

（6）注意运动强度要适当。暂停运动几周后，锻炼者想重新开始运动时，应遵循循序渐进原则，运动强度不要过高，等过一段时间后再恢复往常的运动强度。

（7）锻炼者如果因天气或临时有事而无法进行往常的运动项目，应考虑其他的运动项目。例如，由于天气原因不得不待在室内时，锻炼者可以一边观看运动视频，一边运动；也可以原地慢跑，在客厅跳舞或爬楼梯。

（8）度假时，锻炼者也应坚持运动。许多酒店都设有健身中心，锻炼者可以提前了解酒店的健身设施，并带上运动鞋、运动服、弹力带、跳绳、泳衣等；游览景点时，尽量多步行，少乘车。

（9）锻炼者应相信自己。锻炼者应坚信，即使自己的运动被打断，也可以重新开始并取得成功。

一旦锻炼者重新开始运动，并变得更加活跃，几周内就会收到健身效果。

第五章

吃得健康，活得长寿

【钟南山谈饮食】

1. 健康的饮食在于平衡膳食。

2. 健康会受饮食习惯的影响。饮食平衡身体壮，适量运动体魄强。要管住嘴，迈开腿。

3. 健康饮食十大要点：饭菜要香；质量要好；品种要多；数量要少；蔬菜要多；水果要吃；菜肴要淡；糖量要减；酒量要少；进食要慢。

一、认识健康饮食的重要性

健康饮食和规律运动是保持身体强壮和促进健康的重要因素，二者相辅相成。营养是健康生存的物质基础。健康饮食对任何年龄段的人群而言都很重要。健康饮食不仅为骨骼和组织的生长发育与修复提供营养，为维持人体复杂的机能运转创造理想的条件，还为人们的日常社交活动提供身心所需的能量。众所周知，健康饮食能提高人体的免疫力，使人体免受传染性疾病的侵扰；能帮助人们预防许多常见的慢性疾病，如高血压、糖尿病、冠状动脉粥样硬化性心脏病、骨质疏松症和某些癌症等；能使人体缓解疲劳，保持健康的体重，维持身心健康，降低失能、失智的风险，延年益寿。不健康的饮食习惯与常见的慢性疾病密切相关。无论是想增肌、减脂塑形，还是想提高身体素质，营养都是重要因素之一。

膳食营养的主要作用是促进健康、预防慢性疾病，以及帮助人们达到并保持健康的体重。健康饮食能帮助人们维持和提高健康水平，尤其是饮食与运动相结合，效果更佳。保持健康的饮食习惯，经常运动，将能维持和促进健康，延年益寿。

二、知晓居民膳食存在的问题

中国营养学会发布的《中国居民膳食指南科学研究报告（2021）》指出，近年来，我国居民营养状况和体格明显改善，居民膳食能量和蛋白质摄入充足，膳食质量显著提高。然而，居民营养与健康状况主要存在以下 6 个方面的问题。

（1）居民生活方式改变，身体活动水平显著下降。

（2）超重肥胖及膳食相关慢性疾病问题日趋严重。

（3）膳食不平衡是慢性疾病发生的主要危险因素。高油高盐摄入仍普遍存在，含糖饮料消费逐年上升，全谷物、深色蔬菜、水果、奶类、鱼虾类和大豆类摄入不足。

（4）城乡发展不平衡，农村地区膳食结构亟待改善。农村居民奶类、水果、鱼虾类、深色蔬菜等食物的摄入量仍明显低于城市居民。油盐摄入、食物多样化等营养科普教育亟须向农村普及。

（5）孕妇、婴幼儿和老年人的营养问题仍需特别关注。

（6）食物浪费问题严重，营养素养有待提高。

人们可以通过健康饮食、改变饮食习惯和规律运动解决以上问题。同时，人们应重点关注膳食不平衡问题引发的营养缺乏和营养过剩问题。部分人的膳食结构不合理，存在营养素种类偏少和某些营养素摄入不足的问题，同时也有部分人存在营养过剩的问题。粮谷类、肉类基本上可以达到《中国居民膳食指南（2022）》的推荐量，但是蔬菜和水果的摄入量不足。奶制品及豆类的摄入量仍然偏低。烹调油和食盐的摄入量均高于《中国居民膳食指南（2022）》的推荐量。我国有句古话："千金难买老来瘦。"一些老年人认为瘦的体形才是健康的体形，担心肥胖会增加患高血压、糖尿病等慢性疾病的风险。因此，一些老年人会选择通过少吃、吃素的方式来保持消瘦的体形。这是老年人存在的健康认识误区之一。随着年龄增加，老年人活动能力下降，身体活动减少，从而使食欲和进食量都受到影响，导致免疫力下降、感染风险增加等。因此，老年人不应一味追求瘦的体形，而应注意营养摄入充足，从而保持正常的免疫功能，保证身体健康。

三、了解营养素，关注宏量营养素

营养素是食物中具有营养的物质。营养素维持机体繁殖、生长发育、生存等一切生命活动。人体必需的营养素分为宏量营养素、微量营养素和其他营养素。其中，蛋白质、碳水化合物和脂类是三大产能营养素，因人体需求量较大，被称为宏量营养素；微量营养素包括维生素、无机盐，虽然人体对此类营养素需求量较低，但此类营养素也很重要。水、膳食纤维属于其他营养素，也是维持生命的要素。营养均衡是指按照正确的比例搭配七大类营养素，是促进健康的重要因素。下面介绍宏量营养素。

（一）选用完全蛋白质

蛋白质是生命的物质基础。它不仅是构成人体组织的主要成分，还是机体合成多种具有特殊生理功能物质的原料。蛋白质很重要，原因是它可提供身体所需的氨基酸，以重建和修复肌肉。每日摄入适量的蛋白质很关键，摄入得过多，多余的蛋白质会被转化为脂肪存储起来。

大多数研究表明，运动强度高的人，每天的目标是每千克体重应摄入 1.2 ~ 2 克蛋白质，例如，体重为 70 千克的人每天应摄入 84 ~ 140 克蛋白质。基本不运动的人应少摄入蛋白质，每天的目标是每千克体重摄入 0.8 克蛋白质。

完全蛋白质，又称优质蛋白质，是所含必需氨基酸种类齐全、数量充足，比例适当，非必需氨基酸组成合理的蛋白质，可以被我们的身体充分利用来构建和修复肌肉组织。完全蛋白质存在于绝大多数动物性食物和部分植物性食物中，如禽肉、鱼类、瘦肉、鸡蛋、乳制品、豆制品、芝麻、葵花籽等。从牛奶中提取的乳清蛋白是消化速度最快的完全蛋白质之一，它可以迅速使身体组织及肌肉获得营养。

> **实践应用**
>
> （1）早餐吃一个煮鸡蛋。在白粥中加入鱼肉、牛肉或鸡肉等。
>
> （2）饮用牛奶、无糖豆奶。
>
> （3）吃一把不加盐的果仁。
>
> （4）吃一块豆腐。
>
> （5）吃一片涂上花生酱的全麦面包。
>
> （6）喝一碗红豆粥。
>
> （7）吃点海鲜和瘦肉。

【专家建议】

"四个二"补充蛋白质法：两袋牛奶（一袋250毫升）；两个水煮鸡蛋（胆固醇过量的人可以少吃一个蛋黄）；二两瘦肉；二两豆制品（豆腐等含优质蛋白质的豆制品）。

///（二）合理摄入碳水化合物

碳水化合物是人们从膳食中获取热量的主要来源。富含碳水化合物的食物可分为高血糖指数食物和低血糖指数食物。高血糖指数食物指食用后升高血糖效应较高的食物，血糖指数在75以上，如大米、白面包、白面馒头、白面条等。低血糖指数食物指食用后升高血糖效应较低的食物。其在胃肠中停留时间长、吸收率低、葡萄糖释放缓慢，葡萄糖进入血液后的峰值低、下降速度也慢，血糖指数通常在55以下，如谷物、豆类、山药、苹果等。在实际生活中，我们需要根据自身实际情况，合理选择不同血糖指数的食物，调整膳食结构，保持身体健康。高血糖指数食物可以在人体内快速释放能量，以供给肌肉及脑组织之需。但对于糖尿病患者、高血糖或胰腺存在问题的人群来说，高血糖指数食物不利于血糖控制，应慎重食用。

有些人认为多摄入碳水化合物不利于身体健康，但是研究表明，在长时间高强度运动中摄入碳水化合物对人体有益。实际上，身体越活跃，就需要越多的碳水化合物。在锻炼过程中，碳水化合物可为大脑和肌肉提供能量。

食物中的碳水化合物进入人体后，会在体内分解转化为葡萄糖（血糖），并以糖原的形式暂时存储在肝脏和肌肉组织中，成为肌肉活动的后备物质。

对于普通健身者来说，如果身体状况良好，每天进行中低强度运动，推荐每千克体重摄入 3 ～ 5 克碳水化合物。例如，体重 70 千克的人每天需摄入 210 ～ 350 克碳水化合物。

如果每天运动 1 小时以上，则推荐每千克体重摄入 6 ～ 10 克碳水化合物。例如，体重 70 千克的人每天需摄入 420 ～ 700 克碳水化合物。

实践应用

（1）多食用富含膳食纤维的水果和蔬菜。优先选择新鲜、冷链运输、储存状态良好的水果和蔬菜，另外可选择果汁、干果等，它们是天然糖的浓缩来源，因此含更多能量。完整水果和蔬菜还富含膳食纤维和大体积的水分，热量更少，但饱腹感更强。

（2）多食用富含膳食纤维的水果和蔬菜。优先选择新鲜、冷链运输、储存状态良好的水果和蔬菜，另外可选择果汁、干果等，它们是天然糖的浓缩来源，因此含更多能量。完整水果和蔬菜还富含膳食纤维和大体积的水分，热量更少，但饱腹感更强。

（3）选择全谷物。对比细粮，全谷物是更好的膳食纤维和其他重要营养素的来源，其中包括 B 族维生素。细粮在加工的过程中会去除部分谷物及破坏一些营养素和膳食纤维。

（4）坚持食用低脂奶及其制品。牛奶、奶酪、酸奶和其他奶制品是优质的钙、蛋白质及许多其他维生素和无机盐的来源。食用低脂类食品，有助于限制热量和饱和脂肪的摄入。谨慎摄入含添加糖的奶制品。

（5）多食用豆类食物。豆科作物（包括黄豆、豌豆、扁豆等）是多用途和多营养的一类食物。它们的脂肪含量低，而叶酸、钾、铁和镁含量高，并且包含有益的脂肪和膳食纤维。豆科作物是优质的蛋白质来源，可以作为含更多饱和脂肪和胆固醇的肉类的健康替代品。

（6）限制添加糖的摄入。建议遵循《中国居民膳食指南（2022）》关于添加糖的摄入量要求。

////（三）不要忽略脂肪

脂类包括脂肪、类脂。脂肪是人体重要的供能营养素，也是人体内主要的储能物质。类脂是细胞的构成原料，主要包括磷脂和固醇类，而胆固醇是人体合成类固醇激素的原料。在动物性食物中，动物油、动物肝脏、蛋类及鱼肝油的脂肪含量较高；在植物性食物中，芝麻、菜籽、大豆、花生、植物油的脂肪含量较高。

脂肪在健康饮食中必不可少。脂肪可以构成人体成分，为人体提供和储存能量，促进脂溶性维生素（如维生素 A、维生素 D、维生素 E 和维生素 K）的吸收。

实践应用

1. 多选择含有不饱和脂肪酸的食物

（1）脂肪含量高的鱼类，如三文鱼、虹鳟、鲱鱼、带鱼等。

（2）坚果和籽类，如腰果、杏仁、核桃、花生、葵花籽、亚麻籽等。

（3）植物油，如橄榄油、菜籽油、大豆油、花生油、芝麻油等。

（4）牛油果、鸡蛋、豆奶等。

2. 尽量少选择含有饱和脂肪酸和反式脂肪酸的食品

饱和脂肪酸通常来源于动物，室温下呈固体状态，如猪油、奶油、乳脂、肉类等。反式脂肪酸是指在植物油中加入氢气，经过氢化反应，使油在室温下凝固形成的脂肪。由于反式脂肪酸极不健康，美国食品药品监督管理局已禁止食品制造商在食品和饮料中添加人造反式脂肪酸。专家建议应尽量少食用烘焙食品、油炸食品等，以最大限度地减少反式脂肪酸的摄入。

人体所需要的能量来源于食物中的蛋白质、碳水化合物和脂肪。不同健身目标对应的每日能量推荐摄入范围如表 5-1 所示。

表 5-1　不同健身目标对应的每日能量推荐摄入范围

营养素	能量系数 /（千焦·克$^{-1}$）	增肌	减脂	保持体形
碳水化合物	17	40%～60%	10%～30%	45%～65%
蛋白质	17	25%～35%	40%～50%	10%～35%
脂肪	37	15%～25%	30%～40%	10%～35%

四、科学膳食的原则和建议

（一）科学膳食的 3 项原则

1. 平衡膳食

按照适当的比例摄入五大类食物和饮料，满足机体对营养的需求。多吃水果和蔬菜，摄入瘦肉、豆奶类蛋白质，摄入健康脂肪，摄入低血糖指数食物，多饮水。

2. 种类多样

食物种类保持多样性。平均每天摄入 12 种以上食物，每周 25 种以上，合理搭配。

3. 食物适量

注意每日摄入食物的分量要适量。每餐达到七八分饱最好。

（二）科学膳食的 4 条建议

1. 遵循东方健康膳食模式

以我国东南沿海一带膳食模式为代表的"东方健康膳食模式"的主要特点：清淡少盐，食物多样，蔬菜、水果、豆制品丰富，鱼虾水产多，奶类供应充足，并且拥有较高的身体活动水平。

2. 遵循平衡膳食宝塔的要求

中国居民平衡膳食宝塔（2022）（图 5-1）通过形象化的组合，贯彻了平衡膳食的原则，体现了在营养上比较理想的基本食物构成。该宝塔共分 5 层，各层面积大小不同，体现了五大类食物和食物量的多少。五大类食物包括谷薯类、蔬菜类、水果类、畜禽鱼蛋奶类、大豆及坚果类，以及烹调用油、盐。食物量是根据不同能量需要量水平设计的，宝塔旁边的文字注释，标明了在 1600 ~ 2400千卡（1 千卡≈4.2 千焦）能量需要量水平时，一段时间内成年人每人每天各类食物摄入量的建议值范围。平衡膳食宝塔为我们了解每天食材的种类和数量安排提供了一个非常形象的工具。按照平衡膳食宝塔安排的餐食，就是理想的餐食。

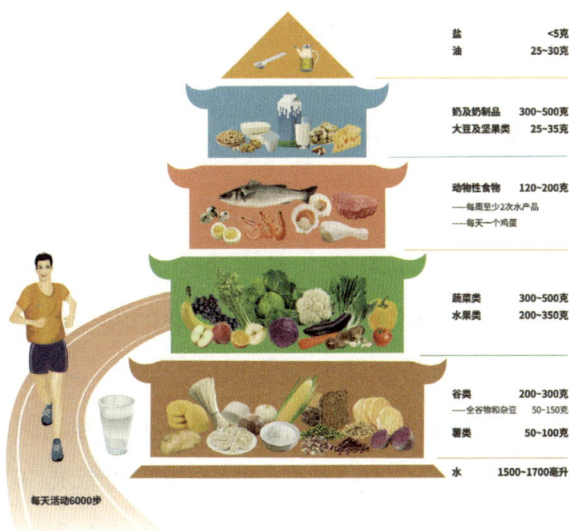

盐　　　　　　<5克
油　　　　　　25~30克

奶及奶制品　　300~500克
大豆及坚果类　25~35克

动物性食物　　120~200克
——每周至少2次水产品
——每天一个鸡蛋

蔬菜类　　　　300~500克
水果类　　　　200~350克

谷类　　　　　200~300克
——全谷物和杂豆　50~150克
薯类　　　　　50~100克

水　　　　　　1500~1700毫升

每天活动6000步

图 5-1　中国居民平衡膳食宝塔（2022）

▌3. 参考平衡膳食餐盘，摄取每餐食物

中国居民平衡膳食餐盘（2022）（图 5-2）按照平衡膳食原则，描述了一个人一餐中膳食的食物组成和大致比例。餐盘更加直观，一餐膳食的食物组合搭配轮廓清晰明了。平衡膳食餐盘分为 4 个部分，分别是谷薯类、动物性食物和富含蛋白质的大豆及其制品、蔬菜和水果，餐盘旁的一杯牛奶提示其重要性。

我们应根据中国居民平衡膳食餐盘搭配各类食物的比例，并且经常变化食谱，确保摄入的营养更完整、更丰富。

图 5-2　中国居民平衡膳食餐盘（2022）

▼ 4. 少盐少油，控糖限酒

我国居民盐、油的摄入量居高不下。高盐（钠）摄入可增加高血压、脑卒中、胃癌的发生风险。烹调油的高脂肪、高热量影响着中国人的饮食健康。脂肪摄入过多可增加肥胖的发生风险。摄入过多的反式脂肪酸会增加心血管疾病的发生风险。青少年的糖摄入量持续升高，成为我国肥胖和慢性疾病发生、发展的关键影响因素。当添加糖摄入量不超过 10% 能量（约 50 克）时，龋齿发病率下降；当添加糖摄入量小于 5% 能量（约 25 克）时，龋齿发病率显著下降。过多摄入含糖饮料可增加青少年龋齿和肥胖的发病风险。饮酒可增加肝损伤、痛风、结直肠癌、乳腺癌等的发生风险；过量饮酒还可增加心脑血管疾病等的发生风险。

我们在日常饮食中，应注意以下几个方面。

（1）培养清淡饮食习惯，少吃高盐和油炸食品。推荐成年人每天摄入食盐不超过 5 克，烹调油 25 ~ 30 克。在家烹饪时，推荐使用定量盐勺、油勺，每餐按量放入菜肴。选用新鲜的香料食材，如葱、姜、蒜、辣椒、薄荷等，以减少对咸味的依赖。烹制菜肴可以等到快出锅时或关火后再加盐，减少食盐用量。注意隐性盐（钠）问题，少吃高盐（钠）食品，如腌制品。除高水碘地区外，所有地区都应推荐食用碘盐，以预防碘缺乏。家里采购烹调油时注意常换品种。推荐使用玉米油、亚麻籽油、橄榄油、大豆油、茶油、菜籽油、花生油等。推荐使用可以减少用油量的烹饪方法，如蒸、煮、炖、焖、水滑、熘、拌等。油炸食品为高脂肪高能量食品，容易造成能量过剩，因此应少吃油炸食品。动物油脂富含饱和脂肪酸，应特别注意限制加工零食和油炸食品的摄入。日常饱和脂肪酸的摄入量应控制在总脂肪摄入量的 10% 以下。

（2）控制添加糖的摄入量，每天不超过 50 克，最好控制在 25 克以下。做饭炒菜少放糖。要学会查看食品标签中的营养成分表，选择碳水化合物或含糖量低的饮料，注意隐形糖。在外就餐或外出游玩时，更要注意控制添加糖的摄入。

（3）反式脂肪酸每天摄入量不超过 2 克。少吃甜食。

（4）少饮用或不饮用含糖饮料，更不能用饮料替代饮用水。

（5）儿童青少年、孕妇、哺乳期妇女及慢性疾病患者不应饮酒。成年人如饮酒，一天饮用的酒精量不超过 15 克。

（三）科学膳食的 5 个措施

1. 食物多样，合理搭配

健康饮食是指食用不同种类的食物，维持饮食平衡，保持健康。健康饮食能保证人体摄入足够的蛋白质、碳水化合物、脂肪、维生素、无机盐、水和膳食纤维。健康饮食讲究的是一段时间内摄取的食物均衡，一周内各食物组的平均分量合理即可，并不需要每天都严格按照某个标准来摄入食物。每天的膳食应包括谷薯类、蔬菜、水果、畜、禽、鱼、蛋、奶和豆类食物。平均每天摄入 12 种以上食物，每周 25 种以上，合理搭配。

实践应用

（1）餐餐有蔬菜。保证每天摄入不少于 300 克的新鲜蔬菜，深色蔬菜应占 1/2。在一餐的食物中，保证蔬菜分量大约占 1/2。多选择十字花科类蔬菜，如白菜类、甘蓝类、芥菜类、萝卜类、水生蔬菜类等。十字花科类蔬菜富含植物化合物，能够抑制肿瘤的生长，降低癌症的发生风险。

（2）天天吃水果。保证每天摄入 200～350 克的新鲜水果，果汁不能代替新鲜水果。选择新鲜、应季的水果，变换种类购买。把水果放在容易看到和方便拿到的地方，保证随时可以吃到。蔬果巧搭配，用五颜六色的蔬菜、水果装点餐桌，可以愉悦心情。

（3）吃各种各样的奶制品，摄入量相当于每天 300 毫升以上的液态奶。减脂者最好饮用低脂奶或脱脂奶。

（4）推荐平均每天摄入谷类食物 200～300 克，其中包含全谷物和杂豆类 50～150 克、薯类 50～100 克。

（5）每天增加大豆及其制品的摄入。对于大豆及其制品，人们可以换着花样食用。每周可食用豆腐、豆腐干、豆腐丝等制品，既变换口味，又能满足营养需求。

（6）每周吃坚果 50～70 克。

（7）每天吃肉类（鱼类、贝壳类海产、家禽、瘦肉）及肉类替代品（如鸡蛋）。

（8）每周吃两次鱼。

知识窗

全 谷 物

全谷物是指含有胚乳、胚芽和皮层的谷物。大部分粗粮都属于全谷物，如小米、大黄米、高粱米、小麦粒、大麦粒、黑麦粒、荞麦粒，也包括已经磨成粉或压扁压碎的粮食，如燕麦片、全麦粉。

2. 吃动平衡，健康体重

体重变化是判断一段时期内能量平衡与否最简便易行的指标，也是判断吃动是否平衡的指标。目前常用的判断健康体重的指标是体重指数。我国健康成年人（18～64岁）的体重指数应在18.5与23.9之间。我们应经常称一下早晨空腹时的体重，注意体重变化，随时调整吃与动的平衡。

一般而言，一个人一天的食物量是根据人体能量需要计算出来的，故一天的食物量以食物供给是否满足人体一天能量需要为衡量标准。根据《中国居民膳食营养素参考摄入量（2013版）》，我国成年人（18～49岁）低身体活动水平者能量需要量男性为9410千焦，女性为7530千焦。

通常身体活动量应占总能量消耗的15%以上。除日常身体活动外，人们还应加强主动性运动。主动性运动的形式多种多样，主要包括有氧运动、力量运动、柔韧性运动、平衡协调类运动等。运动时，应兼顾不同类型的运动，建议每天至少进行0.5小时中等强度的运动。

培养健康的饮食行为和运动习惯是控制体重或增重的必要措施。对于肥胖者，饮食调整的原则是在控制总能量基础上进行平衡膳食。

一般情况下，建议肥胖者能量摄入每天减少 1256 ～ 2093 千焦，严格控制油和脂肪的摄入，适量控制白米、面和肉类，保证蔬菜、水果和牛奶的摄入充足。建议超重或肥胖者每天累计进行 60 ～ 90 分钟中等强度的有氧运动，每周 5 ～ 7 天；肌肉力量运动隔天进行，每次 10 ～ 20 分钟。减重速度以每月 2 ～ 4 千克为宜。对于体重过轻者，首先应排除疾病等因素，然后评估进食量、能量摄入水平、膳食构成、身体活动水平、身体成分构成等，据此逐渐增加能量摄入至相应的推荐量水平，或稍高于推荐量，达到平衡膳食；可适当增加谷类、牛奶、蛋类和肉类食物的摄入，同时每天适量运动，但不要过多地进行有氧运动，应多参与力量性运动和柔韧性运动。

实践应用

（1）定时定量进餐。吃饭宜细嚼慢咽。

（2）倡导分餐制。

（3）减少高能量加工食品的摄入。减少在外就餐和点外卖的次数。

（4）天天运动，保持健康体重。

（5）食不过量，保持能量平衡。

（6）坚持日常身体活动，每周至少进行 5 天中等强度身体活动，累计 150 ～ 300 分钟；进行主动身体活动，每天至少走 6000 步。

（7）鼓励适当进行高强度间歇运动，每周 2 ～ 3 天，隔天进行。

（8）减少久坐的时间，每小时起来动一动。

3. 多吃蔬果、奶类、全谷、大豆

蔬菜、水果能提供丰富的微量营养素、膳食纤维和植物化学物。增加蔬菜、水果的摄入可以降低心血管疾病的发病和死亡风险。增加

蔬菜的摄入总量，尤其是十字花科类蔬菜和深绿色叶菜的摄入量，可以降低癌症的发病风险。牛奶及其制品可提高青少年的骨密度。酸奶可以改善便秘、乳糖不耐受。适当增加全谷物的摄入有利于控制体重。大豆及其制品富含卵磷脂，能预防心血管疾病、活化细胞、延缓衰老等。

知识窗

生活中常见的十大抗氧化食物

（1）番茄。番茄中含有丰富的番茄红素，番茄红素能消灭体内自由基。番茄煮熟后食用，番茄红素将更容易被人体吸收。

（2）葡萄。葡萄中含有花青素，还有一些类黄酮、单宁等天然抗氧化剂。因此，其抗氧化能力也不容小觑。

（3）绿茶。绿茶中含有茶多酚，能防止皮肤的色素沉淀，还有助于维持血糖的正常水平。

（4）三文鱼。三文鱼中含有 $\omega-3$ 脂肪酸，可以平衡 $\omega-6$ 脂肪酸在身体中的比例，有助于皮肤稳定锁水，对抗氧化。

（5）坚果。坚果富含维生素 E。维生素 E 除了具有抗氧化功能外，还能修护皮肤组织。由于坚果热量较高，食用要适量，一天吃一小把即可。

（6）花椰菜。花椰菜几乎集大多数抗氧化物质于一身。它含有丰富的 $\beta-$ 胡萝卜素、维生素 C 等。经常食用花椰菜有助于防止黑色素沉淀。

（7）蓝莓。蓝莓富含 $\beta-$ 胡萝卜素、花青素、维生素 C 等多种抗氧化物质，是有效的抗氧化食物之一。

（8）大蒜。大蒜中的大蒜素是一种硫化物，具有抗氧化还原作用。此外，大蒜还能促进血液循环、帮助排毒。

（9）菠菜。菠菜富含 β – 胡萝卜素和维生素 C。不过，吃菠菜时最好用开水焯一下，以去除草酸。

（10）燕麦。燕麦富含燕麦蛋白、维生素 B_1、维生素 B_2 等成分，能有效抗氧化。

4. 适量吃鱼、禽、蛋、瘦肉

目前，我国居民畜肉、禽肉、鱼和蛋类的食用比例不适当，畜肉摄入量过高，鱼、禽肉摄入量过低。鱼、畜肉、禽肉和蛋类对人体的蛋白质、脂肪、维生素 A、维生素 B_2、维生素 B_{12}、烟酸、铁、锌、硒的贡献率较高。增加鱼的摄入量可以降低全因死亡风险及成年人脑卒中的发病风险。适量摄入禽肉和蛋类与心血管疾病的发病风险无明显的关联。过量摄入畜肉会增加 2 型糖尿病、结直肠癌和肥胖症的发病风险。烟熏肉会增加胃癌和食管癌的发病风险。

实践应用

（1）鱼、禽肉、蛋类和瘦肉摄入要适量，平均每天 120 ～ 200 克。

（2）最好每周吃鱼 2 次或 300 ～ 500 克，蛋 300 ～ 350 克，畜肉、禽肉 300 ～ 500 克。烹调鱼虾等水产品可采用蒸、煮、炒、熘等方法。

（3）少吃深加工肉制品。

（4）鸡蛋营养丰富，吃鸡蛋不弃蛋黄。烹调鸡蛋可采用煮、蒸、炒、煎等方法。

（5）鱼和肉类中优先选择鱼，少吃肥肉、烟熏和腌制肉制品。

（6）控制总量，分散食用。应将鱼、禽类、蛋类和瘦肉分散在每天各餐中，避免集中食用，最好每餐有肉，每天有蛋。食谱要定量设计，以有效地控制动物性食物的摄入量。

（7）在烹制肉类时，可将大块肉材切成小块后再烹饪，以便食用者掌握摄入量。

（8）在外就餐时，减少肉类的摄入量。如果需要在外就餐，点餐时要做到荤素搭配，以清淡为主，尽量用鱼和豆制品代替畜肉、禽肉。

（9）建议每月食用动物内脏食物2或3次，每次不要过多。

▼ 5. 规律进餐，足量饮水

规律进餐有助于控制体重，降低超重、肥胖和糖尿病的发生风险。吃好早餐不仅有助于满足机体的营养需要，还有助于维持血糖水平平稳和提高工作效率。在平衡膳食的原则下，适度控制食物的摄入量有助于控制体重。足量饮水可以使机体处于适宜的水合状态，维持正常的生理功能。饮水过少引起的脱水会降低人的认知能力和体能，增加泌尿系统疾病的患病风险。

实践应用

（1）合理安排一日三餐。两餐的间隔以4～6小时为宜。用餐时间不宜过短，也不宜过长。建议早餐用餐时间为15～20分钟，午餐、晚餐用餐时间为20～30分钟。进餐时应相对专注，不宜边进餐边看电视或移动电子产品等。不漏餐，每天吃早餐。合理分配一日三餐的食物量。早餐提供的能量应占全天总能量的25%～30%，午餐提供的能量应占全天总能量的30%～40%，晚餐提供的能量应占全天总能量的30%～35%。早餐的食物应包括谷薯类、蔬菜、水果、动物性食物、奶豆坚果等食物。午餐的食物选择应当根据不同年龄人群的营养需要，遵照平衡膳食的要求。晚餐不宜过于丰盛、油腻，可根据早餐、午餐的进餐情况调整，以保证全天营养平衡，同时做到清淡、少油、少盐；另外，晚餐时间不要太晚，至少在睡觉前2小时进食。

（2）规律进餐，饮食适度，不暴饮暴食，不偏食挑食，不过度节食。

（3）在外就餐或点外卖时，应选择食品安全状况良好、评价较高的餐馆。点餐时，要注意食物多样化，不要铺张浪费。挑选主食时，不忘全谷物。挑选菜肴时，提出少油、少盐等健康诉求，注意荤素搭配。

（4）选择和食用零食时，应注意选择营养素密度高的食物，量不宜多。睡前1小时内不宜吃零食。

（5）足量饮水，少量多次。在温和气候条件下，低身体活动水平成年男性每天饮水约1700毫升，低身体活动水平成年女性每天饮水约1500毫升。饮水应主动，少量多次。饮水可以在一天的任意时间，每次1杯，每杯约200毫升；可早、晚各饮1杯水，其他时间里每1～2小时饮1杯水。建议饮水的适宜温度在10℃～40℃。

（6）推荐饮用白开水或淡茶水，少量饮用或不饮用含糖饮料，不用饮料代替白开水。如果不喜欢饮用没有味道的白开水，也可以在水中加入一两片新鲜柠檬片。

五、饮食与运动

饮食与运动密不可分，都是维持和促进身体健康的重要因素，二者相辅相成。运动可以增强体质，促进健康，增强活力，预防疾病，延年益寿。饮食对维持个人的运动水平和健康状况同样起着重要的作用。若运动方式不当、忽视饮食，则不会达到维持和促进身体健康的目的。如果重视运动而忽视饮食，机体的能量消耗不能得到适当的补充，会对健康和体质造成不良的影响。如果只重视饮食而忽视运动，肌肉会变得松弛无力，导致身体机能衰退。无论是健身还是运动训练，进食时间和进食种类都对运动表现起着重要的作用。另外，需要记住的是，运动强度与持续时间将决定摄入食物的分量、频率和种类。

（一）碳水化合物与运动

1. 碳水化合物的供能比例主要受运动强度的影响

（1）人在静息的时候，碳水化合物供能占到身体总能量需求的40%，其中15%～20%服务于肌肉。

（2）在进行心率为65%～85%最大心率的中等强度运动时，碳水化合物是人体的首选能量来源。

（3）在进行极限运动时，碳水化合物几乎是人体唯一可以被利用的能量来源。

（4）碳水化合物对于90分钟以上的耐力运动来说非常重要。

（5）碳水化合物也是很多长时间、高强度间歇运动的供能物质，如足球运动、篮球运动等。

2. 运动前、中、后如何补充碳水化合物

人体日常所需要的营养占比中，碳水化合物为 50%～65%。在运动过程中，碳水化合物可为大脑和肌肉提供能量。

（1）运动前补充碳水化合物。

低强度运动前 1～2 小时，不需要补充任何碳水化合物；中等强度运动前 1～2 小时，可以补充少量的含淀粉类食物，如土豆、红薯、燕麦等；高强度运动前 4 小时，以正常进餐的方式摄入高膳食纤维的食物，避免腹胀。

低强度运动前 30 分钟，可以摄入少量的富含双糖的食物，如牛奶、面包、果汁等；中高强度运动前 30 分钟，可以补充适量的富含双糖的食物。

（2）运动中补充碳水化合物。

超过 1 小时的中等强度运动，可以补充浓度为 6%～8% 的运动饮料。持续时间小于半小时的高强度运动，不需要补充运动饮料。持续时间为 1～1.5 小时的间歇运动，每小时最多摄入 60 克碳水化合物。持续时间超过 1.5 小时的间歇运动，每小时最多摄入 90 克碳水化合物。

（3）运动后补充碳水化合物。

长时间运动后，补充碳水化合物有助于恢复血糖和肌糖原的水平，增加肌糖原的合成速率。在剧烈运动后，应立即补充 50～100 克高血糖指数食物，以增加肌糖原。想要减少血糖变化的运动者，应尽量选择低血糖指数食物。建议摄入的碳水化合物约为蛋白质的 4 倍。注意，运动后，健身者应同时补充碳水化合物和蛋白质（如一片面包加一瓶低脂牛奶），这样比单一补充的效果更佳。在高强度或长时间运动后的 4 小时内（不超过 6 小时），每千克体重需要摄入 4 克碳水化合物，否则将会导致肌肉疲劳和骨骼肌中储存的糖原枯竭。

▨▨（二）蛋白质与运动

运动前，补充蛋白质可以提升肌肉耐力，增强体力，也可以帮助提升基础代谢率，并补充能量。

在运动过程中，当人体消耗了糖原后，就会开始消耗蛋白质。因此，在运动后补充蛋白质可以帮助身体恢复能量。健身后的 15 分钟被称为健身的"黄金时段"。健身后 15 分钟内，健身者需要尽快补充蛋白质。另外，对于想要增肌的健身者来说，运动后补充蛋白质能加快肌肉增长的速度，并让肌肉更结实、更好看。

▨▨（三）运动前和运动中的饮食

▥ 1. 吃一顿健康的早餐

建议健身者吃完早餐 1 小时后，再去运动。如果健身者打算晨起后运动，并且运动时间在半小时左右，强度为中低等，那么可以在饮水或运动饮料后再去运动。如果运动时间超过 1 小时，建议健身者吃几片饼干和一根香蕉。如果不吃早餐，那么运动时，健身者可能会感觉行动迟缓或头晕。

早餐示范：两片全麦面包、一杯低脂牛奶或豆奶、一根香蕉、一个鸡蛋。

▥ 2. 运动前饮食应注意分量

运动前注意不要过度进食。建议在运动前 3 ~ 4 小时吃顿大餐；在运动前 1 ~ 3 小时吃顿加餐或零食。如果运动时间超过 1 小时，健身者可以在运动过程中摄入富含碳水化合物的食物或饮料。健康的零食包括能量棒、香蕉、苹果或其他新鲜水果、酸奶、饼干、运动饮料、果汁等。

运动前饮食过多可能会让健身者感觉胃部不舒服、头晕脑胀，饮食过少可能无法为健身者提供在整个运动过程中保持体力所需的能量。

////（四）运动后的饮食

为了帮助肌肉恢复并补充其储存的糖原，健身者尽可能在运动后2小时内食用富含碳水化合物和蛋白质的食物。如果距离用餐时间超过2小时，健身者可以考虑吃点零食。

////（五）运动饮水

饮水不足可对健康造成明显的影响。健身者应主动足量饮水，养成定时和主动饮水的习惯，每天的饮水量应不低于1500毫升，以1500～1700毫升为宜。根据个人情况，健身者也可选择饮用矿泉水、绿茶等。

正确的饮水方法是少量多次、主动饮水，每次50～100毫升；起床后，饮用一杯温开水；饭前饮水；睡前1～2小时饮用一杯水，不要饮用咖啡和茶。

1. 运动前饮水

运动前2～3小时内要饮用两三杯（480～720毫升）水。

2. 运动中饮水

运动中，每15～20分钟宜饮用半杯至一杯（120～240毫升）水。健身者不应在感到口渴时才饮水，尤其是夏天天气炎热时。

3. 运动后饮水

运动后每减轻约0.5千克体重宜饮用两三杯（480～720毫升）水。

▼ 4. 运动饮料

通常，饮水是补充流失液体的最佳方法。如果健身者运动 1 小时以上且运动强度较高时，最好饮用运动饮料，因为它可以帮助维持体内的电解质平衡。

六、改变饮食习惯

想要每天都能朝着健康饮食的目标迈进，最简单的方法就是知行合一，从细节开始逐步改变饮食习惯。以下为一些范例。

（1）今天我要吃一个苹果，多吃一份蔬菜。

（2）明天我会吃西兰花。

（3）这星期我要改吃糙米。

（4）今天我会吃全谷物面包。

（5）我今天要多喝一杯水。

（6）我不会用油炸的方式烹调肉类。

（7）煎炒肉类或蔬菜时，我会将盐和油的用量减半。

要改变饮食习惯，首先要有决心。在行动前，可以设立长期的健康饮食目标和短期的健康饮食目标，然后再制订改变饮食习惯的具体计划，从细节（如少加一勺油）处做出改变。写饮食日记，在冰箱上贴一张提醒自己吃水果的提示条。这些都是自我管理的方法。即使只是饮食习惯上一些小的改变，也会在不知不觉间显著改善自己的健康状况，使自己受益终身。

第六章

零基础健身

【钟南山谈健身】

1. 天天运动，给生命增添活力。
2. 规律的运动有益健康，能预防慢性疾病。

本章主要写给初级健身者，以及由于各种原因长期中止健身的人群。长期坚持健身的读者可以快速浏览本章，或直接阅读第七章。本章将零基础健身分为三个级别，每个级别设置不同的锻炼动作组合，旨在帮助锻炼者养成良好的健身习惯。相关研究证明，养成健身习惯一般需要 2～3 个月。锻炼者应逐步建立对体育锻炼的兴趣。兴趣是坚持锻炼的原动力，只有建立在兴趣基础上的锻炼才能持之以恒。锻炼者可以与爱好运动的朋友、家人交流互动，分享运动带来的乐趣和益处，提高运动兴趣。锻炼者可以从自己比较擅长的运动项目开始实施健身方案，在锻炼意念强烈时立即行动，这样有利于培养运动兴趣，形成锻炼的习惯。

一、零基础健身的特点

////（一）简单易学，用时较少

本章将零基础健身分为三个水平级别（水平一、水平二、水平三），每个级别锻炼用时 4 周，每天只做 5 个动作，每周锻炼 4 天。其中，水平一每天只需健身 10 分钟，水平二每天只需健身 20 分钟，水平三每天只需健身 25 分钟。这种简单、易学、科学的健身方式使锻炼者能够利用碎片化时间，随时随地健身，养成良好的锻炼习惯，逐步增加运动时间、提高运动频率。

////（二）循序渐进，由易到难

锻炼者可以根据自己的体质状况调整健身方案。例如，每周锻炼

2～5天，每天练习1～3组，但最重要的是每周坚持规律健身。初级健身者开始健身时，应从中低强度且动作简单的运动开始练习，按照循序渐进、由易到难的原则，逐步实现健身目标。

▰//（三）方便易行，居家锻炼

零基础健身方法所需运动器材较少，锻炼者可以随时随地进行锻炼。

▰//（四）科学健身，实用性强

零基础健身方法是根据功能性训练理论设计的，强调整体健康，有利于提高心肺耐力、肌肉力量、柔韧性和平衡性，依靠人体日常的动作模式进行训练，实用性强。

▰//（五）方便自测，自知进步

每完成一个水平级别的健身方案后，锻炼者可以自测体重、安静时心率、腰围、心肺耐力、肌肉力量、柔韧性、平衡性等，并与健身前的体质健康指标比较，评价健身效果。

▰//（六）确保安全，预防损伤

零基础健身方法强调运动安全。开始健身前，锻炼者应进行身体健康检查，必要时应咨询医生自己的身体状况是否适合健身。运动前，做准备活动；运动后，做整理活动。

▰//（七）以问题为导向，为初级健身者设计

大多数人没有养成健身习惯的原因主要有以下3个。

（1）了解健身的重要性，但是不知道如何制订健身方案。例如，练什么？如何练？一周练几次？每次练多长时间？

（2）认为健身需要准备各种健身器材，锻炼动作难度大，有畏难

心理。

（3）认为健身需要每天花费大量时间，而自己时间不充足。

本章将针对这些问题，指导初级健身者如何从零开始健身。本章介绍的零基础健身方案包括全身主要肌群的动作，可以提高心肺耐力、肌肉力量、柔韧性和平衡性。锻炼者只需要准备简单的器材：一副哑铃（或罐头瓶、矿泉水瓶）、一根弹力带（或长毛巾）、一个瑜伽垫（或地毯）、一根手杖（或木棍）和一双运动鞋。健身最好的时间就是现在，什么时候开始健身都不晚。

二、健身前的注意事项

（一）学习正确的动作

在初学健身时，锻炼者必须掌握和运用正确的动作。如果以错误的动作开始健身，后期纠正错误动作会非常困难。对于初级健身者来说，动作质量远比动作数量重要。深蹲时是否能保持躯干稳定和身体重心的正确位置，是否能利用髋关节的力量，是否臀部先向后坐；卧推哑铃时是否能保证肩部的稳定，是否能保证哑铃的运动轨迹正确、合理；锻炼背部肌群时是否能够正确启动背部肌群而不仅是手臂发力。这些都需要锻炼者认真学习，准确掌握动作要领。

（二）认真练习主要的技术动作

锻炼者在健身初期应专注于主要的技术动作的练习，熟练掌握主要的技术动作的动作要领。开始做力量训练时，锻炼者应避免学习太多的动作，记忆太多的动作要领会增加畏难情绪。初级健身者不需要通过几十个不同动作来刺激身体不同部位的肌肉，或是做太多单关节动作（弯举、肱三头肌伸展）来单独训练每一块肌肉，而应该重点训练基本的复合式动作，掌握动作技巧。

////（三）提高运动强度，变化运动形式

初级健身者在训练初期通常进步很快，锻炼效果比较明显。当能够熟练掌握基础动作时，锻炼者应提高运动强度，或变化运动形式，使身体受到新的刺激，这样可以增强锻炼效果。锻炼者不应该长期坚持单一的锻炼内容，而是要通过有氧运动、力量训练和柔韧性训练等多种锻炼内容使身体得到全面的发展。多样化的运动方式还有助于锻炼者提高运动兴趣，更好地坚持运动，增强自信心。

////（四）自行掌控运动进程，不要勉强自己

制订合理的健身方案有助于避免过度锻炼。合理的健身方案应包括每周的锻炼次数，每次锻炼的时长以及具体的锻炼内容。另外，锻炼者需要根据自己的身体状况灵活调整健身方案，身体不适时应该降低运动强度或停止锻炼，以免造成运动损伤。

三、水平一健身

水平一健身需要持续4周。初级健身者在第一周和第二周每周运动4天，每天只做一组运动，每组运动包括5个动作，每天运动约10分钟。如果锻炼者感觉有余力，可以休息一两分钟，再练习一两组。锻炼者也可以在一天中的不同时间段进行锻炼。例如，晨起锻炼10分钟，傍晚锻炼10分钟。锻炼者刚开始健身时，运动量不要过大，每天运动不宜超过30分钟。有经验的锻炼者可以每周运动6天，每天练习2或3组。如果因为某种原因暂停锻炼，两周后想重新开始锻炼，锻炼者不应按照原计划继续锻炼，而应按照暂停前一周的健身方案重新开始锻炼。初级健身者应按照循序渐进的原则坚持运动。动作速度不要太快。例如，用哑铃做力量训练时，举起哑铃时用2秒，放下哑铃时要用4秒。这样有助于保证动作的准确性，避免造成运动

损伤，更好地锻炼肌肉耐力。运动时，注意力要集中，注意周围环境是否安全。锻炼者根据自身情况合理制订健身方案不但有助于坚持锻炼，而且有助于逐步实现健身目标。

（一）水平一第 1、第 2 周锻炼动作

水平一第 1、第 2 周健身方案如表 6–1 所示。

表 6–1　水平一第 1、第 2 周健身方案

周一	周二	周三	周四	周五	周六	周日
1. 立位体前屈 2. 肩部绕环 3. 原地踏步 4. 扶墙俯卧撑 5. 原地慢跑		休息	1. 站姿肘触膝转体 2. 侧身弯腰 3. 椅子深蹲 4. 扶椅弓步 5. 正压腿		休息	休息

注：每个动作间休息 10 秒。

1. 周一、周二动作图解

（1）立位体前屈（图 6–1）。

【锻炼作用】提高肩部、腰腹部的柔韧性。

【动作要领】两脚开立，与肩同宽，两手向上举过头顶，保持 1 秒；上体慢慢前屈，两臂伸直尽力下探，指尖垂直接近地面，保持 1 秒。重复 10 次。

图 6-1　立位体前屈

（2）肩部绕环（图 6-2）。

【锻炼作用】拉伸肩部肌肉。

【动作要领】两脚开立，两手分别放在同侧肩上，肘部朝前；两肘分别向两侧慢慢画圆，同时做深呼吸。肘部绕环 10 次。

图 6-2　肩部绕环

（3）原地踏步（图 6-3）。

【锻炼作用】重点锻炼腿部肌肉，预防骨质疏松症。

【动作要领】两脚开立，挺胸收腹，目视前方；两腿大腿交替抬至与地面平行，然后落下；在两脚踏步过程中，两臂跟随节奏自然地前后摆动；踏步时，躯干摆动幅度不要过大。练习 1 分钟，约踏步

100 次。

【教练提示】

① 降低难度：放慢踏步速度，降低膝关节抬起高度，大腿与地面约成 30° 角。

② 提高难度：加快踏步速度，使膝关节抬起高度超过腰部，两臂用力摆动，手摆至与下颌同高。

图 6-3　原地踏步

（4）扶墙俯卧撑（图 6-4）。

【锻炼作用】锻炼上臂、肩部和胸部肌肉。

【动作要领】锻炼者面向墙壁，两脚开立；两手手掌平贴于墙上，间距与肩同宽；腹部收紧，身体约成一条直线。吸气，屈肘，上体及头部缓慢向墙壁靠近，至脸部接近墙面，感觉胸部拉伸；稍作停顿。呼气，伸肘，略夹肘，发力将身体推离墙壁，感觉胸部收缩，在最高点时保持 3 秒左右。做 3 组，每组 5 ～ 10 个，组间休息 30 秒。

【教练提示】

① 肘关节位置不要高过肩部，以免受伤。

② 身体倾斜程度可以根据自己的体力调整。身体倾斜程度越大，训练强度越高。

③ 若想加强胸部肌肉的训练，两手间距要略大于肩宽。

图 6–4　扶墙俯卧撑

（5）原地慢跑（图 6–5）。

【锻炼作用】锻炼大腿前侧肌群，增强心肺功能，促进全身的血液循环。

【动作要领】锻炼者挺胸收腹，自然摆臂；抬起脚在臀部正下方用前脚掌先触地。两脚交替共跑 200 步。

图 6–5　原地慢跑

2. 周四、周五动作图解

（1）站姿肘触膝转体（图 6–6）。

【锻炼作用】重点锻炼腹部、腰部及腿部肌肉。

【动作要领】两脚开立，与肩同宽，挺胸收腹；两臂屈肘抬起，两手分别置于耳侧，掌心向内；腹部发力带动右腿提膝至膝关节高于腰部，同时上体向右转至右膝与左肘接近，然后腹部持续紧张缓慢还原至初始位置。左右腿交替练习 30 秒。

图 6-6 站姿肘触膝转体

（2）侧身弯腰（图 6-7）。

【锻炼作用】拉伸腰部肌肉，疏通胆经。

【动作要领】两脚开立，左手叉腰，右臂向上伸展；上体向左慢慢侧倾，同时右臂向左侧弹性下压 3 ~ 5 次。左右侧各做 20 次。

图 6-7 侧身弯腰

（3）椅子深蹲（图 6-8）。

【锻炼作用】锻炼大腿前后侧肌肉、臀肌等。

【动作要领】椅面约与膝关节齐平；锻炼者站在椅子前方，腘窝距离椅面边缘约半脚长，两脚分开，与肩同宽；两臂前伸，膝关节对准脚尖的方向；下蹲时，臀部缓慢后坐；吸气，腰背挺直，腹部收紧；两臂前平举，两眼平视前方；下蹲至臀部接触椅面。在保持身体平衡的情况下，膝关节尽量不超过脚尖，停顿 3 ～ 4 秒；呼气，起身站直。做 3 组，每组 10 次，组间休息 30 秒。

【教练提示】

① 降低难度：刚开始时，可以在椅子上垫一个软垫或枕头，降低动作难度。练习几次后，逐步进阶到臀部向下直接接触椅面，保持 3 ～ 4 秒。

② 提高难度：臀部点到为止或完全不碰到椅子。

图 6-8　椅子深蹲

（4）扶椅弓步（图 6-9）。

【锻炼作用】强化核心肌群、臀部肌肉，提高下肢的稳定性。

【动作要领】一手扶椅背，另一手叉腰，两脚一前一后站立；两腿屈膝下蹲，降低身体重心，后腿大腿约与地面垂直，小腿约与地面平行，后脚脚跟抬起，前腿大腿约与地面平行，小腿约与地面垂直，稍作停顿后起身。两腿交替练习，做 2 组，每组 10 ～ 15 次，组间休息 10 秒。

图 6-9　扶椅弓步

（5）正压腿（图 6–10）。

【锻炼作用】提高腿部后侧肌肉和髋关节的柔韧性。

【动作要领】身体正对椅子，右脚脚跟置于椅面上，脚尖勾起，踝关节屈紧，右腿伸直，两手扶在右腿膝关节上，背部挺直；上体微前倾，向下、向前振压腿，逐渐加大力度，保持 10 ～ 15 秒，然后换腿练习。做 2 组，每组 2 次。

【教练提示】注意保持身体平衡，以防跌倒。压腿时不能用力过猛，以免造成运动损伤；动作要缓慢，循序渐进。

错误示范　　　　　　　　正确示范

图 6–10　正压腿

///// （二）水平一第 3、第 4 周锻炼动作

水平一第 3、第 4 周健身方案如表 6–2 所示。

表 6–2　水平一第 3、第 4 周健身方案

周一	周二	周三	周四	周五	周六	周日
1. 高抬腿 2. 扩胸运动 3. 跪姿俯卧撑 4. 直膝抬腿 5. 站姿后抬腿		休息	1. 颈部拉伸 2. 靠墙举臂 3. 椅子撑体 4. 臀桥 5. 坐姿勾脚		休息	休息

注：每个动作间休息 10 秒。

1. 周一、周二动作图解

（1）高抬腿（图6-11）。

【锻炼作用】锻炼腿部肌肉，提高身体平衡性；促进血液循环，改善肠胃功能；减脂，提臀。

【动作要领】两脚开立，与肩同宽，挺胸收腹，上体挺直，身体稳定；左腿大腿抬至与地面平行，两手触左膝。两腿交替进行。

（2）扩胸运动（图6-12）。

【锻炼作用】提高肩部、胸部的柔韧性，缓解肩部疼痛。

【动作要领】两脚开立，与肩同宽，挺胸收腹，腰背挺直；两臂打开时，带动胸部扩展；屈肘和直臂交替进行。两臂打开后，保持3～5秒。做3组，每组5～10次，组间休息10秒。

图6-11　高抬腿　　　　　图6-12　扩胸运动

（3）跪姿俯卧撑（图6-13）。

【锻炼作用】锻炼上臂、肩部和胸部肌肉，稳定核心肌群。

【动作要领】两脚交叉，两腿膝关节触地，腰背挺直；两手撑地，间距与肩同宽；屈臂俯身至肘关节略高于躯干，然后伸臂起身还原；动作速度不宜太快。做3组，每组5～10个，组间休息10秒。

图 6-13　跪姿俯卧撑

（4）直膝抬腿（图 6-14）。

【锻炼作用】提高腿部的柔韧性和骨盆的稳定性。

【动作要领】上体正直，端坐在椅子上，两手分别握住椅子两侧的扶手；一腿主动上抬伸直，脚踝背屈，保持 15 秒，另一腿自然着地支撑。两腿各练习 10 次。

图 6-14　直膝抬腿

（5）站姿后抬腿（图 6-15）。

【锻炼作用】锻炼臀部和背部肌肉，提高身体平衡性。

【动作要领】锻炼者站在椅子后面，两手扶住椅背，保持身体平衡；一腿缓慢地向后抬起，另一腿自然伸直支撑，身体重心放在支撑腿上，保持 1 秒。两腿各练习 10 ~ 15 次。

图 6-15　站姿后抬腿

2. 周四、周五动作图解

（1）颈部拉伸（图 6-16）。

【锻炼作用】拉伸颈部肌肉，改善颈部僵硬症状。

【动作要领】两脚开立，与肩同宽，上体正直；头部缓慢向右转至颈部有轻微的拉伸感，在拉伸至最大限度时保持 10 ~ 30 秒，然后缓慢还原，换另一方向练习。每个方向练习 3 ~ 5 次。注意：收下颌；拉伸时保持呼吸均匀，不要耸肩。

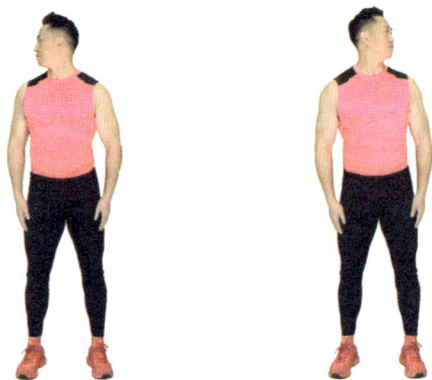

图 6-16　颈部拉伸

（2）靠墙举臂（图 6-17）。

【锻炼作用】拉伸肩部肌肉，改善身体姿态，缓解肩颈疼痛。

【动作要领】锻炼者靠墙站立，两脚开立，与肩同宽，目视前方，下颌微收；两臂屈肘外展，前臂与上臂成 L 形，两臂贴墙慢慢上举，举至极限后保持 15 秒。做 10 ～ 15 次。

图 6–17　靠墙举臂

（3）椅子撑体（图 6–18）。

【锻炼作用】锻炼臂部肌肉。

【动作要领】锻炼者坐在扶手椅上，两脚分开，与肩同宽，全脚掌着地，两腿弯曲成 90° 角；两手握住椅子扶手，胸部上挺，肩胛后收，慢慢吸气；两臂用力将身体撑起，呼气。做 2 组，每组 10 ～ 15 次，组间休息 5 秒。

图 6–18　椅子撑体

（4）臀桥（图 6–19）。

【锻炼作用】增强核心力量、下肢力量，有助于改善骨盆前倾，缓解腰部酸痛和腰椎间盘突出症。

【动作要领】锻炼者仰卧在地板上，两腿弯曲，两脚分开，与肩同宽，两手平放在身体两侧，下颌抬起；臀部发力抬起，使肩关节、髋关节与膝关节成一条直线，保持 15 秒后还原。注意：提臀时，要用臀部的肌肉发力，避免压迫到颈椎。做 3 组，每组 10 ～ 15 次，组间休息 5 秒。

图 6–19　臀桥

（5）坐姿勾脚（图 6–20）。

【锻炼作用】提高脚踝的柔韧性。

【动作要领】上体正直，端坐在椅子上，两手扶椅面边缘；一脚脚跟触地，脚尖勾起，保持 15 秒。两腿各练习 15 次。

图 6–20　坐姿勾脚

四、水平二健身

完成水平一健身后，锻炼者可以继续完成水平二健身。水平二健身同样需要持续 4 周。第一周和第二周每周运动 4 天，每天做两组运动，每组运动包括 5 个动作，每天运动约 20 分钟。锻炼者也可以在一天中的不同时间段进行锻炼。例如，下午锻炼 10 分钟，晚上锻炼 10 分钟。如果完成每天的锻炼后仍有余力，锻炼者可以健走或超慢跑。运动前，做准备活动；运动后，做整理活动。每周休息 3 天，有助于恢复体能。

▥（一）水平二第 1、第 2 周锻炼动作

水平二第 1、第 2 周健身方案如表 6–3 所示。

表 6–3　水平二第 1、第 2 周健身方案

周一	周二	周三	周四	周五	周六	周日
1.原地后踢 2.展臂绕环 3.坐姿哑铃肩上举 4.踮脚尖 5.肩部拉伸		休息	1.快速原地踏步 2.高抬腿与臂上举 3.上斜俯卧撑 4.半蹲 5.肩部和背部拉伸		休息	休息

注：每个动作间休息 10 秒。

▢ 1. 周一、周二动作图解

（1）原地后踢（图 6–21）。

【锻炼作用】提高腿部肌肉柔韧性，提高心肺耐力。

【动作要领】两脚开立，与肩同宽；两臂自然弯曲，挺胸收腹；两腿交替慢速向后踢。

图 6-21　原地后踢

（2）展臂绕环（图 6-22）。

【锻炼作用】提高肩部柔韧性，扩大肩部的活动范围。

【动作要领】两脚开立，与肩同宽，身体直立；两臂伸直侧举，与地面平行；两臂由绕小圈逐渐至绕大圈。两臂绕环 10 次。

图 6-22　展臂绕环

（3）坐姿哑铃肩上举（图 6-23）。

【锻炼作用】锻炼肩部和臂部肌肉。

【动作要领】上体正直，端坐在椅子上，两脚分开，约与肩同宽；两手各持一个哑铃，略高于肩，掌心向前，慢慢吸气；两手持哑铃举过头顶，肘部略弯曲，保持 1 秒，慢慢呼气。做 3 组，每组 10 ～ 15 次。

【教练提示】第一次使用哑铃时，锻炼者应选取自己能轻松连续举起 15 次的哑铃质量。

图 6-23　坐姿哑铃肩上举

（4）踮脚尖（图 6-24）。

【锻炼作用】增强脚踝、小腿肌肉力量，改善骨质疏松症，提高身体平衡性。

【动作要领】两手扶椅背，两脚开立，约与肩同宽；两脚脚跟抬高，吸气，尽量用脚尖站立，保持 1 秒；两脚脚跟慢慢放下，呼气。重复 10 ～ 15 次。

【教练提示】增加难度，单脚脚尖站立。

（5）肩部拉伸（图 6-25）。

【锻炼作用】拉伸肩部肌群。

【动作要领】两脚开立，与髋同宽；右臂抬起至肩部高度，肘部伸直；左手慢慢按压右肘，将右臂向左侧拉，直至右侧肩部肌肉紧张，保持 10 ～ 20 秒。换另一侧拉伸。

图 6–24　踮脚尖

图 6–25　肩部拉伸

▽ 2. 周四、周五动作图解

（1）快速原地踏步（图 6–26）。

【锻炼作用】热身，提高机体的适应能力。

【动作要领】逐步提高步频，腿不要抬得太高。

图 6–26　快速原地踏步

（2）高抬腿与臂上举（图 6–27）。

【锻炼作用】增强体力，提高身体的稳定性和协调力，提高心肺耐力。

【动作要领】两脚开立，与肩同宽，两臂屈肘，上臂与前臂成 90°角；右腿提膝至大腿与地面平行，同时左手举过头顶。左右交替练习，注意保持身体平衡，动作速度不要太快。

图 6–27　高抬腿与臂上举

（3）上斜俯卧撑（图 6–28）。

【锻炼作用】锻炼上肢肌肉，改善体形，增强核心力量。

【动作要领】两臂伸直，两手撑于椅子上，间距比肩稍宽，收腰挺腹，肩部、臀部和大腿在同一条直线上；屈臂俯身至胸部靠近椅子，然后伸臂起身还原。做 3 组，每组 10～15 次。

图 6–28　上斜俯卧撑

（4）半蹲（图 6–29）。

【锻炼作用】锻炼臀部和腿部肌肉。

【动作要领】两脚开立，与肩同宽，两臂自然垂于体侧；两腿屈膝下蹲，大腿和小腿之间的夹角约为 90°，背部挺直，上体略前倾，膝关节不要超过脚尖，然后慢慢地起身还原。做 1 或 2 组，每组 8～12

次，组间休息 30 秒。

图 6–29　半蹲

（5）肩部和背部拉伸（图 6–30）。

【锻炼作用】拉伸肩部和背部，缓解肩部和背部不适。

【动作要领】两脚开立，与肩同宽，两手扶椅背，上体前俯，背部成一条直线，且约与地面平行；上体放松下探，拉伸肩部和背部，保持 30 秒。

图 6–30　肩部和背部拉伸

///（二）水平二第 3、第 4 周锻炼动作

水平二第 3、第 4 周健身方案如表 6–4 所示。

表 6-4　水平二第 3、第 4 周健身方案

周一	周二	周三	周四	周五	周六	周日
1. 原地踏步与双手交叉 2. 提膝抱腿 3. 哑铃侧平举 4. 跪姿俯卧撑 5. 上背部拉伸		休息	1. 弯腰前屈 2. 哑铃弯举 3. 负重行走 4. 手指爬墙 5. 弹力带肩部拉伸		休息	休息

注：每个动作间休息 10 秒。

1. 周一、周二动作图解

（1）原地踏步与双手交叉（图 6-31）。

【锻炼作用】锻炼手臂、肩部、臀部和腿部肌肉，提高身体的柔韧性和协调性。

【动作要领】锻炼者原地踏步，两臂屈肘在胸前交叉，然后两臂自然伸直，分别向身体两侧打开。锻炼者可以通过动作速度来调节运动强度，练习 1 分钟。

图 6-31　原地踏步与双手交叉

（2）提膝抱腿（图 6-32）。

【锻炼作用】锻炼臀部和大腿肌肉，同时提高身体的平衡性。

【动作要领】锻炼者自然站立，两臂自然下垂；右腿膝关节尽量抬高，两手顺势抱住右膝；背部保持直立，然后右腿放下还原。左右腿

交替练习 10 次。

（3）哑铃侧平举（图 6–33）。

【锻炼作用】锻炼臂部肌肉。

【动作要领】锻炼者取坐姿，两脚分开，与肩同宽，两手持哑铃置于体侧；缓慢地吸气，两臂伸直经身体两侧向上抬起，将哑铃举至稍高于肩，保持几秒后两臂放松下落，同时呼气。做 3 组，每组 10 ～ 15 次，组间休息 10 秒。

图 6–32　提膝抱腿　　　　　　图 6–33　哑铃侧平举

（4）跪姿俯卧撑（图 6–34）。

【锻炼作用】增强上体肌肉力量。

【动作要领】两脚交叉，两膝触地，腰背挺直，两手撑地，间距比肩略宽；屈臂俯身至肘关节略高于躯干，然后伸臂起身还原。做 3 组，每组 10 ～ 15 次，组间休息 10 秒。

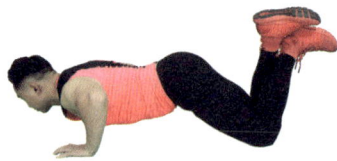

图 6–34　跪姿俯卧撑

（5）上背部拉伸（图 6–35）。

【锻炼作用】伸展上背部的肌肉。

【动作要领】锻炼者坐在椅子上，两手除拇指外的手指交叉，掌心向外，将两手抬至约与肩平，两臂伸直，保持 10 ~ 30 秒。重复 6 次。锻炼者如需增加动作难度，可以将两手举过头顶。

图 6-35　上背部拉伸

2. 周四、周五动作图解

（1）弯腰前屈（图 6-36）。

【锻炼作用】强化腰腹肌肉力量。

【动作要领】两脚略分开站立，弯腰俯身，背部保持平直，两臂自然下垂；有意识地拉伸腰部肌肉，两膝伸直，保持 5 秒以上。

【教练提示】锻炼者如需增加动作难度，可以分别向左前方和右前方前屈；或者起身后，两手举过头顶，上体稍后仰。（图 6-37）

图 6-36　弯腰前屈

图 6-37　弯腰前屈进阶

（2）哑铃弯举（图 6-38）。

【锻炼作用】锻炼上臂肌肉。

【动作要领】锻炼者取坐姿，两手持哑铃，悬垂于身体两侧，掌心向前；挺胸收腹，上臂保持不动，吸气，慢慢地弯举哑铃到最高点，吸气，保持 1 秒；两手沿上举轨迹有控制地向下放哑铃，回到初始位置，呼气。做 2 组，每组 10 ~ 15 次。

图 6-38　哑铃弯举

（3）负重行走（图 6-39）。

【锻炼作用】锻炼全身主要肌群，提高身体的协调性和稳定性。

【动作要领】锻炼者弯腰拿取哑铃（或其他重物）时，注意先下蹲，保持背部成一条直线；行走时，应保持较大步幅，脚跟先着地，下颌抬起，颈部勿前伸，肩部肌肉发力；保持核心肌群紧张，正常呼吸。

图 6–39　负重行走

（4）手指爬墙（图 6–40）。

【锻炼作用】缓解肩部疼痛。

【动作要领】锻炼者面对墙壁站立，身体距墙约 40 厘米，两臂向前抬起，两手手指沿墙壁缓缓向上移动，使上肢尽量地高举，达到最大高度后保持 10 秒，然后两手缓慢向下还原。重复 10 次。

图 6–40　手指爬墙

（5）弹力带肩部拉伸（图 6–41）。

【锻炼作用】预防和改善肩关节周围炎（以下简称"肩周炎"）。

【动作要领】锻炼者自然站立，右手紧紧抓住弹力带的一端，举至背后，左手在背后握住弹力带的另一端，将弹力带缓缓地向下拉；当右肩有拉伸感时，保持 10 ～ 30 秒。两手交替练习 5 ～ 10 次。

图 6–41　弹力带肩部拉伸

五、水平三健身

　　完成水平二健身后，锻炼者应该收到了明显的健身效果，接下来可以开始进行水平三健身。水平三健身同样需要持续 4 周。第一周和第二周每周运动 4 天，每天做 3 组运动，每组运动包括 5 个动作，每天运动约 25 分钟。锻炼者也可以在一天中的不同时间段进行锻炼。例如，上午锻炼 10 分钟，下午锻炼 15 分钟。每天完成健身方案后，锻炼者还可以健走、超慢跑、跳绳、骑自行车等。运动前，做准备活动；运动后，做整理活动。每周休息 3 天，有助于恢复体能。完成水平三健身后，锻炼者可以根据健身前的运动测试项目进行自测，以检验健身效果。科学健身，贵在坚持。锻炼者应坚持规律健身。

///（一）水平三第 1、第 2 周锻炼动作

　　水平三第 1、第 2 周健身方案如表 6–5 所示。

表 6-5　水平三第 1、第 2 周健身方案

周一	周二	周三	周四	周五	周六	周日
1. 钟摆运动 2. 俯卧撑 3. 靠墙深蹲 4. 开合跳 5. 大腿前侧拉伸		休息	1. 弓步走 2. 哑铃前平举 3. 俯卧撑 4. 坐姿站起 5. 小腿拉伸		休息	休息

注：每个动作间休息 10 秒。

1. 周一、周二动作图解

（1）钟摆运动（图 6-42）。

【锻炼作用】改善肩部不适，提高肩部的柔韧性。

【动作要领】右手持哑铃，左手扶椅背，弓步站立，上体稍前倾，肩关节放松；右臂自然伸直，如钟摆前后摆动。摆动幅度由小到大，做 3 组，每组 30 次，左右交替练习。

图 6-42　钟摆运动

（2）俯卧撑（图 6-43）。

【锻炼作用】提高上肢、胸部、腰背和腹部的肌肉力量。

【动作要领】锻炼者俯卧，两手撑地，间距与肩同宽，两臂垂直于地面，挺胸收腹，躯干与腿部成一条直线；两臂屈肘，腰腹收紧，

身体缓慢下降，胸部尽量靠近地面，稍保持几秒；两臂伸肘，用力撑起身体，动作过程中始终保持身体挺直。做 3 组，每组 8 ~ 10 个。

图 6–43　俯卧撑

（3）靠墙深蹲（图 6–44）。

【锻炼作用】增强腿部肌肉的力量，增大膝关节的活动范围。

【动作要领】上体挺直靠墙，两脚开立，与肩同宽，两手自然垂放于身体两侧；身体逐渐试探性地下沉，直至腿部有拉伸感。锻炼者可以根据自己的身体情况适当提高动作难度。

图 6–44　靠墙深蹲

（4）开合跳（图 6–45）。

【锻炼作用】锻炼核心肌群和腿部肌肉，改善心肺功能，促进脂肪消耗。

【动作要领】身体保持直立，抬头挺胸，两手自然垂放于身体两侧；用力向上跳起并向上举起两手，两手在头顶击掌，同时两脚向两侧张开；迅速落地，如此反复。

图 6–45 开合跳

（5）大腿前侧拉伸（图 6–46）。

【锻炼作用】拉伸大腿前侧肌肉，预防运动损伤，缓解肌肉疼痛。

【动作要领】身体保持直立，挺胸收腹；左腿小腿向后抬起，左手抓住左脚脚踝用力向上拉，使左脚脚跟尽量靠近臀部，直至大腿前侧有一定的拉伸感，保持 10 ～ 30 秒。换右腿拉伸，两腿各做 5 次。

图 6–46 大腿前侧拉伸

2. 周四、周五动作图解

（1）弓步走（图 6–47）。

【锻炼作用】强化核心肌肉，提高身体的平衡性和稳定性。

【动作要领】两脚开立，与肩同宽，两手叉腰；右脚向前迈一大步，然后两腿屈膝，身体向下蹲，直到左腿膝关节接近地面；右脚脚跟发力，起身，同时左脚向前迈出，重复之前的动作。两腿交替练习，做 3 组，每组 10 次。注意：在下蹲过程中，上体始终保持挺直，前腿膝关节不要超过脚尖。

图 6-47　弓步走

（2）哑铃前平举（图 6-48）。

【锻炼作用】对肩部、臂部和胸大肌有较好的锻炼效果。

【动作要领】身体直立，两手各持一个哑铃，两臂自然下垂，将哑铃置于大腿前侧；两手掌心向内，两肘略弯曲；右手将哑铃缓缓地向前方平举，同时吸气，上举的过程中不要晃动身体或借力，直至右臂与地面平行，掌心向下，保持 2 秒，感受肩部的肌肉收缩，然后缓慢还原。换左手重复以上动作。两手各 3 组，每组 8 ~ 10 次。

图 6-48　哑铃前平举

（3）俯卧撑（图6–49）。

【教练提示】俯卧撑是常用的力量训练方法。前面已经介绍了俯卧撑的动作。锻炼者可以根据自己的身体情况，测试2分钟内能够完成标准俯卧撑动作的个数。

图6–49 俯卧撑

（4）坐姿站起（图6–50）。

【锻炼作用】增强腿部肌肉的力量和耐力。

【动作要领】锻炼者坐在椅子上，背部保持挺直，两脚平放于地面，两臂于胸前交叉；起立，再坐下。重复10～15次为1组，做3组。

图6–50 坐姿站起

（5）小腿拉伸（图6–51）。

【锻炼作用】拉伸小腿，预防跟腱断裂。

【动作要领】锻炼者站在离墙一臂远处，两手手掌平放在墙上；右腿向后撤一步，膝关节伸直，右脚平放在地上；缓慢弯曲肘部和左膝，上体向前移动，直到感觉到右腿小腿肌肉被拉伸，保持 15～30 秒。两腿交替练习 3 组，每组 10 次。

图 6–51　小腿拉伸

////（二）水平三第 3、第 4 周锻炼动作

水平三第 3、第 4 周健身方案如表 6–6 所示。

表 6–6　水平三第 3、第 4 周健身方案

周一　　　周二	周三	周四　　　周五	周六	周日
1. 左右并步 2. 坐姿弹力带划船 3. 哑铃弓步行走 4. 跪姿平板支撑 5. 扶椅弓步压腿	休息	1. 手杖压肩提踵 2. 手杖俯身划船 3. 平板支撑 4. 站姿腿侧抬 5. 脚跟碰脚尖走直线	休息	休息

注：每个动作间休息 10 秒。

▼ 1. 周一、周二动作图解

（1）左右并步（图 6–52）。

【锻炼作用】热身，提高机体适应能力。

【动作要领】一脚迈出，两臂屈肘回收，另一脚随之迈出，两腿并拢，同时两臂屈肘外展。再向反方向重复此动作。

图 6-52　左右并步

（2）坐姿弹力带划船（图 6-53）。

【锻炼作用】提高背部、肩部和手臂肌肉的力量。

【动作要领】锻炼者坐在椅子上，肩部放松，两臂伸直，两脚踩住弹力带的中部，两手握住弹力带的两端，掌心向内；肘部慢慢弯曲，向上、向后拉弹力带，慢慢吸气，直到两手拉至腹部两侧；保持 1 秒，慢慢呼气，两手慢慢还原，肌肉不要放松。做 3 组，每组 10 ～ 15 次。

图 6-53　坐姿弹力带划船

（3）哑铃弓步行走（图 6-54）。

【锻炼作用】锻炼背部、臀部和大腿后侧肌肉，提高身体的平衡性。

【动作要领】身体直立，两脚开立，与肩同宽，两手各持一个哑铃，两臂自然垂于身体两侧，掌心相对；一腿向前迈出一大步，然后屈膝下蹲，直到后腿的膝关节接近地面。注意在下蹲的过程中，上体始终保持挺直，前腿的膝关节不要超过脚尖。前脚的脚跟发力，起身的同时后脚向前迈出，重复之前的动作。两腿交替练习 3 组，每组 10 ～ 15 次。

图 6-54　哑铃弓步行走

（4）跪姿平板支撑（图 6-55）。

【锻炼作用】锻炼核心肌肉，缓解腰痛。

【动作要领】两臂前臂撑地，两膝触地，肩、髋成一条直线；下颌微收，头保持正直，避免头后仰或者过度低头；挺胸收腹，上背部不要过度拱起，腰部不要下沉；保持正常呼吸，避免屏气；小腿可以抬起，也可以放在地上。在保证动作正确的前提下，锻炼者尽可能地保持较长时间，但不要强迫自己。

图 6-55　跪姿平板支撑

（5）扶椅弓步压腿（图 6-56）。

【锻炼作用】缓解腿部肌肉疲劳，提高腿部肌肉的柔韧性。

【动作要领】两手扶椅背，前腿弓步，后腿伸直；将臀部向下压，上体与后腿始终成一条直线，臀部下压至极限后保持5秒，还原。两腿交替练习，各做10次。注意：后腿膝关节尽量伸直。

图 6-56 扶椅弓步压腿

2. 周四、周五动作图解

（1）手杖压肩提踵（图 6-57）。

【锻炼作用】拉伸肩部肌肉，预防肩周炎；预防脚跟疼痛及韧带老化。

【动作要领】两脚开立，与肩同宽，两手握手杖两端，持手杖于体前，将手杖由胸前向上平举过头顶，然后将手杖下压于颈后，同时脚跟提起，保持1秒；上举手杖至头顶，维持平举姿势，然后将手杖收于胸前，两脚落地。重复以上动作3组，每组10次。

背面　　　　　　　　正面

图 6-57 手杖压肩提踵

（2）手杖俯身划船（图 6-58）。

【锻炼作用】锻炼背部肌肉，缓解背部疼痛。

【动作要领】两脚开立，与肩同宽，两手握手杖两端，握距与肩同宽，背部保持挺直；两膝微屈，俯身屈髋，目视前下方，头与背部成一条直线；屈肘，两手向后拉手杖至大腿根部，肩胛骨收紧，肘关节尽量向后。共做 3 组，每组 15 次。

图 6-58　手杖俯身划船

（3）平板支撑（图 6-59）。

【锻炼作用】锻炼核心肌群，缓解腰背部疼痛。

【动作要领】锻炼者俯卧，两臂肘关节弯曲，两臂前臂支撑地面，两脚脚尖踩地；肩、腰、踝在同一条直线上，两臂上臂垂直于地面，颈部保持自然放松。在保证动作正确的前提下，锻炼者尽可能地保持较长时间，但不要强迫自己。

图 6-59　平板支撑

（4）站姿腿侧抬（图 6-60）。

【锻炼作用】锻炼臀部、大腿肌肉，增强下肢力量，提高身体的平衡性。

【动作要领】左手扶椅背，保持身体平衡；右腿向侧方抬起，身体重心落在左腿，背部保持挺直，保持 1 秒。两腿交替练习，各做

10 ~ 15 次。

图 6-60　站姿腿侧抬

（5）脚跟碰脚尖走直线（图 6-61）。

【锻炼作用】提高身体的平衡性。

【动作要领】两脚自然站立，两臂侧平举；一脚移动向前，用脚跟触碰支撑脚脚尖，使前后脚保持在一条直线上；两脚交替向前走。行走 20 步为 1 组，练习 3 组。

图 6-61　脚跟碰脚尖走直线

锻炼者如果无法坚持每天运动 20 ~ 30 分钟，则可以从每天运动 10 分钟开始，同样可以获得健康益处。锻炼者每天进行短时间的身体活动，日积月累也可以促进身体健康。在平时，锻炼者要减少久坐少动的行为，尽可能步行、骑车出行；长时间保持坐姿时，每半小时站起来活动 5 分钟。在学习零基础健身方法时，编者有如下建议。

（1）为了获得更多的健康益处，建议成年人每周运动 3 天以上，每周运动 2.5 ～ 5 小时。每天可进行多次运动，每次的运动时间可以累计。刚开始运动时，运动量不要太大。初级健身者每次的运动时间不要超过半小时。步行是最安全的运动之一，也是最经济、最方便的一种运动。初级健身者开始运动时，可以从步行开始，速度为半小时走两三千米即可。体力好的初级健身者可以每天进行 6000 ～ 10000 步的健走或慢跑运动。

（2）初级健身者的运动强度以中低强度为主。运动时心率比安静时心率增加 10% ～ 20%，或将心率控制在 100 ～ 120 次 / 分。长期坚持锻炼且身体机能良好的锻炼者可以进行间歇式高强度运动，但要注意运动量不要过大。

（3）要加强力量训练，尤其是女性和患有肥胖症或骨质疏松症的人。初级健身者每周应进行 2 或 3 次中低强度的肌肉力量训练。力量训练宜隔天进行。初级健身者可以先进行徒手的力量训练，如俯卧撑、深蹲、弓步蹲等。力量训练一定要注意安全第一、循序渐进，注重饮食与休息相结合。

（4）要增加柔韧性练习和平衡性练习。运动前，锻炼者应做 5 ～ 10 分钟的准备活动，如动态拉伸。运动后，锻炼者应做 5 分钟的整理活动，如静态拉伸。建议每周进行 2 次平衡性练习。锻炼者可以把柔韧性练习和平衡性练习融入运动前的准备活动和运动后的整理活动中。

（5）倡导快乐健身。锻炼者选择自己喜爱的健身方式，与家人、朋友一起运动，保持对健身运动的兴趣，有利于长期坚持规律健身。

（6）运动时，要注意运动安全，科学运动。患有慢性疾病者，健身前应咨询医生，了解运动禁忌和运动注意事项。锻炼者可以根据自身情况选择适合自己的运动方式和运动方法。开始健身前，请参考附录一，填写《体育锻炼前的调查问卷》。

第七章

提高你的心肺耐力

【钟南山谈健身】

　　1. 最好的医生是自己，最好的运动是步行。
　　2. 跑步会使你更加自律；跑步会使你更加快乐；跑步会使你精力十足。

　　呼吸、体温、脉搏和血压被称为四大生命体征，它们是维持机体正常活动的重要因素。不论哪项指标异常都可能会导致疾病，同时某些疾病也会导致这四大生命体征发生变化。近年来，心肺耐力也被认为是评价人体生命状态的重要生命体征之一。

一、心肺耐力和有氧运动

　　心肺耐力是指人体的心血管系统、呼吸系统和运动系统在运动过程中持续提供氧气的能力，也称有氧能力、运动耐力。有氧运动，也称耐力运动，是指以增强机体有氧代谢能力为目的的耐力性运动。有氧运动具有 5 个特点：周期性；全身大肌群参与；持续时间较长（至少 30 分钟）；运动强度为中低强度（运动心率为最大心率的 50%～80%），略感疲劳；速度慢。常见的有氧运动包括健走、慢跑、跳绳、游泳、骑自行车、打太极拳、跳广场舞、做健身操、扭秧歌、打乒乓球、打羽毛球、打高尔夫球、练瑜伽等。体重超重者、膝关节不适者应少进行高冲击力有氧运动，如登山、上下楼梯等。

　　【健身指南】建议成年人每周至少进行 150 分钟的中等强度有氧运动，如每周 5 天，每天 30 分钟；或者每周至少进行 75 分钟的高强度有氧运动；也可以混合进行两种运动强度的有氧运动。通常，10 分钟的高强度有氧运动相当于 20 分钟的中等强度有氧运动。如果你目前无法达到这个要求，不要着急，尽你所能，循序渐进，朝着这个目标努力，少胜过无。

二、有氧运动的益处

心肺耐力差在全因死亡率的各种影响因素中居于首位，超过高血压、吸烟、高胆固醇、糖尿病、肥胖等危险因素。目前，高胆固醇、高血压、肥胖等危险因素已受到广泛关注，但是心肺耐力与健康的关联还没有得到足够的重视。临床医生通常会检测患者的血脂、血压或评估其肥胖状况，但一般很少利用运动测试评价患者的心肺耐力。心肺耐力与我们的日常生活密切相关，良好的心肺功能是健康的基石，高质量的生活需要充沛的体能和健康的身心。

有氧运动的主要目的是促进和保持机体健康。规律的有氧运动可以增强心血管系统、呼吸系统的机能，可以强健心脏，降低安静心率。长期进行规律有氧运动的人的心率一般为 40 ～ 60 次 / 分。心肺耐力差的人的心率为 75 ～ 100 次 / 分。坚持进行规律的有氧运动可以预防高血压、糖尿病、肥胖症，降低心血管疾病和脑卒中的发病风险。坚持进行规律的有氧运动还可以提高免疫力，使老年人增强日常独立生活的能力，预防失能，提高生活质量，延年益寿。

有氧运动可以改变人体成分，减少脂肪堆积。进行持续时间较长的中低强度的有氧运动可以加快体内碳水化合物和脂肪的消耗，提高心率和呼吸频率，促进血液循环，把更多的氧气输送到肌肉，从而提高心肺耐力。减脂者若想取得理想的减脂效果，建议每次运动时长为 40 ～ 60 分钟。减脂者无须追求过高的运动强度，进行长时间、中低强度的有氧运动能收到良好的减脂效果。

有氧运动可以释放内啡肽，缓解抑郁症和焦虑症，娱悦心情。内啡肽被称为"快乐激素"，进行 30 分钟以上中等强度的有氧运动就可以使大脑分泌内啡肽。很多跑者在跑步中体会到的愉悦感就是由内啡肽带来的。刚开始跑步的人很难感受到这种愉悦感，因为其通常很难坚持跑 1 ～ 2 个小时。在经历几周或几个月的跑步训练后，当人体适应了跑步的运动强度时，跑者会逐渐体验到跑步的愉悦感。

三、评估心肺耐力的方法

最大摄氧量能反映身体的氧利用率，是衡量心肺耐力的一个指标。若要精准测量最大摄氧量一般需要去医院或体质检测中心使用专门的器材。在日常生活中，人们可以采用一些简易的方法自行评估自己的心肺耐力水平。

///（一）6分钟步行测试

6分钟步行测试简便、安全，是一种适合老年人进行的心肺耐力评估方法。该测试不宜空腹进行。受试者在清晨或午后进行测试前可以少量进食，测试开始前两小时内应避免剧烈活动。

测试方法：测试距离为30米的直线距离，两端各设置一个标志。受试者在两个标志间往返走，速度自定，但不可以跑。在测试过程中，受试者如果感到气短、胸闷、胸痛、大量出汗等，可暂停测试或终止测试。安静心率超过120次/分，收缩压超过140毫米汞柱、舒张压超过90毫米汞柱的患者在医生的指导下方可自测。6分钟后，受试者记录自己的步行距离，并对照表7-1自查。例如，若受试者为62岁的男性，其6分钟步行距离为558～672米，则说明其心肺耐力正常。

表7-1 6分钟步行测试标准表

年龄/岁	女性/米	男性/米
60～64	498～604	558～672
65～69	457～581	512～640
70～74	439～562	498～622

续表

年龄 / 岁	女性 / 米	男性 / 米
75 ～ 79	398 ～ 535	430 ～ 585
80 ～ 84	352 ～ 494	407 ～ 553
85 ～ 89	311 ～ 466	347 ～ 521

////（二）12 分钟跑

　　12 分钟跑是美国的库珀博士提出的一种可以量化评定健身人群心肺耐力的方法。12 分钟跑作为心肺耐力的评估手段，包含 3 项指标，即时间、距离和脉搏。具体方法是将受试者按照年龄和性别分组，测量其 12 分钟跑出的距离，然后根据相应的标准评判其心肺耐力。需要注意的是，受试者在 12 分钟内尽力跑或者跑出最大距离以后 3 分钟内的脉搏应小于 180 减年龄数。只有脉搏合格，跑出的距离才有效。这有利于受试者科学监控运动强度，避免产生运动过量的问题。例如，一名 50 岁的男子 12 分钟跑了 1200 米，说明他的心肺耐力很差，应增加运动量；如果他能跑 1700 米，说明他的心肺耐力一般；如果他能跑 2400 米及以上，说明他的心肺耐力优秀。受试者根据自己 12 分钟跑的距离，对照表 7-2，可以自查个人的心肺耐力。

表 7-2　12 分钟跑心肺耐力对照表

单位：米

性别	心肺耐力	30 岁以下	30 ～ 39 岁	40 ～ 49 岁	50 岁及以上
男	很差	＜ 1600	＜ 1500	＜ 1400	＜ 1300
	差	1600 ～ 1999	1500 ～ 1799	1400 ～ 1699	1300 ～ 1599
	一般	2000 ～ 2399	1800 ～ 2199	1700 ～ 2099	1600 ～ 1999
	良好	2400 ～ 2799	2200 ～ 2599	2100 ～ 2499	2000 ～ 2399
	优秀	≥ 2800	≥ 2600	≥ 2500	≥ 2400

续表

性别	心肺耐力	30 岁以下	30 ~ 39 岁	40 ~ 49 岁	50 岁及以上
女	很差	< 1500	< 1400	< 1200	< 1000
	差	1500 ~ 1799	1400 ~ 1699	1200 ~ 1499	1000 ~ 1399
	一般	1800 ~ 2199	1700 ~ 1999	1500 ~ 1799	1400 ~ 1699
	良好	2200 ~ 2599	2000 ~ 2399	1800 ~ 2299	1700 ~ 2199
	优秀	≥ 2600	≥ 2400	≥ 2300	≥ 2200

　　受试者必须根据个人的心肺耐力情况制订适宜的运动方案，以保证运动安全。进行 12 分钟跑测试前，受试者还须通过以下准备阶段。

　　(1) 以快走为主，中间穿插慢跑，时间为 12 分钟。

　　(2) 以慢跑为主，中间穿插快走，时间为 12 分钟。

　　(3) 慢跑 12 分钟。

　　(4) 按测试要求跑 12 分钟。

　　如果是 50 岁及以上或身体有疾病的受试者，在进行测试前要先进行健康检查，并经过 6 周的预备性体育锻炼。

四、有氧运动的注意事项

　　(1) 若锻炼者体力不佳，或长时间没有进行锻炼，刚开始锻炼时，锻炼者应优先选择低冲击力的有氧运动，如健走、太极拳、太极剑、太极扇、门球、游泳、瑜伽等。

　　(2) 运动时，锻炼者应穿运动鞋和运动袜，穿戴安全装备，注意周围环境是否安全。

　　(3) 运动开始前，锻炼者应做约 5 分钟的准备活动。运动结束前，锻炼者应做约 5 分钟的整理活动，不要突然停止运动。做准备活动时，锻炼者要重点活动即将受力的身体部位。例如，游泳前，锻炼者应活动臂部、肩部、腿部和腰部。

（4）有氧运动要与力量训练相结合。老年人应尽可能选择多样的锻炼方式。

（5）锻炼者可以选择自己喜爱的运动方式，如跳广场舞、慢跑。

（6）运动时，锻炼者要量力而行，循序渐进地增加运动量，减少运动的危险性，以获得运动的最大益处。众所周知，过犹不及，有氧运动也是如此。长时间进行有氧运动不仅消耗脂肪，还消耗肌肉。运动过量会降低机体的免疫力，对心脏和骨骼造成损害。

（7）运动时，锻炼者要注意补水。运动期间，锻炼者要注意膳食营养、合理休息和保持良好睡眠。

（8）坚持锻炼很重要。锻炼者每周至少运动 5 天，每天运动不少于 30 分钟，最好 1 次完成，若有困难，也可以分解为 2 或 3 次，每次 10 ～ 15 分钟。若每次运动少于 10 分钟，则不会对锻炼者的心肺健康带来明显益处。

（9）有氧运动的地点一般要选择地面广阔平坦，空气清新、流通、无污染的场所。锻炼者不要在马路旁锻炼，因为马路上车辆较多，空气污染较严重，对健康不利。锻炼者在有花草树木的地方运动较佳，因为这些地方氧气比较充足。

（10）锻炼者应注意选择合适的运动时间，避免在炎热的中午进行运动，以防造成身体不适。

（11）锻炼者如果患有心脏病、高血压、骨关节疾病等，应先向医生咨询是否适合运动及运动的注意事项。发热时，锻炼者不要运动。锻炼者若出现以下症状，应停止运动，并尽快就医：关节或骨骼出现持续疼痛、僵硬；感到头晕、恶心、胸闷；呼吸急促；大量出汗、出冷汗；肌肉痉挛。

五、健走

健走属于低冲击力运动，是简单、经济、安全的有氧运动方式之一。健走特别适合老年人、肥胖者、骨关节疾病患者和刚开始参加锻炼的人群。

健走是介于散步和竞走之间的一种运动方式。其动作特点是大步、快速行走。健走的速度以每分钟 90～120 步为佳，一般每小时 5～8 千米。与慢跑相比，健走较易于坚持，动作要领更易于掌握。通常情况下，健走的场所为户外，以公园、操场、小区健身广场等场所为宜。

////（一）健走的益处

健走的益处如图 7-1 所示。

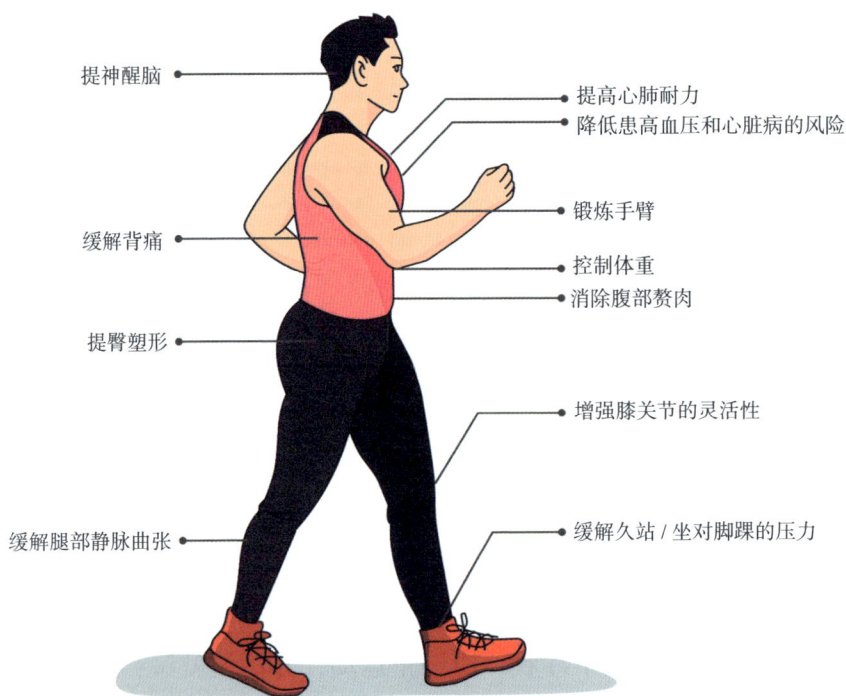

图 7-1　健走的益处

////（二）健走动作

练习健走前，锻炼者应先掌握正确的步态。不良步态的影响是很大的。老年人常见的步态问题有走路不稳、走路姿势不对称、走路时脚拖地、身体前倾幅度较大、身体重心过度前移、以膝关节带着身体向前走而不是髋关节用力。步态有问题易导致跌倒。因此，老年人在练习健走前，应先掌握正确的步态动作要领，改善步态，这样才能走出健康。

锻炼者进行规律行走或其他形式的锻炼对保持正确的步态至关重要。每天进行 30 分钟的常规步行锻炼有助于改善和保持步态。如果锻炼者身体较虚弱，可以先借助健走杖或拐杖进行步行锻炼，以获得更好的锻炼效果。

1. 健走动作口诀

健走动作口诀：抬头挺胸收小腹，两手微握放腰部，自然摆臂肩放松，脚跟着地脚尖蹬，腰部用力向前送，迈开脚步向前行。

2. 普通式健走动作要点

普通式健走动作要点如图 7-2 所示。

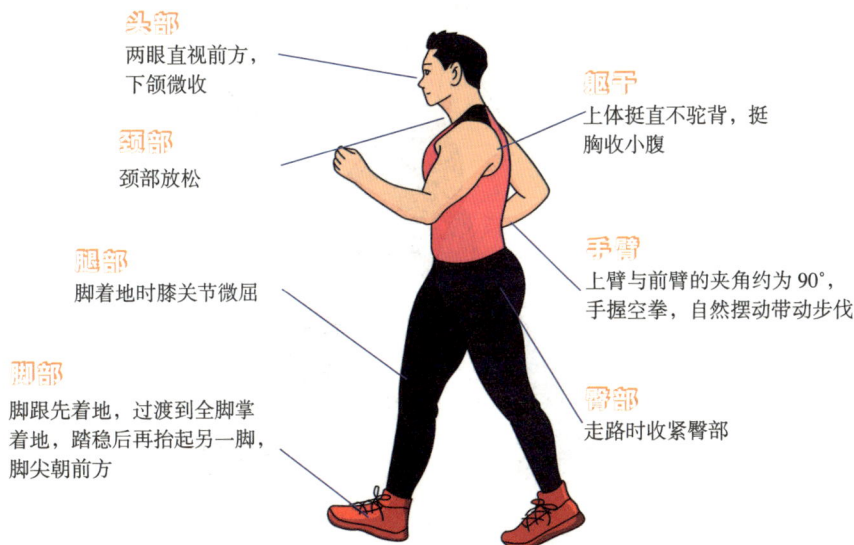

头部
两眼直视前方，下颌微收

颈部
颈部放松

腿部
脚着地时膝关节微屈

脚部
脚跟先着地，过渡到全脚掌着地，踏稳后再抬起另一脚，脚尖朝前方

躯干
上体挺直不驼背，挺胸收小腹

手臂
上臂与前臂的夹角约为 90°，手握空拳，自然摆动带动步伐

臀部
走路时收紧臀部

图 7-2　普通式健走动作要点

普通式健走与日常的走路不同，需要注意以下几点。健走时，锻

炼者需特别注意脚着地的顺序：脚跟→全脚掌向前滚动→足弓、脚趾依次落地→脚尖蹬地。脚抬起高度为 15 ～ 30 厘米，脚底与地面约成 40° 角。蹬地时，膝关节要尽量伸直。锻炼者应选择"钟摆式"摆臂，加大摆臂的幅度，但是向前摆臂时手不应高过肩，向后摆臂时手不应低过腰。锻炼者通过加大摆臂的力量，可以提高健走的速度，并达到增强上肢力量的目的。锻炼者应注意用髋关节带动腿部向前走。健走时，锻炼者要自然呼吸，保持轻松愉快的心情。

3. 北欧式健走动作要点

北欧式健走动作要点如图 7-3 所示。

要点一
由肩部带动整个手臂前后摆动，由此进行上肢与腰部的同步锻炼

要点二
手臂伸直，后摆手与手杖成直线并发力

要点三
手掌虎口通过压腕带产生向后的推力

要点四
后摆手用力的同时，后脚同时发力蹬地

要点五
后腿伸直，前腿尽量前跨，使髋关节扭动；两支手杖交替平行摆动，前摆手高度大约在肚脐位置，手杖斜着向后支撑用力辅助前进

图 7-3　北欧式健走动作要点

北欧式健走是北欧很流行的锻炼方式。锻炼者手持健走杖，将健走从单独的下肢支配运动转变为全身运动。健走时，锻炼者步幅略

大，上体稍前倾，抬头挺胸，两臂主动摆臂，向后撑健走杖。后脚蹬地发力时，脚趾抓地，前脚掌用力蹬地，髋关节前送。手掌用力向后推时，将力通过腕带传递给健走杖，推动身体前行。研究证实，比起普通式健走，北欧式健走能增加有氧运动量，使机体消耗更多的能量，同时能更高效地强化核心肌群。不仅如此，比起只依靠两脚走路，当锻炼者使用健走杖时，会产生更多的地面接触点，能提高运动时的稳定性，还能有效减轻下肢关节压力，减少关节磨损。因此，北欧式健走深受中老年人的喜爱。

///（三）健走注意事项

（1）锻炼者要选择合适的运动装备（图7–4）。

运动鞋

一双合适的运动鞋可以保护我们的双脚，减少脚部所负荷的重量。即使是步行，锻炼者也要严谨地选择运动鞋，确保跟腱得到保护，降低扭伤的风险。锻炼者穿上合适的运动袜，不仅可以保持脚部卫生，还可以减轻脚部与鞋子之间的摩擦。

前三分之一要柔软，方便跖趾关节屈曲，减少肌腱及脚趾受到的伤害。形状不能太尖，要让脚趾有足够的活动空间。

具有保护脚跟的功能和吸震能力。

运动服装

合身，物料以吸汗、透气，具有弹性为佳。

其他装备

水壶、具有计步功能的手表、毛巾。

图7–4　运动装备

另外，锻炼者应采用洋葱式穿衣法，内层衣物应具有良好的吸湿排汗功能，中层衣物要保暖，外层衣物要防水、防风，以应对天气变化。锻炼者在锻炼时视场合与温度可以一层层地加减衣物。

（2）混合运动对促进锻炼者整体健康效果更好。健走时，锻炼者应结合力量练习。锻炼者每周进行3次坐姿起立、扶椅双腿蹲起、扶椅单腿蹲起、靠墙深蹲、坐姿抬腿等力量练习，每个动作做 5 ～ 10 次，有助于增加臀部肌肉力量及膝关节、踝关节的支撑力。

（3）健走时，锻炼者要量力而行，循序渐进。健走时，锻炼者可以想象自己走在间距比肩膀略窄的两条线上，这样可以增加健走时的稳定性。运动过量会对骨关节造成损伤。如果锻炼后 2 小时内感到关节疼痛，说明运动过量，锻炼者下次应降低运动负荷。老年人健走的步幅不宜过大，采用日常走路的步幅即可。如果想加快速度，步幅应略小，两脚之间的距离也不宜过宽。

（4）健走前，锻炼者应做 5 分钟的准备活动，如脚踝转动、提膝、转颈、摆臂、弓步走等。健走后，锻炼者应做 5 分钟的整理活动，如小腿拉伸、大腿前侧拉伸、大腿后侧拉伸、脚踝转动等（图 7–5 至图 7–8）。

图 7–5　小腿拉伸　　　　图 7–6　大腿前侧拉伸

图 7–7　大腿后侧拉伸　　　　图 7–8　脚踝转动

（5）健走时，身体缺水会使锻炼者感觉疲劳，缺水引起的血液浓度升高还可能导致脑卒中等严重后果。因此，健走前，锻炼者可以先饮用 50～100 毫升水；健走过程中或健走刚结束时，若锻炼者感觉口渴可以少量补水，要小口慢咽，防止出现呛咳。进行 1 小时以上的健走，锻炼者可以饮用运动饮料。

（6）间歇式健走省时高效。间歇式健走就是健走时，锻炼者采用快走、慢走相结合的方式。例如，30 分钟的健走分 2 组，每组轻松走（1 秒 1 步）3 分钟→尽力走（1 秒两三步）3 分钟→轻松走 3 分钟→尽力走 3 分钟→轻松走 3 分钟（图 7-9）。间歇式健走运用了间歇式训练的科学原理，是一种简单、高效的运动方式，并且不会造成过度疲劳。忙碌的人、尚未形成运动习惯的人、膝关节和腰部疼痛的人都可以进行间歇式健走。锻炼者通过改变健走的运动强度，可以收到较好的运动效果。

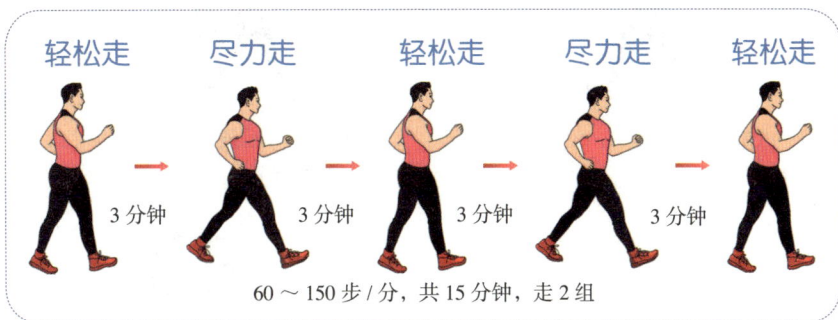

轻松走　　尽力走　　轻松走　　尽力走　　轻松走

3 分钟　　3 分钟　　3 分钟　　3 分钟

60～150 步/分，共 15 分钟，走 2 组

图 7-9　间歇式健走

如果体力好，除了间歇式健走，锻炼者还可以尝试健走与慢跑或其他运动相结合的高强度间歇练习。例如，在健走过程中，锻炼者加入高抬腿、踢正步、大跨步、开合跳等动作，配合音乐练习。这些变化的步法会让锻炼者的身体一直处于不断适应的过程，从而有效地改善身体素质，提高健康水平。

（7）健走进阶形式：上坡健走、负重健走。在斜坡上健走不但能给锻炼者带来乐趣，而且随着坡度增大，能量消耗也会增加。在跑步机上健走时，坡度不要设定得太大，以免损伤膝关节。健走时，增加负重会提高运动强度，并增加肌肉的阻力。锻炼者可以选择背双肩背包，并在包中放入水瓶、书本等。

健走 1 周后，锻炼者会感到比以前容易出汗；健走 2 周后，锻炼者会感到身姿逐渐挺拔；健走 1 个月后，锻炼者会觉得走路更加轻快、自如；健走 2 个月后，锻炼者会感到体重有变化，腹部开始变小。锻炼者如果坚持每天走 10000 步，3 个月后体重还没有发生任何变化，则需要改变饮食方式和增加力量练习。

/// （四）健走小贴士

健走小贴士如图 7-10 所示。

以健走代替乘车，或提早一两站下车，健走到达目的地。

约朋友一起健走，共享其中乐趣，互相鞭策。

清早及黄昏时到公园等场所健走，排解工作压力。

利用电子设备的计步器功能，设定可行的目标，循序渐进增加健走步数。

图 7-10　健走小贴士

六、跑步

跑步是十分流行的有氧运动，也是全身运动，包括慢跑、超慢跑、原地跑、城市路跑、越野跑等。跑步是一项高冲击力的运动。在跑步过程中，脚触碰地面所产生的回弹力相当于自身体重的 2 ~ 3 倍，这种回弹力将身体往上抬，骨骼、关节、肌肉和韧带也同时在承受和吸收这种回弹力。如果动作不正确，将会导致膝关节、踝关节等受损。因此，锻炼者要掌握正确的跑步姿势，并注意运动安全。有的人身体素质较差，对于跑步总是会有一些顾忌，担心自己无法坚持。其实，人们随着年龄的增长，体力大不如从前，更应积极地参加体育锻炼。下面重点介绍慢跑和超慢跑。

（一）慢跑

1. 慢跑的益处

慢跑不仅是锻炼身体的好方法，还是一种健康的生活方式。慢跑的益处如下。

（1）增强心肺功能。

研究表明，慢跑能增强锻炼者的呼吸功能，可使肺活量增大，提高肺通气和换气的能力。慢跑时，人体供给的氧气较静坐时更多。氧气是维持人体生命活动必不可少的物质。吸氧能力直接影响心肺功能。一般情况下，老年人吸氧能力较弱，而慢跑能提高吸氧能力。经常坚持慢跑的老年人的最大吸氧量显著高于不锻炼的同龄人的最大吸氧量。慢跑可以使心肌增强、增厚，具有锻炼心脏、保护心脏的作用。长期坚持慢跑的老年人的心脏功能甚至可能接近或优于不参加锻炼的年轻人的心脏功能。

（2）改善血压，防治心脑血管疾病。

慢跑可使血流加快、血管弹性增强，具有活血祛瘀、改善血压的作用。慢跑时，冠状动脉血流量较安静时可增加 10 倍，即每分钟血流量可达 1200 ~ 1400 毫升。长期坚持慢跑的人，安静心率可下降到每分钟 50 ~ 60 次，这可以使心肌得到较长时间的休息。慢跑能促进机体的新陈代谢，预防或缓解高脂血症。冠心病、高血压、动脉硬化等疾病大多与体内脂肪代谢有关，而慢跑能促进体内脂肪代谢，降低胆固醇和甘油三酯的含量，预防和减少胆固醇等脂质在血管壁上的沉积，从而起到预防或缓解冠心病、高血压等疾病的作用。

（3）减脂塑形，控制体重。

跑步时，人体每分钟的能量消耗是安静时的 8 ～ 10 倍。因此，跑步是一项可以充分消耗能量的运动。其中，慢跑是减脂效果较好的运动方式之一。锻炼者以减脂为目的进行慢跑时，应以中低速为宜，这样既可以促进能量消耗，又不至于太累。慢跑时，运动心率应控制在最大心率的 60%～ 80%。锻炼者如果每周额外进行两次力量练习，可以提高基础代谢率，有助于收到更好的减脂效果。

（4）强健下肢骨骼和肌肉。

慢跑可以帮助老年人强健下肢骨骼和肌肉。长期坚持慢跑，锻炼者的腿部的骨密度比不锻炼者的腿部的骨密度要高。跑步的健骨作用并不随着跑步次数的增加、强度的提高而持续增强。例如，每月跑 20 次以上的锻炼者的腿部的骨密度与每月跑 12 次的锻炼者的腿部的骨密度差不多。研究人员认为，骨密度的增加可能有最高限度，超过这个限度以后，跑步的健骨效果将不再发生明显变化。

（5）促进新陈代谢，提高免疫力。

随着年龄的增长，机体的代谢功能逐渐下降。规律的慢跑可以让锻炼者体内的新陈代谢加快，延缓身体机能老化的速度。研究指出，长期坚持慢跑的锻炼者因感冒和其他上呼吸道感染而生病的天数较少，机体免疫力有所提高，罹患大肠癌和乳腺癌的概率有所降低。

（6）缓解压力。

热爱跑步的人可能都体会过跑步的愉悦感。科学研究证明，跑步可以让锻炼者变得更兴奋、更轻松、更快乐。适度的慢跑可以缓解压力，使锻炼者保持良好的身心状态。

2.慢跑前设定跑步目标，制订跑步计划

对于初级健身者来说，先踏出第一步，养成跑步的习惯最重要。建议初级健身者先通过一周跑 3 天，每天跑 20 分钟，坚持连续跑 4 周的方式养成跑步的习惯，之后再进行系统的跑步锻炼。初级健身者在跑步前，可以制订跑 8 周后能跑 5 千米的健身目标，给健身设置新的挑战，为健身增添乐趣。初级健身者通过认真学习正确的跑步姿势、跑步动作要点和呼吸方式后，在两个月内就可以准备尝试跑 5 千米了。如果初级健身者认为自己跑 5 千米有难度，或者认为自己没有足够的时间或精力，可以参考表 7-3。跑步入门计划表包括每周几个简短的时间段，每段约 30 分钟。如果跑步时感到不舒服，锻炼者可以用健走代替。通过尝试，初级健身者有可能达到设定的跑步目标，完成 5 千米跑。

表 7-3　跑步入门计划表

时间	内容
星期一	跑步 + 健走 30 分钟
星期二	健走 30 分钟
星期三	跑步 + 健走 30 分钟
星期四	健走 30 分钟
星期五	休息
星期六	健走或慢跑 4 千米
星期日	休息

在表 7-3 的基础上，初级健身者要随着时间的推移，及时调整锻炼内容，以适应锻炼进程。

（1）第 1～2 周，跑步 + 健走时，跑步 15 秒，健走 45 秒，交替进行。

（2）第 3～4 周，跑步＋健走时，跑步 20 秒，健走 40 秒，交替进行。

（3）第 5～8 周，走跑结合，逐步增加慢跑的时间。

（4）每周六，逐步增加走跑的距离，增加的距离约为 0.5 千米。例如，第 2 周的星期六，走跑的距离为 4.5 千米。从第 3 周开始，每个星期六的走跑的距离为 5 千米。记录每周六完成 5 千米走跑的用时。

3. 慢跑前的准备事项

（1）挑选运动装备。

"工欲善其事，必先利其器。"跑鞋在提高跑步效率和预防运动损伤方面发挥着重要的作用。两脚在运动过程中会肿胀，因此锻炼者在买鞋时应该在运动后试穿新鞋。锻炼者穿上跑鞋后，脚尖顶到最前面，系上鞋带，观察脚跟与跑鞋之间是否有 1 厘米左右的距离。试穿时，锻炼者还应穿着新鞋走几步，以确定新鞋是否舒适、尺码是否合适。

一双合适的跑步袜同样重要，其不仅能给锻炼者带来良好的跑步体验，还能减少甚至避免水疱、擦伤等状况的出现。跑步袜通常选用氨纶、涤纶等合成纤维材料，这些材料的跑步袜对脚部的包裹感较强，并且具有吸汗、透气、减震、防滑、护脚的作用。注意，不要穿不能包裹跟腱的低筒袜或船袜，因为其无法为跟腱提供保护，跑步时，跑鞋直接摩擦跟腱部位，容易磨破跟腱皮肤。

跑步时，锻炼者应穿透气、排汗、速干效果好的运动服装。运动服装一般选用化纤材质。锻炼者可以根据自己的喜好选择宽松版或紧身版的跑步短裤、长裤、半袖衫、夹克衫等。另外，女性锻炼者还需要穿运动文胸。夜跑时，锻炼者要穿一些色彩鲜艳的、容易被他人看到的运动服装，以保证自身安全。锻炼者如果膝关节有损伤，跑步前应咨询医生，并准备髌骨带等保护装备。

（2）吃跑前餐。

锻炼者跑步前 2～3 小时按照"平衡膳食餐盘"正常就餐，基本上就不需要加餐了。注意选择易消化、非精制碳水化合物的食物，如淀粉类、全谷物食物等。锻炼者如果打算跑 1.5 小时以上，跑步前又有饥饿感，可以选择容易消化的加餐。锻炼者可以吃一小碗加有果仁、谷物的酸奶，一根香蕉，一两片涂抹花生酱的吐司面包，牛奶冲泡的麦片等。注意，锻炼者不要临近跑步时才加餐或吃得太饱，以免造成消化不良、肠胃不适。锻炼者如果跑步时间达不到 1.5 小时，通常无须加餐。锻炼者如果要跑更长时间，当天早晨就要摄入一顿优质的早餐，以补足身体所需的能量。

（3）跑步前，要做准备活动。

锻炼者切忌不做准备活动就跑步，尤其不能一开始就跑得比较快。特别是冬季的早晨，锻炼者如果未进行准备活动，不可以立即跑步，否则易造成运动损伤。

锻炼者以快步走、踏步、伸展体操等方式进行准备活动，可以调动肌肉，提高肌肉的温度，调整呼吸频率。当锻炼者感觉到身体稍微出汗，即准备活动完成。锻炼者做伸展体操时，主要拉伸韧带和肌肉。伸展原则：动作缓慢、轻柔，动作幅度由小到大，头部、颈部、肩部、臂部、腰部、髋部、大腿、小腿、膝关节、踝关节都要活动到。

4. 慢跑时的注意事项

（1）合理安排运动量，选择安全场地，避免跌倒。

跑步时，锻炼者应注意适度的跑步频率和跑步时间。建议先健走，然后走跑结合，再慢跑。刚开始跑步时，建议一周跑 3 次。对于初级健身者来说，跑步的时间比距离更重要。初级健身者一般坚持跑完 3 周，新陈代谢会改善，精力会更充足。

慢跑时，锻炼者应选择平坦、松软的地面，最好选择田径场，以减轻地面对下肢的冲击；注意跑步环境的安全，应避开崎岖不平、湿滑的场地，或车流量较大的公路等。另外，慢跑时，锻炼者不要拖着脚跑步，以防被绊倒。建议锻炼者多做躯干和四肢的力量训练和拉伸练习，以降低跌倒的风险。

（2）关注关节疼痛，预防损伤。

如果发现膝关节、踝关节等有疼痛感，锻炼者应立即减少运动量。若3天后仍然有疼痛感，锻炼者应停止跑步，并尽快咨询医生，遵从医嘱。锻炼者可以选择其他低冲击力的运动形式进行锻炼，如健走、游泳等，同时加强下肢的力量训练和柔韧性练习。

▼ 5. 慢跑动作要点

掌握正确的跑步动作要点能够提高跑步效率，预防运动损伤。锻炼者如果跑步动作不正确，应加强核心力量和腿部肌肉的训练。（图7–11）

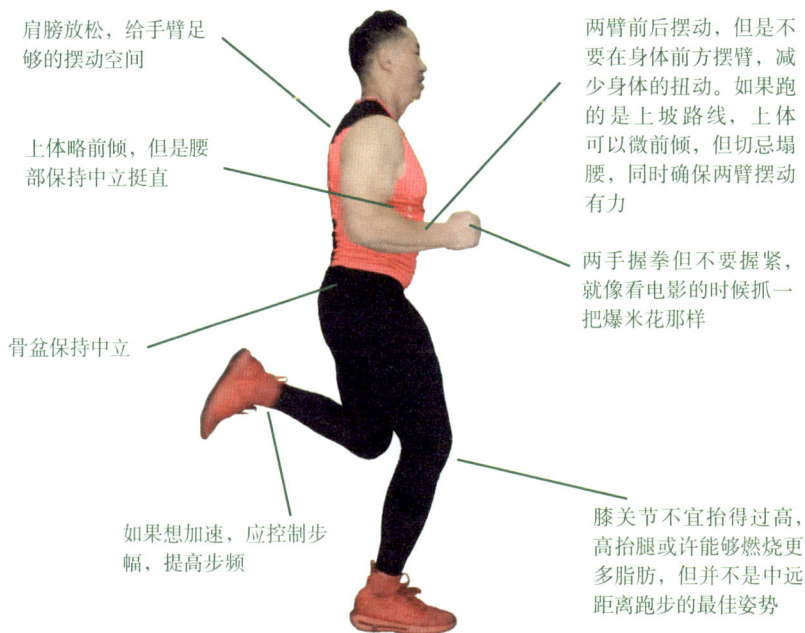

肩膀放松，给手臂足够的摆动空间

上体略前倾，但是腰部保持中立挺直

骨盆保持中立

如果想加速，应控制步幅，提高步频

两臂前后摆动，但是不要在身体前方摆臂，减少身体的扭动。如果跑的是上坡路线，上体可以微前倾，但切忌塌腰，同时确保两臂摆动有力

两手握拳但不要握紧，就像看电影的时候抓一把爆米花那样

膝关节不宜抬得过高，高抬腿或许能够燃烧更多脂肪，但并不是中远距离跑步的最佳姿势

图 7–11　慢跑动作要点

（1）抬头挺胸，目视前方。

两脚开立，与肩同宽。抬头挺胸，头部不要前伸。肩部略外展，背部肌肉收紧。目视前方，两眼视线在前方约 30 米处聚焦。锻炼者收紧腹部肌肉，保持身体平衡。臀部不要向后坐。

（2）两臂自然下垂，摆臂不过胸。

两臂自然下垂，两臂前臂抬起与地面平行，向前摆臂不能超过胸线。在摆臂的过程中，锻炼者应保持手指、手腕和手臂放松，肘关节弯曲 90° 左右，两臂靠近身体两侧。跑步时，自然摆臂十分重要。

（3）摆腿时，扩大膝关节的活动范围。

膝关节弯曲程度大，可以跑得更快、更省力。注意，膝关节不要抬得太高，步幅不要太大，脚轻触地面，否则锻炼者会感觉大腿肌肉疼痛。跑步时，锻炼者应感觉到两腿有弹力、轻松自如，大腿肌肉在控制膝关节和踝关节的屈曲，这样会减轻身体对地面的冲击力，进而降低身体受到的回弹力。跑步时，锻炼者宜将步频控制在约 1.5 次 / 秒，20 秒的步频达到 30 次。锻炼者跑步时不要左右摇摆，想象两腿间有一条直线，两脚分别落在直线的两侧。练习时，锻炼者可以在田径场画线的跑道上练习 8 组 100 米跑，时刻提醒自己两脚不要过线。脚底与地面的距离不要过高，保持在 2.5 厘米内即可。

（4）选择适合自己的落地技术。

关于落地技术，有脚跟落地、全脚掌落地和前脚掌落地（图 7-12）。每一种落地技术都有其优缺点，没有绝对意义上最好的落地技术。

脚跟落地　　全脚掌落地　　前脚掌落地

图 7-12　慢跑落地技术

脚跟落地就是锻炼者在跑步时，脚跟先落地，然后经全脚掌落地过渡至前脚掌落地，通过内旋、蹬地完成一个步态周期。脚跟落地不但可以减缓冲击力，还能借助大腿的肌肉力量，节省体能，保护踝关节等部位。在普通锻炼者中，脚跟落地还是比较常见的。

全脚掌落地是指全脚掌的外侧先落地，然后迅速过渡至全脚掌内侧落地。全脚掌落地是最不容易受伤的技术。因为全脚掌落地时，触地面积较大，所以地面对脚造成的压强较小。锻炼者如果在跑步过程中遇到了小伤痛，可以尝试采用全脚掌落地技术，并减小步幅，这样能有效地缓解疼痛。

前脚掌落地是指前脚掌先落地，随后脚跟落地。跑步时，前脚掌落地可以减缓地面对膝关节、髋关节的冲击。但是，这种落地技术对下肢的肌肉力量要求比较高。研究显示，跑步时，跟腱需要承受相当于体重 3～5 倍的力，这就需要小腿三头肌具有较好的肌肉力量。因此，采用这种落地技术的锻炼者要注意下肢肌肉的力量训练，包括运动后的按摩、拉伸。对于体重相对较大或踝关节稳定性相对较差的锻炼者来说，前脚掌落地技术容易导致足弓、足底筋膜、踝关节韧带的损伤，故建议其使用其他落地技术。

以上 3 种落地技术的关键都是落地要轻缓，落地脚不能重重地砸向地面。有些锻炼者跑步的时候落地沉重，使关节承受了很大的冲击力，长此以往很容易造成运动损伤。

锻炼者在动作正确的前提下，选择适合自己的运动技术，不仅能提高跑步的效率，用最低的能量、最快的速度完成最长的距离，并且可以降低发生运动损伤的风险。因此，锻炼者应根据自己的特点（如身体情况、步幅、步频等）选择适合自己的落地技术。

（5）呼吸方式。

正确的呼吸方式能够提高跑步效率。慢跑时，锻炼者可以用鼻呼吸（用鼻呼吸能让身体更加放松），或者是用鼻吸气，用嘴呼气，持续尽可能长的时间。

呼吸有深浅，慢跑需要深呼吸。这就要求慢跑时锻炼者不能仅用肺的上半部呼吸，要学会将空气吸入肺的下半部。因此，锻炼者要有意练习深呼吸，最好采用腹式呼吸法。腹式呼吸法的关键是让横膈膜上下移动。吸气时横膈膜下降，向下挤压腹前脏器，使胸腔扩大，肺部吸气量扩大；呼气时横膈膜会比平常上升，人体可以进行深度呼吸，吐出较多易停滞在肺底部的二氧化碳。腹式呼吸法一方面能让排气更主动，将代谢后的二氧化碳彻底地排出；另一方面可以增加吸气容量，让吸入的氧气深入肺泡，提高血氧交换的效率。

知识窗

学习腹式呼吸的诀窍

学习腹式呼吸可反复练习以下 3 个步骤。

（1）姿势正确。

身体躺平，两腿膝关节弯曲。锻炼者在腹部放一本书。两手扶书，以感受腹部在腹式呼吸过程中的起伏变化。

（2）用鼻缓慢吸气。

首先，锻炼者用嘴呼出一口气，然后用鼻慢慢地吸气，使腹部鼓起，这时体内的横膈膜会下降，慢慢地默数 5 秒，完全把气吸进来。吸足气后，屏气约 2 秒。（图 7-13）

（3）用嘴呼气，越慢越好。

锻炼者用嘴慢慢呼气，与吸气一样，越慢越好，默数 5～7 秒。腹部内收，体内的横膈膜上升，尽量把气呼净，以便下次吸入更多新的空气。（图 7-14）

图 7-13 吸气状态   图 7-14 呼气状态

6. 跑步后，要拉伸

拉伸可以缓解跑步后的肌肉疼痛，预防运动损伤。

下面介绍的 5 个拉伸动作（图 7-15）着重于拉伸跑步过程中用到的主要肌群，拉伸的强度以伸展至感到肌肉微拉紧的状态为宜，不应让自己感到过于疼痛。每个动作做 15 ～ 30 秒，重复 2 次。拉伸前，充分吸气；拉伸时，慢慢地呼气。动作缓慢，切莫急拉、弹振。

臀部拉伸　　　　　　大腿后侧拉伸　　　　　　大腿前侧拉伸

背部拉伸　　　　　　　　小腿后侧拉伸

图 7-15　拉伸动作

7. 跑步后及时补充营养

跑步后，锻炼者要补充足够的水或运动饮料，避免脱水。低强度的跑步不需要额外补充营养，也不需要补充运动饮料。

运动结束后，体内的胰岛素敏感性增强，这时以 3：1 到 6：1 的比例摄入碳水化合物和蛋白质会让身体迅速、有效地合成肌糖原，修复损伤的肌肉组织，有利于缩短恢复时间。跑步后的 45 分钟是身体恢复的黄金时期，在这段时间内，锻炼者应补充升糖指数较高的碳水化合物和适量蛋白质，以补充身体所需的能量。锻炼者可以吃面包，喝麦片粥、鲜奶、豆浆等。接下来的几个小时，锻炼者可以多次补充碳水化合物和蛋白质。吃饭时，锻炼者注意提高粗粮和富含蛋白质食物的比例。

8. 跑步后用泡沫轴放松身体

锻炼者用泡沫轴按摩身体，有助于放松僵硬的肌肉和深层的筋膜，加快血液循环，促进身体排出运动后的代谢废物。

泡沫轴使用注意事项如下。

（1）每个部位滚揉 30 ～ 45 秒，可重复 3 或 4 次。

（2）滚揉肌肉并非越痛越好，过度疼痛反而会引发肌肉反射性收缩，减弱放松效果。因此，滚揉肌肉应以肌肉有滚揉感或轻度疼痛感为度。建议两侧肢体轮番进行，而不是两侧同时滚揉。

（3）在滚揉肌肉的过程中，如果某个部位的疼痛感明显，可以在这个部位用泡沫轴持续按压。也就是说，泡沫轴并非一定要滚揉使用，也可以用泡沫轴持续按压痛点来达到放松的目的。

跑步后，将拉伸与泡沫轴放松相结合，是缓解疲劳、放松肌肉的有效方式。泡沫轴技术动作如图 7-16 所示。

滚揉背部　　　　　　　　滚揉大腿后侧

图 7-16　泡沫轴技术动作

滚揉大腿前侧 滚揉大腿内侧

滚揉小腿后侧 滚揉大腿外侧

滚揉臀部

图 7-16　泡沫轴技术动作（续）

▼ 9. 保持良好睡眠

睡前两小时内，锻炼者不要跑步，不要吃东西；睡前可以听轻音乐帮助入睡，尽量不要长时间看手机、看电视、打电子游戏等。另外，锻炼者应保持卧室安静、空气清新、遮光有效和温度适宜。

▼ 10. 加强下肢力量训练和核心力量训练

（1）下肢力量训练。

跑步相较于走路，负担身体重量的下肢肌肉和关节承受了更多的冲击力和重量。因此，保持下肢肌肉强健非常重要。下肢肌肉力量强，不仅可以使锻炼者跑得更久，还能避免一些常见的运动损伤，如疲劳性骨折、肌肉拉伤、肌腱炎等。

下肢力量训练动作如下。

① 双脚、单脚提踵：每个动作做 3 组，每组 10 次。（图 7-17）

② 高抬腿行走：抬高膝关节至大腿与地面平行，向前行走 10 米

为1组，做3组。（图7-18）

图7-17 双脚、单脚提踵　　　图7-18 高抬腿行走

③ 坐姿腿推举：需要有教练在旁边指导，做3组，每组5～8次。（图7-19）

图7-19 坐姿腿推举

④ 坐姿腿屈伸：需要有教练在旁边指导，做3组，每组5～8次。（图7-20）

图7-20 坐姿腿屈伸

⑤ 哑铃训练。（图 7-21）

哑铃登阶　　　　　　保加利亚分腿蹲

高脚杯深蹲　　　　　　哑铃弓步蹲

哑铃相扑深蹲　　　　　哑铃跨步侧蹲

图 7-21　哑铃训练

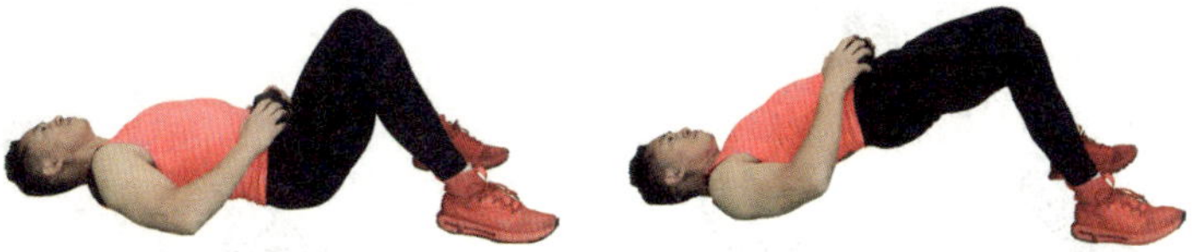

哑铃臀桥

硬拉 　　　　　　　　　　　　　单腿硬拉

图 7-21　哑铃训练（续）

（2）核心力量训练。

跑步是一项全身运动，需要上肢、躯干和下肢的协调配合。核心是由腹部、腰部、骨盆和髋部的肌肉与关节组成的身体区域。核心力量指在神经系统协调下传导整合人体核心区域关节、肌肉、韧带等组织的肌肉收缩力量，能够保证脊柱的功能稳定性和肌肉的控制能力。在跑步过程中，核心肌群起到了提高身体平衡性、协调性和敏捷性的作用。无论是腿部强有力地蹬地、摆腿，还是上肢稳定地摆臂，都需要以核心肌群作为发力的支撑点。核心力量差会导致锻炼者出现错误的跑姿，如后仰跑、髋扭动等。

核心力量训练动作如下。

① 扶椅俯卧撑：做 3 组，每组 10 ～ 20 次（图 7-22）。进阶动作为标准俯卧撑。

图 7-22　扶椅俯卧撑

② 其他核心力量训练动作。（图 7-23）

臀桥　　　　　　　　　　　　　　　臀桥交替伸腿

平板支撑　　　　　　　　　　　　平板支撑伸手抬腿

侧桥　　　　　　　　　　　　　　　侧桥抬腿

扣手燕飞　　　　　　　　　　　　俯卧两头起

图 7-23　其他核心力量训练动作

▰///（二）超慢跑

简单来说，超慢跑是指运动强度较低、速度较慢、步幅较小的慢跑。进行超慢跑，锻炼者不容易感到疲劳或肌肉酸痛，从而可以延长锻炼时间，收到消耗能量、改善心肺功能的效果。超慢跑适合跑步初级健身者、老年人和尚未养成运动习惯的人。

超慢跑的速度到底该多慢？锻炼者以"微笑速度"（锻炼者能保持微笑、感到轻松的速度）进行跑步即可，即与快速健走的速度差不多，或是比快速健走的速度稍快。如果跑步时锻炼者气喘，则说明跑得太快，锻炼者应把速度再放慢。

▱ 1. 超慢跑的优点

（1）提升整体健康。超慢跑是有氧运动，可以增强锻炼者的心肺耐力，让心脏每次跳动都能够输送更多的血液和氧气到全身，对呼吸系统、心血管系统等的健康大有裨益。超慢跑不仅能缓解压力，提高睡眠质量，还能预防疾病、改善慢性疾病症状。有研究发现，相较于剧烈运动，低强度的超慢跑更能有效地降低死亡风险。

（2）轻松燃脂减重。锻炼者进行超慢跑，虽然每分钟消耗的能量比高强度的运动少，但锻炼时间可以充分延长，也不易造成运动损伤。超慢跑能促使身体消耗脂肪，而不是消耗肝糖原，因此超慢跑是安全、轻松、有效的减脂方式。

（3）延缓衰老。肌肉萎缩是典型的衰老症状，尤其是 60 岁后，一旦肌肉减少，身体基础代谢减弱，人体的衰老就会加速。超慢跑与步行相比能够锻炼更多的肌群，更有效地延缓肌肉萎缩，适合不常运动或年龄偏大的人群。

（4）适合作为慢跑的基础训练。超慢跑要求以"微笑速度"跑步，很适合有健走基础的锻炼者作为慢跑的入门训练。锻炼者练习超慢跑一段时间后，心肺功能增强，速度自然提升，这时就可以开始尝试慢跑了。

2. 超慢跑技术要点

（1）锻炼者抬头挺胸，收紧小腹。上体挺直，肩部略外展。下颌微收，目视前方。

（2）两臂前后自然摆动，两手自然握拳或半握拳。

（3）前脚掌先着地，然后脚跟再落地。

（4）髋关节略往前挺，尽量抬高膝关节。膝关节保持微微弯曲和松弛，以增加膝关节的缓冲力。

（5）步幅要小，脚步要轻盈，这样跑起来会更轻松。

（6）步频要低，每秒约3步，每小时跑7～8千米即可，速度不要太快。

（7）呼吸自然，以自我感觉不累、不喘、不痛、不僵硬为宜。锻炼者如果在跑步时觉得肌肉或关节酸痛，喘不过气，应试着缩小步幅，不要勉强自己。

（8）超慢跑时，锻炼者要穿慢跑鞋。跑步前，锻炼者先快走5～10分钟；跑步后，锻炼者要做5分钟的拉伸。

3. 超慢跑的进度安排

锻炼者应循序渐进，逐步增加超慢跑的时间。锻炼者开始练习超慢跑时，每周练习3天左右，每天练习10～15分钟；训练1个月后，每天练习30分钟；训练2～3个月后，每天练习1小时。

第八章
增强你的肌肉力量和肌肉耐力

【钟南山谈力量训练】

　　我今年88岁，每周至少进行两次力量训练，主要做徒手力量训练（如俯卧撑、平板支撑、深蹲等）和器械力量训练（如哑铃、拉力器、弹力带、引体向上等）。即使出差，我也会在包里装着弹力带。我的家里有一个简单的健身房，里面有双杠、单杆、哑铃、杠铃、拉力器、弹力带等器材。力量训练能增强肌肉力量和肌肉耐力，提高新陈代谢，增加骨密度，预防骨质疏松，改善身体平衡性，降低跌倒的风险，维持身体功能，提高生活品质。

一、中老年人进行力量训练的必要性

　　中老年人进行力量训练的主要目的是预防肌少症，而不是练成"大块头"的肌肉人。初级健身者最好先找专业健身教练指导锻炼，以防出现运动损伤。初级健身者也可以观看专业健身教练的健身视频，在家徒手或利用弹力带、哑铃等小器械锻炼。研究发现，低强度与高强度的力量训练同样可以增强肌肉力量，只是要收到同样的训练效果，低强度力量训练的组数和次数比高强度力量训练的组数和次数多而已。大多数人每周进行两三次的力量训练，一两个月就会收到增肌或减脂的效果。

　　随着年龄的增长，普通人的骨质从35岁起每年都有所减少，在60岁以后更是急剧减少。30岁以后，普通人的肌肉量逐渐减小，肌肉力量、爆发力和肌肉耐力也随着年龄的增长而下降。骨骼和肌肉的这些改变会对中老年人的生活安全性和独立性造成困扰。有的中老年人曾经能够轻松做到爬楼梯、提重物、在超市货架上取东西等，但现在做起来逐渐困难，甚至不敢做了。其原因就是发力的相关部位的肌肉力量下降。肌肉力量下降，尤其是下肢肌肉力量下降会引起中老年人跌倒事件发生率升高，导致骨折、失能等，进而增加中老年人的残疾率和死亡率。因此，中老年人进行力量训练非常必要。中老年人即使坚持健走、慢跑、跳广场舞、骑自行车、游泳等有氧运动，也需要每周进行至少两次的力量训练。中老年人不论年龄多大、运动能力如何，都可以通过力量训练变得更强壮，更有爆发力。

二、力量训练对中老年人的益处

力量训练对中老年人有诸多益处。

（一）改善肌少症，提高身体素质

力量训练可以增加肌肉的含量，刺激肌肉神经，增强肌肉力量、肌肉耐力和爆发力，预防肌少症，使人精力充沛。通过力量训练，中老年人可以强健骨骼，预防骨质疏松，降低跌倒和骨折的风险，提高日常生活活动能力，预防失能。力量训练还能促进关节组织的血液流动，从而减少关节疼痛、发炎、僵硬等现象。

【案例】王某，女，77 岁，每天早晨或晚上都在小区健走半小时。相比于大多数同龄女性，她的身材很好。然而，她最近发现自己没有以前那么有力气了。她曾经很容易就能搬动的东西，现在却很难搬得动，甚至根本搬不起来。她的邻居告诉她这是肌少症的表现，她只做健走等有氧运动不行，还需要进行力量训练。

部分人群可能在 40 岁左右就会出现肌少症，并且在没有干预的情况下症状越来越严重。70 岁时，人体骨骼肌纤维的体积减小，数量减少，肌力明显下降。患有肌少症的中老年人，他们的肌肉变得无力，更容易跌倒，而跌倒也正是导致全球老年人死亡的主要原因之一。肌少症是中老年人人体功能衰退和行动受限的重要原因之一。肌少症还会诱发高血压、糖尿病、高脂血症等慢性疾病。

简单的肌少症自测法：两手的拇指和食指在小腿最粗的地方围成一个圈，即可测试个人患上肌少症的概率。如果两手拇指和食指所围成的圈刚好围上或围不上小腿最粗的地方，则说明身体肌肉含量正常；如果两手拇指和食指所围成的圈与小腿最粗的地方之间有空隙，则说明可能患有肌少症或患有肌少症的概率较大（图8-1）。这一测试可以方便人们提早防范肌少症。

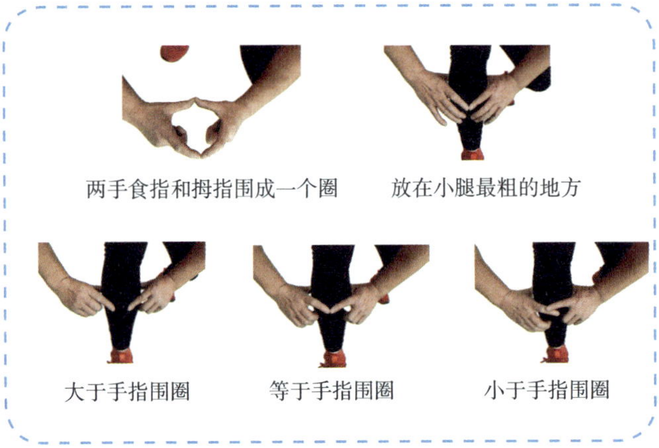

两手食指和拇指围成一个圈　放在小腿最粗的地方

大于手指围圈　　等于手指围圈　　小于手指围圈

图8-1　简单的肌少症自测法

///（二）增肌减脂，保持良好体形

力量训练能使肌肉在锻炼的过程中受到持续刺激，并在刺激后作出恢复反应，该反应能促使肌肉纤维的横截面积增大，进而增加肌肉的体积和质量。因此，中老年人适当进行力量训练能够增肌。人体的新陈代谢会随着年龄的增加而逐渐减慢。机体摄入的能量如果没有被及时消耗，会堆积在体内并转化为脂肪，人体就会发胖。中老年人进行力量训练可以消耗体内多余脂肪，促进新陈代谢，改善身体形态，保持良好的体形。

■///（三）促进心理健康

中老年人进行力量训练有助于延缓衰老，使心理状态年轻化，提高自信，调节不良情绪，缓解压力和抑郁，娱悦心情，促进心理健康。

■ 三、中老年人力量训练指南

■///（一）主要肌群的针对性训练

力量训练能锻炼身体的主要肌群，如腿部肌群、臀部肌群、胸部肌群、背部肌群、腹部肌群、肩部肌群、臂部肌群等。中老年人不能只锻炼某个部位，要注重全身肌群的发展，这样才能塑造较好的身体线条，避免身材不匀称。中老年人可以将身体肌群进行二分化（上肢、下肢）或三分化（上肢、核心部位、下肢），每次轮换不同的肌群训练，这样可以更加充分地强化身体主要肌群，增加肌肉围度。建议优先练习复合动作，补充练习孤立动作。训练顺序为先练大肌群，后练小肌群。建议多做一些多关节的复合动作，这样可以带动身体多个肌群发展，从而提升增肌效率。

■///（二）组数和次数

每个动作重复 2 或 3 组，每组尽量重复 10～15 次，组间休息 1 分钟。刚开始时，中老年人可以每个动作只做 1 组，逐渐增加到 3 组。中老年人如果每组动作无法做到 10 次，可少做几次，但是要把每组做 10～15 次作为训练目标，逐渐实现此目标。

■///（三）运动频率和运动时间

每周进行力量训练不少于 2 次，每次训练 20～30 分钟。切勿连续两天训练同一个肌群。在每次进行力量训练后，中老年人应至少休息一天，避免运动过量。练习 4 ～ 6 周后，中老年人应变换力量训练方案，改变动作、组数、次数、器材、重量等，否则身体会适应目前的运动负荷带来的刺激而无法获得增强训练效果。

///（四）运动器械

中老年人在进行负重力量训练时，应从小重量器械开始练习（如从 1 千克开始），逐步增加重量，循序渐进，量力而行，以免造成运动损伤。没有做过负重力量训练的中老年人要特别注意安全。建议初级健身者先从徒手力量训练开始。例如，中老年人在家扶着椅子，做单腿发力的提踵、坐姿抬腿等动作。之后，中老年人可以使用哑铃、弹力带、拉力器、壶铃、杠铃等健身器材进行力量训练，也可以使用家里的常用物品（如矿泉水瓶、罐头瓶、扶手椅、装满书的双肩背包等）进行力量训练。在选择适合自己的哑铃重量时，中老年人如果可以用力连续举起和放下哑铃 10 ～ 15 次，说明可以选择这个哑铃。

///（五）推荐动作

建议中老年人别急着练习复杂的动作，而是先集中精力掌握锻炼7 个主要肌群的基础动作，进行较大肌群的训练，再进行较小肌群的训练。在针对肌群进行训练时，中老年人可以从下述动作中选择一两个动作。

（1）腿部和臀部肌群：深蹲（负重或不负重）、弓步蹲（负重或不负重）、硬拉。

（2）胸部肌群：俯卧撑和仰卧推举。

（3）背部肌群：弹力带坐姿划船。

（4）腹部肌群：平板支撑、卷腹。

（5）肩部肌群：弹力带或哑铃侧平举、肩上推举。

（6）臂部肌群：弹力带或哑铃臂弯举。

///（六）注意事项

中老年人如果患有心血管疾病、关节炎、癌症、骨质疏松症等疾病或近期做过手术，在开始进行力量训练前，须先咨询医生，并按照医嘱锻炼。

在进行力量训练时，中老年人（尤其是患有心血管疾病的中老年人）不要屏气或过度用力，否则可能会导致血压快速升高。在进行力量训练时，中老年人应正常呼吸，用鼻子吸气，用嘴呼气。中老年人如果感觉这样呼吸不舒服，那么可以只用鼻子或嘴呼吸。开始训练时，中老年人可能不习惯这种呼吸方法，因此可在做之前先想一想呼吸方法，再去实践。

训练前，中老年人应做准备活动约 5 分钟，如快走、原地高抬腿踏步等，然后拉伸即将运动的肌群；训练后，中老年人应做整理活动5 ～ 10 分钟。力量训练需要有专业教练指导。在做动作时，中老年人千万不要突然发力，应平缓、慢速地做动作，有控制。在训练时，中老年人应牢记循序渐进、量力而行。训练结束后，中老年人若感到肌肉持续酸痛超过 2 小时，说明运动强度过高，需要在下次训练时降低运动强度。但在训练初期，中老年人感到肌肉酸痛或稍显疲劳是正常现象，坚持锻炼几周后，这种感觉会消失。

中老年人如果有以下情况，应马上停止运动：胸部、颈部、肩部或臂部有痛感或压迫感；感到头晕或恶心；大量出汗甚至出冷汗；肌肉痉挛；踝关节、膝关节等部位急性疼痛。

以下情况不适宜进行力量训练：饱餐后 2 小时内；出现发热和（或）肌肉疼痛；血压较高且有明显不适症状；休息时的心率过速；运动关节（如膝关节、踝关节）有红肿、发热、疼痛等症状。

在进行力量训练期间，中老年人应合理膳食，保证适当的休息，这样才能取得更好的健身效果。在日常生活中，中老年人需要补充优质蛋白质，如食用鸡蛋、鱼虾、瘦肉、牛奶等，这对于增加自身肌肉的含量很重要。我国推荐老年人在一般情况下每日蛋白质摄入量为每千克体重 1.0 ～ 1.2 克，日常进行力量训练的老年人每日蛋白质摄入量为每千克体重 1.2 ～ 1.5 克。

训练前，中老年人应适量补充水分；训练中，可以饮水，遵循少量多次的原则即可；训练后，也应少量多次地补充水分，切忌豪饮猛灌。

四、中老年人力量训练图解

力量训练分为徒手力量训练和器械力量训练。建议中老年初级健身者先掌握徒手力量训练方法，原因是徒手力量训练简单易学，造成运动损伤的风险较低，随时随地都可以进行。在进行徒手力量训练一两个月后，中老年人再进行器械力量训练。中老年人如果没有运动经验，则可以先进行快走、慢跑练习，当体力有所增强时再进行徒手力量训练。在力量训练初期，中老年人应重视掌握正确的动作和呼吸方法，这有助于预防运动损伤。在开始进行力量训练时，中老年人可以每次只练习 5 分钟、10 分钟或 15 分钟，最多不要超过 45 分钟。运动过量有害健康，每周训练的次数同样值得关注。一周坚持锻炼 4 ～ 6次（每次 15 分钟）远比一周锻炼 2 次（每次 1 小时）更容易让中老年人坚持下去。中老年人在训练 1 个月后，应变换动作。例如，哑铃侧平举改为哑铃前平举，深蹲改为弓步蹲。建议中老年人记录每次训练的动作名称、重量、组数、每组的次数等，以便看到自己的进步，帮助自己坚持锻炼。

（一）下肢力量训练

肌力下降，尤其是下肢肌力下降会引起中老年人跌倒事件发生率升高，增加中老年人骨折、失能等的风险，进而增加中老年人的残疾率和死亡率。下肢力量训练可以有效地提高中老年人的肌力，改善体态，预防骨折、失能等。

1. 起立坐下

【动作要领】锻炼者坐在椅子上，两手交叉抱胸，两脚间距约与肩同宽；两臂前伸，约与地面平行；练习者缓慢地站起，然后缓慢地坐下。(图 8-2)

【难度】初级。

【组数和次数】练习 3 组，每组 10 ～ 15 次。

图 8-2　起立坐下

2. 深蹲

深蹲可以锻炼大腿前侧肌肉、大腿后侧肌肉、臀部肌肉等，预防膝关节和腰部的损伤。

（1）椅子深蹲。

【动作要领】两脚开立，间距约与肩同宽，两臂前伸，约与地面平行，两腿后侧轻触椅子前端，然后身体重心后移，臀部后坐至虚坐在椅子上，上体前倾（图 8-3）。开始时，锻炼者如果不能坐在椅子上，可以在椅子上加一个垫子。

【难度】初级。

【组数和次数】练习 2 或 3 组，每组 10 ～ 15 次。

图 8-3 椅子深蹲

（2）靠墙深蹲。

【动作要领】锻炼者靠墙站立，两脚开立，间距约与肩同宽，脚尖外展 15°～30°，头部、背部和臀部紧靠墙；身体缓慢地下蹲至膝关节屈曲成 90° 角，收腹挺胸，身体重心放在两脚脚跟之间（图 8-4）。保持 5 秒，再缓慢站起。

【难度】初级。

【组数和次数】练习 2 或 3 组，每组 10～15 次。

【教练提示】开始时，锻炼者可以先做靠墙浅蹲，膝关节屈曲成 120°～170° 角（图 8-5），然后过渡到靠墙半蹲，膝关节屈曲成 110°～120° 角（图 8-6）。这两个动作比靠墙深蹲更容易做。

图 8-4　靠墙深蹲　　　图 8-5　靠墙浅蹲　　　图 8-6　靠墙半蹲

（3）基础深蹲。

【动作要领】锻炼者站立，两脚开立，间距约与肩同宽，脚尖略外展；挺胸收腹，腰背平直；臀部向后、向下至大腿约与地面平行，膝关节不要超过脚尖；两手置于胸前。（图 8-7）

【难度】中级。

【组数和次数】练习 2 或 3 组，每组 10 ～ 15 次。

（4）哑铃高脚杯杯深蹲。

【动作要领】两手持哑铃一端，置于胸前，挺胸收腹；两脚开立，间距约与肩同宽；臀部向后、向下至大腿约与地面平行。（图 8-8）

【难度】高级。

【组数和次数】练习 2 或 3 组，每组 10 ～ 15 次。

图 8-7 基础深蹲　　　图 8-8 哑铃高脚杯深蹲

3. 坐姿抬腿

【动作要领】锻炼者坐在椅子上，背部挺直，两脚自然踩地，两腿并拢，大腿下面放一条卷起的毛巾；两手抓住椅子两侧扶手，目视前方；一脚缓慢抬高至小腿与地面平行，大腿前侧肌肉保持紧绷，脚尖勾起（图 8-9），保持 15 ～ 20 秒，然后放下腿。换另一条腿重复以上动作。注意：锻炼者不要勉强将膝关节伸直，以免造成损伤。

【难度】初级。

【组数和次数】练习 3 组，每组 10 ～ 15 次。

【教练提示】随着训练水平的提高，锻炼者可以在腿上增加

0.5～1千克的沙袋进行坐姿负重抬腿（图 8-10）练习。练习方法同不负重的坐姿抬腿的练习方法。

图 8-9　坐姿抬腿　　　　图 8-10　坐姿负重抬腿

▼ 4. 站姿腿弯举

【动作要领】两手扶住椅背，两脚左右开立，间距约与肩同宽；右腿小腿缓慢地向后抬起，直至小腿约与地面平行（图 8-11），保持 1 秒，右腿小腿放下。换左腿重复以上动作。

图 8-11　站姿腿弯举

【难度】初级。

【组数和次数】练习 3 组，每组 10～15 次。

【教练提示】随着训练水平的提高，锻炼者可以在腿上增加沙袋，也可以在健身房使用器械练习站姿腿弯举。（图 8-12）

图 8-12 器械站姿腿弯举

5. 扶椅后伸腿

【动作要领】两手扶椅背，两脚左右开立，间距约与肩同宽，挺胸收腹，腰背挺直；右腿缓慢地向后抬起，直到不能再抬为止，身体直立（图 8-13），保持 2 秒，然后恢复到起始姿势，放腿的速度要缓慢。换左腿，重复以上动作。

【难度】初级。

【组数和次数】练习 3 组，每组 10 ～ 15 次。

【教练提示】随着训练水平的提高，锻炼者可以在腿上增加沙袋。

图 8-13 扶椅后伸腿

▼ 6. 扶椅髋外展

【动作要领】左手扶椅背，两脚左右开立，间距略窄于肩，挺胸收腹，腰背挺直；右腿缓慢地向侧方抬起，尽可能地向外侧伸展（图8-14），保持2秒，右腿放下时速度要缓慢。换左腿，重复以上动作。

【难度】初级。

【组数和次数】练习3组，每组10～15次。

【教练提示】随着训练水平的提高，锻炼者可以在腿上增加沙袋。

图 8-14　扶椅髋外展

▼ 7. 扶椅提踵

【动作要领】两手扶椅背，两脚左右开立，间距约与肩同宽，挺胸收腹，腰背挺直；两脚脚跟缓慢地抬起至距地面3～5厘米（图8-15），保持2秒，两脚落下。

【难度】初级。

【组数和次数】练习3组，每组10～15次。

图 8-15　扶椅提踵

8. 扶椅单脚站立

【动作要领】左手扶椅背，两脚开立，间距略窄于肩，挺胸收腹，腰背挺直；右腿屈膝抬起至大腿约与地面平行，左腿独立支撑，上体保持直立，腹部收紧（图 8-16）。在单腿站立的过程中，自然呼吸，保持 20 ～ 30 秒，然后恢复到起始姿势。换右腿，重复以上动作。

【难度】初级。

【组数和次数】练习 3 组，每组 10 ～ 15 次。

图 8-16　扶椅单脚站立

9. 弓步蹲

弓步蹲是一种较好的功能性训练动作。弓步蹲可以搭配负重做多样的变化。弓步蹲看似简单，容易上手，其实要做到正确和标准，需要核心肌群与髋关节、大腿、膝关节、小腿和踝关节的协调和稳定。中老年人可以对着镜子做，以掌握正确的技术动作。

弓步蹲的好处：① 缓解下背部疼痛；② 发展腿部力量；③ 伸展髋关节和膝关节；④ 稳定核心，改善体态；⑤ 减少腿部多余脂肪，塑造腿部线条。

【提示】上体不要前倾、后仰；膝关节不要超过脚尖；两脚间距不要太窄。

（1）扶椅弓步蹲。

中老年人可以扶椅子进行该动作的练习，并根据自身腿部力量的强弱选择练习的组数和次数。

【动作要领】左手扶椅背，右手叉腰；两脚开立，间距约与肩同宽，右脚向前迈一大步，两腿屈膝下蹲，使右腿形成 3 个 90°角（踝关节、膝关节、髋关节），左腿大腿近乎垂直于地面，膝关节略微抬离地面；两脚脚尖朝前，上体正直，腹部绷紧，躯干垂直于地面（图8-17），保持 2～3 秒后，还原。换左腿，重复以上动作。

【难度】初级。

【组数和次数】练习 3 组，每组 8～10 次。

图 8-17　扶椅弓步蹲

（2）变形弓步蹲。

① 负重标准弓步蹲。（图 8-18）

【难度】中级。

【组数和次数】练习 3 组，每组 8 ～ 10 次。

② 健身棍弓步蹲。（图 8-19）

【难度】中级。

【组数和次数】练习 2 组，每组 8 ～ 10 次。

③ 哑铃弓步蹲。（图 8-20）

【难度】高级。

【组数和次数】练习 2 组，每组 8 ～ 10 次。

图 8-18 负重标准弓步蹲 图 8-19 健身棍弓步蹲 图 8-20 哑铃弓步蹲

10. 硬拉

硬拉可以有效锻炼臀部，刺激大腿后侧及背部肌群，让身姿更挺拔。

【提示】椎间盘突出症患者慎做此动作。

（1）弹力带硬拉。

【动作要领】两脚开立，间距约与肩同宽，将弹力带踩在脚下；俯身屈膝，两手自然下垂，握住弹力带；两手向上提拉弹力带至身体直立（图 8-21）。注意：整个过程中，锻炼者要挺胸展肩。

【难度】中级。

【组数和次数】练习 2 组，每组 8 ～ 10 次。

图 8-21　弹力带硬拉

（2）哑铃硬拉。（图 8-22）

【动作要领】与弹力带硬拉的动作要领相同。

【难度】高级。

【组数和次数】练习 2 组，每组 8 ～ 10 次。

图 8-22　哑铃硬拉

11. 臀桥

【动作要领】锻炼者仰卧，两手掌心向下平放于身体两侧；两腿分开至间距略宽于肩，两脚脚掌平踏于地面，膝关节屈曲成 90°角，髋部抬起，使身体从肩部到膝关节成一条直线（图 8-23）；在高位保持 5 秒，然后还原到起始位置。

【难度】初级。

【组数和次数】练习 3 组，每组 8 ～ 10 次。

图 8-23　臀桥

（二）上肢力量训练

上肢肌群主要包括胸部肌群、肩部肌群、上臂部肌群。上肢肌肉力量和肌肉耐力是评价整体体质的重要指标。上肢力量训练一般被融入核心力量训练和下肢力量训练计划之中。日常生活和体育运动都需要较强的上肢肌肉力量和肌肉耐力来保持身体平衡。

1. 俯卧撑

俯卧撑能锻炼肩部、臀部、胸部等部位的肌肉，是简单易行又十分有效的上肢力量训练方法。俯卧撑还可以改善久坐导致的含胸驼背，有助于塑造挺拔的身姿，提升气质。锻炼者应根据自身的能力，选择适合自己的训练动作，同时也可以采用多样化的训练动作来丰富训练内容。开始健身时，完成次数的多少并不重要，完成动作的质量更为重要。锻炼者过于追求次数往往会导致练习中出现大量代偿性动作，从而达不到训练上肢力量的目的。

（1）扶墙俯卧撑。

【动作要领】两手手掌平贴在墙上，间距约与肩同宽或略宽于肩，手臂不要高于肩部，膝关节略屈，两脚站稳；身体前倾，腰背挺直（图 8-24）；胸部发力将身体撑起，保持顶峰收缩 1 秒。重复以上动作。注意：屈臂时，吸气；伸臂时，呼气。

【难度】初级。

【组数和次数】练习 3 组，每组 8 ～ 10 次。

图 8-24　扶墙俯卧撑

（2）扶椅俯卧撑。（图 8-25）

【动作要领】参照扶墙俯卧撑的动作要领。

【难度】中级。

【组数和次数】练习 2 组，每组 8 ～ 10 次。

【教练提示】两手置于椅子、箱子、台阶等上面。物体的高度越高，身体与地面的夹角越大，则动作越容易完成。随着上肢力量的增加，锻炼者可以选择较低的物体支撑身体。练习的重点是保持从头到脚成一条直线，不要塌腰。

图 8-25　扶椅俯卧撑

（3）跪姿俯卧撑。

【动作要领】两手撑地，间距大于肩宽；两腿以膝关节为支点跪在地上，两腿小腿抬起并交叉；两臂屈肘，下放身体，腰背紧绷，臀部、腰部、背部约成一条直线（图 8-26）；胸部发力撑起身体，直至两臂伸直，保持顶峰收缩 1 秒，腹部、背部、臀部等部位的肌肉保持紧绷状态。重复以上动作。注意：屈臂时，吸气；伸臂时，呼气。

【难度】中级。

【组数和次数】练习 3 组，每组 8 ～ 10 次。

图 8-26　跪姿俯卧撑

（4）常规俯卧撑。

【动作要领】两手撑地，间距大于肩宽，两脚前脚掌着地，支撑身体，全身尽可能地保持平直；两臂屈肘，下放身体，身体保持平直（图 8-27）；然后胸部发力撑起身体，保持顶峰收缩 1 秒。重复以上动作。注意：屈臂时，吸气；伸臂时，呼气。

【难度】高级。

【组数和次数】练习 2 组，每组 8 ～ 10 次。

【教练提示】锻炼者做常规俯卧撑时，腰背应保持挺直，肩胛骨收紧，不要塌腰和低头。塌腰不仅无法取得训练效果，反而会使腰椎压力增加，导致腰痛。

图 8-27　常规俯卧撑

2. 肩上推举

【动作要领】锻炼者坐在椅子上，两手持哑铃置于肩上方，掌心向前；两脚开立，间距与肩同宽；两臂缓慢举起，直至两臂伸直（图 8-28）；保持 1 秒，两臂缓慢放下。重复以上动作。注意：手臂举起时，呼气；手臂放下时，吸气。

图 8-28　坐姿肩上推举

【难度】中级。

【组数和次数】练习 2 组，每组 8 ～ 10 次。

【教练提示】锻炼者可以进行单臂轮换练习，也可以做站姿肩上推举（图 8-29）。随着上肢力量的增强，锻炼者可以逐渐增加哑铃的重量。

图 8-29　站姿肩上推举

3. 臂弯举

臂弯举重点锻炼上臂的肌肉，能使肱二头肌更加强健，有利于锻炼者提起重物。

（1）坐姿弹力带臂弯举。

【动作要领】锻炼者坐在椅子上，两脚开立，间距约与肩同宽；两手各持一根弹力带，两脚分别踩住弹力带，确保两根弹力带从脚到手的长度一致；两手握住弹力带，同时两臂上臂贴在身体的两侧；两臂缓慢且有控制地向肩部弯举，同时肱二头肌紧缩，保持1秒；有控制地放下弹力带，直到回到起始位置（图8-30）。注意：臂弯举时，呼气；臂下放时，吸气。

【难度】初级。

【组数和次数】练习3组，每组8～10次。

图8-30　坐姿弹力带臂弯举

（2）站姿哑铃臂弯举。

【动作要领】两脚开立，间距约与肩同宽；两手持哑铃置于体侧，掌心向前；右臂、左臂依次弯举将哑铃举至肩前，两臂上臂保持稳定，保持1秒（图8-31），两臂有控制地依次还原到起始位置。

【难度】初级。

【组数和次数】练习3组，每组8～10次。

【教练提示】在刚开始练习时，锻炼者可以坐着练习此动作。手臂放下时，速度要慢。锻炼者也可以同时弯举两臂。随着上肢力量的增强，锻炼者可以逐渐增加哑铃的重量。

图 8-31　站姿哑铃臂弯举

▽ 4. 侧平举

侧平举主要锻炼肩部肌肉，有利于增加两肩的宽度，对改善溜肩、窄肩有较好的效果，还有助于锻炼者提起重物。

（1）徒手侧平举。

【动作要领】两脚左右开立，间距与肩同宽，身体保持挺直；两手握拳，两臂侧平举（图 8-32），保持 1 秒，缓慢还原。

【难度】初级。

【组数和次数】练习 3 组，每组 8 ～ 10 次。

(a)正面　　　　　　　　　　　(b)背面

图 8-32　徒手侧平举

（2）弹力带侧平举。

【动作要领】两脚左右开立，间距与肩同宽；两手握住弹力带置于体侧，两臂侧平举（图8–33），保持1秒，缓慢还原。

【难度】中级。

【组数和次数】练习3组，每组8～10次。

【教练提示】锻炼者也可以坐在椅子上做弹力带侧平举练习。随着肩部力量的增强，锻炼者可以逐渐使用阻力更大的弹力带。

图8–33　弹力带侧平举

（3）哑铃侧平举。

【动作要领】锻炼者坐在椅子上，两脚开立，间距约与肩同宽；两手持哑铃置于体侧，两臂侧平（图8–34），保持1秒，缓慢还原。

【难度】高级。

【组数和次数】练习2组，每组8～10次。

【教练提示】锻炼者举起或放下哑铃时，上体不要前后摆动，以免产生借力而无法很好地锻炼肩部肌肉；不要用甩的方式举起哑铃；身体不要前倾，应将哑铃保持在体侧。随着肩部力量的增强，锻炼者可以逐渐增加哑铃的重量。锻炼者也可以做哑铃前平举，其动作要领与哑铃侧平举类似，只不过是两手持铃，两臂向前平举。

图 8-34　哑铃侧平举

5. 坐姿划船

坐姿划船是较好的背部肌群训练动作之一。坐姿划船能够锻炼到上背部、肩部和颈部肌肉。

（1）弹力带坐姿划船。

【动作要领】锻炼者坐在地板上，上体挺直，两腿向前伸直，膝关节微屈，将弹力带置于两脚的足弓下；两手掌心相对握住弹力带，将弹力带向后直拉，就像在划船一样；肩胛骨内收，保持1秒，然后恢复到起始姿势（图 8-35）。注意：后拉时，吸气；复原时，呼气。

【难度】初级。

【组数和次数】练习3组，每组8～10次。

【教练提示】锻炼者也可以坐在椅子上或健身球上练习。如果锻炼者使用健身球进行练习，应让他人站在旁边保护，以防身体失去平衡。

图 8-35　弹力带坐姿划船

（2）划船机坐姿划船。

【动作要领】锻炼者坐在划船机上，两腿前伸，屈膝，两脚脚掌抵住划船机的踏板，两臂自然伸直，肩关节放松；两腿蹬直；两臂屈肘，向胸腹部拉引，肩胛骨向脊柱靠拢，背部肌肉收紧（图 8-36），保持 1 秒，沿原路线还原。注意：拉引时，吸气；还原时，呼气。

【难度】高级。

【组数和次数】练习 2 组，每组 8 ～ 10 次。

图 8-36　划船机坐姿划船

6. 卧推

卧推是锻炼胸部肌肉的经典动作之一。卧推既能锻炼胸大肌，还能锻炼手臂和背部的肌肉，使上体肌肉更加紧实。

（1）坐姿弹力带推胸。

【动作要领】锻炼者坐在椅子上，把弹力带绕过后背；然后两臂屈肘，两手各握紧弹力带的一端，向前推胸（图 8-37），保持 1 秒，然后还原到起始姿势。注意：前推时，呼气；还原时，吸气。

【难度】初级。

【组数和次数】练习 3 组，每组 8 ～ 10 次。

图 8-37　坐姿弹力带推胸

（2）平板哑铃卧推。

【动作要领】锻炼者仰卧在平凳上，两脚平踏地面；两臂屈肘，两手握哑铃置于肩部侧上方，拳眼相对，掌心朝腿部方向；两臂向上推起哑铃，两肘内收，夹肘的同时夹胸；两手向上推举哑铃的同时，略向前偏，使哑铃重心接近肩关节的支撑点（图 8-38）；到达顶峰时，保持 2 秒；两臂缓慢屈肘，哑铃垂直落下，下降至最低处时，即做上推动作。注意：上推时，用口呼气；还原时，用鼻吸气。

【难度】高级。

【组数和次数】练习 2 组，每组 8 ～ 10 次。

【教练提示】锻炼者在练习此动作时，一定要有健身教练在旁指导。锻炼者应先使用重量较小的哑铃开始练习。随着锻炼水平的提高，锻炼者可以做上斜哑铃卧推、下斜哑铃卧推和杠铃卧推。

图 8-38　平板哑铃卧推

7. 扶椅撑体

【动作要领】锻炼者坐在扶手椅的前部，两脚分开，平踏地面，间距约与肩同宽；两手握住扶手，挺胸收腹，两臂用力撑起身体（图8-39），保持1秒，还原。注意：撑起时，呼气；还原时，吸气。

【难度】初级。

【组数和次数】练习3组，每组8～10次。

图8-39　椅子撑体

8. 肘部伸展

肘部伸展重点锻炼上臂后侧肌肉。

【动作要领】锻炼者仰卧在平凳上，两手握哑铃；两臂屈至上臂与前臂约成90°角，慢慢伸直肘部，向上推举哑铃（图8-40），保持1秒，缓慢地屈肘将哑铃放低至起始位置。

【难度】初级。

【组数和次数】练习3组，每组8～10次。

【教练提示】锻炼者全程都需要平稳、缓慢地屈伸手臂，不要急拉、猛推。锻炼者如果在练习中难以稳定手臂，则可以请同伴辅助。在练习过程中，锻炼者要保持头部、脊柱和下半身稳定且放松。锻炼者也可以进行站姿肘部伸展练习。

图 8-40　肘部伸展

////（三）核心力量训练

核心肌群指的是位于腹部的肌群，核心肌群是人体肌肉发力的枢纽，是影响机体运动能力的关键。核心力量是一切运动的基础，良好的核心力量有助于人们轻松地完成日常活动，如从架子上拿一个玻璃杯、弯腰系鞋带等。

对于中老年人而言，核心力量训练在改善不良体态、提高生活品质等方面有促进作用。核心力量训练不仅能锻炼腹部肌肉，还能锻炼腰部肌肉，降低腰部受伤的风险，从而预防腰痛。在进行核心力量训练时，中老年人应保持深呼吸，集中注意力，收紧腹部肌肉。中老年人如果患有骨质疏松等疾病或有腰痛等症状，在进行核心力量训练前应先咨询医生，并遵医嘱训练。

1. 坐姿提膝

【动作要领】锻炼者坐在扶手椅前部，两手扶住扶手，挺胸收腹；左腿提膝至脚底离地约 20 厘米（图 8-41），保持 1 秒，还原。换右腿，重复以上动作。

【难度】初级。

【组数和次数】练习 3 组，每组 8 ～ 10 次。

【教练提示】随着核心力量的增强，锻炼者可以进行站姿提膝练习。

图 8-41　坐姿提膝

2. 交叉手碰膝

【动作要领】两脚开立，间距略比肩宽，两臂侧平举，两手掌心朝下；肩胛骨后收，挺胸收腹，膝关节微屈；两臂伸直，上体前屈，用核心肌群带动上体向右旋转，左手尽力碰触右膝（图 8-42）。还原，换对侧练习，重复以上动作。

图 8-42　交叉手碰膝

【难度】初级。

【组数和次数】练习 3 组，每组 8～10 次。

【教练提示】随着核心力量的增强，锻炼者可以进行交叉手碰脚练习。（图 8-43）

图 8-43　交叉手碰脚

▎3. 平板支撑

平板支撑是增强核心力量效果较好的训练方法之一。

（1）跪姿平板支撑。

【动作要领】锻炼者俯卧，用两臂前臂和两膝支撑，抬起身体，两腿小腿抬起，头颈与背部齐平，两肩位于两肘的正上方，腹部肌肉收紧（图 8-44）；锻炼者保持这一姿势，深呼吸 3 次，然后放松。

【难度】初级。

【组数和次数】练习 3 组，每组 8 ～ 10 次。

图 8-44　跪姿平板支撑

（2）扶椅平板支撑。

【动作要领】两手扶椅，两脚向后移动，直到头部、肩部、髋部和腿部成一条直线；两臂伸直，两手保持在头部的正下方（图 8-45），保持这一姿势 3 秒，然后放松。

【难度】初级。

【组数和次数】练习 3 组，每组 8 ～ 10 次。

【教练提示】随着核心力量的增强，保持姿势的时间逐渐延长至 1 分钟。

图 8-45　扶椅平板支撑

（3）标准平板支撑。

【动作要领】锻炼者俯卧，两臂屈肘，上臂与前臂约成 90° 角，两臂前臂与两脚前脚掌支撑在地面上；躯干伸直，头部、肩部、髋部和腿部保持在同一条直线上，腹部肌肉收紧，脊椎延长，目视地面（图 8-46），保持这一姿势 3 秒，然后放松。

【难度】中级。

【组数和次数】练习 2 组，每组 8 ～ 10 次。

【教练提示】随着核心力量的增强，保持姿势的时间逐渐延长至 1 分钟。

图 8-46　标准平板支撑

（4）侧平板支撑。

【动作要领】锻炼者侧躺，右臂屈肘，右臂前臂着地撑起身体；右肩置于右肘正上方，左臂放在身体左侧，两腿伸直并拢，保持两肩、两髋和两膝在同一平面内，腹部肌肉收紧，保持 3 秒（图 8-47），然后放松。换左侧，重复以上动作。

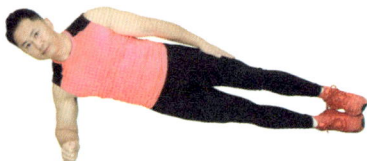

图 8-47　侧平板支撑

【难度】高级。

【组数和次数】练习 2 组，每组 8 ～ 10 次。

【教练提示】为了增加挑战性，锻炼者可伸直右臂，右手撑地，抬高身体，左手向上伸展，保持 3 秒（图 8-48），然后放松。换左侧，重复以上动作。

图 8-48　侧平板支撑伸手

4. 风车

风车主要锻炼腹部和下背部肌肉，可以预防背部损伤。

【动作要领】锻炼者两脚左右开立，间距略比肩宽，两脚脚尖略外展；右臂上举，左臂自然下垂于体侧；目视右手，背部挺直，身体左侧屈髋屈膝，直到左手碰触到左腿的膝关节（图 8-49）。换右侧，重复以上动作。

图 8-49　风车一

【难度】初级。

【组数和次数】练习 3 组，每组 8 ～ 10 次。

【教练提示】随着训练水平的提高，锻炼者可以逐渐使左（右）手碰触左（右）脚。（图 8-50）

图 8-50　风车二

5. 站姿肘碰膝

站姿肘碰膝不仅可以增强核心力量，还可以提高转体能力，增强对脊椎的保护，提高身体的稳定性、平衡性和协调性。

【动作要领】两脚开立，间距约与肩同宽；两手置于头部的后方，两肘朝向两侧；挺胸收腹，肩胛骨后收；身体重心移至左脚，右腿屈膝抬高向腹部靠近，上体右转，左肘触碰右膝，左膝微屈（图

8–51）。换左侧，重复以上动作。

【难度】中级。

【组数和次数】练习 2 组，每组 8 ～ 10 次。

图 8–51 站姿肘碰膝

6. 卷腹

与仰卧起坐相比，卷腹锻炼腹部肌肉的效果更好，对腰椎的损伤更小。做卷腹动作时，髋部是固定的，只是上背部离地，主要依靠腹部肌肉收缩发力。因此，卷腹能够有效地锻炼腹部肌肉。

【动作要领】锻炼者仰卧，两腿屈膝，两脚平踏地面，收紧腹部肌肉；两手轻贴于耳侧；利用腹部肌肉的力量，微卷上体，上体与地面的夹角不超过 45°（图 8–52），保持 2 秒后，缓慢躺下。注意：起身时，呼气；躺下时，吸气。

【难度】初级。

【组数和次数】练习 3 组，每组 8 ～ 10 次。

图 8–52 卷腹

7. 自行车卷腹

自行车卷腹可以同时训练腹直肌和腹斜肌，有助于提高身体的协调性。

【动作要领】锻炼者仰卧，两腿屈膝抬起，大腿约垂直于地面，大腿与小腿的夹角约成 90°，收紧腹部肌肉，下背部不要离地；两手轻贴于耳侧；利用腹部肌肉的力量，微卷上体，右腿屈膝拉向左侧肩部；同时收缩腹部肌肉，用左肘去触碰右膝，左腿蹬直，两腿始终保持抬离地面状态（图 8–53）。换左侧，重复以上动作。

【难度】高级。

【组数和次数】练习 2 组，每组 8 ～ 10 次。

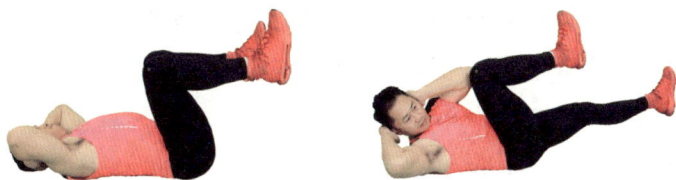

图 8–53　自行车卷腹

8. 哑铃屈膝斜上举

【动作要领】两脚开立，间距略宽于肩；左腿向后移动形成前后跨步站姿，左脚脚跟抬起，左脚前脚掌着地；两手握住哑铃的两端，两臂自然垂于体前；两臂保持伸直状态，两手将哑铃高举过头，肘关节不要锁死；目视前方，上体保持挺直，核心肌群收紧。（图 8–54）

【难度】高级。

【组数和次数】练习 2 组，每组 8 ～ 10 次。

图 8-54　哑铃屈膝斜上举

9. 站姿斜向转体

站姿斜向转体可以提高躯干的肌肉力量、肌肉耐力和活动度，有助于提高身体的稳定性。站姿斜向转体能强化腹部和下背部的肌肉，减轻脊椎的压力。

【动作要领】两脚开立，间距略宽于肩；两手分别握住哑铃的两端，上体前倾，两臂垂放于体前，两膝微屈；髋部左转，核心肌群发力，使两臂平稳地向左摆动（摆动的角度约为 90°）（图 8-55），然后恢复到起始姿势。换右侧，重复以上动作。

【难度】高级。

【组数和次数】练习 2 组，每组 8 ～ 10 次。

【教练提示】两臂摆动时，肘关节微屈，两膝保持正对前方。锻炼者若想减轻脊椎的压力，可以不用哑铃，改为两手微微握拳。（图 8-56）

图 8-55　站姿斜向转体一　　　　图 8-56　站姿斜向转体二

知识窗

中老年人力量训练常见误区

误区一：在进行力量训练时，中老年人的健身效果比青年人的健身效果差。

有人认为中老年人进行力量训练的效果很差，甚至没有效果，其实这是错误的观点。科学研究显示，即使是长期卧床的中老年人，通过短期力量训练后，其肌肉质量也获得了一定程度的爆发性增长。力量训练有助于提升中老年人的肌肉力量和肌肉耐力。青年人和中老年人的对比训练表明，青年人和中老年人在进行力量训练后肌肉力量的提升并没有显著的差异，差别只在肌肉力量的增长极限上。

误区二：运动的好处只体现在生理方面。

在运动时，锻炼者会重视其他与运动相关的事情，养成健康的生活方式。例如，力量训练爱好者一般平时很注意合理膳食，而且睡眠也比较规律，注重保持愉快的心情。这是因为如果锻炼者吃得不好，睡得不好，心情也不好，那么训练的辛苦就白费了。由此可见，运动的好处体现在生理、心理、生活方式等多个方面。

误区三：运动越多，身体越健康。

中老年人的自由时间通常比较充裕，可用于运动的时间较多。在运动时，中老年人要注意运动量，不能运动过量，不能每天都运动几个小时，须知过犹不及，运动过量会使身体得不到充分的休息和恢复，进而导致运动损伤。中老年人在运动时应把握适度原则，要让身体有恢复的时间。

第九章
提高你的平衡性

【钟南山谈健身】

老年人要加强平衡性训练和力量训练，预防跌倒、失能。

与血压、血脂、血糖等生化指标一样，身体的平衡性也是衡量人体健康水平的一项重要指标，但并没有像生化指标一样受到普遍重视。本章主要介绍平衡性的重要性及提高平衡性的训练方法。

一、平衡性概述

（一）平衡性的概念及分类

平衡性是指身体对来自前庭器官、肌肉、肌腱、关节内的本体感受器及视觉等各方面刺激的协调能力。它可以反映一个人的身体素质水平。通俗来说，平衡性就是人体在静态或动态中维持身体平衡的能力，特别是在较小的支撑面上控制身体重心稳定的能力，如单腿站立。

平衡性分为两类：① 静态平衡性，即在无外力作用下，人体保持某一静态姿势，通过视觉、前庭觉及本体感觉控制和调整身体重心的能力；② 动态平衡性，即人体在运动或受到外力作用时能自动调整、保持动态姿势稳定状态的能力。

（二）平衡性的重要性

良好的平衡性是人体运动的基础，也是人们完成各项日常动作的保证。人体的各项运动几乎都需要保持身体的平衡状态，尤其是涉及多肌群的运动，更需要人体有较好的平衡性。对于老年人来说，平衡性直接影响其步行能力、心肺功能。平衡性差会给老年人带来一系列不良影响，主要表现在以下几个方面。

▼ 1. 容易跌倒

平衡性差会导致老年人行走、站立不稳定，增加跌倒的风险。跌倒可能会造成骨折、擦伤等伤害。跌倒对老年人造成的伤害比对年轻人造成的伤害更为严重。

根据中国疾病预防控制中心慢性非传染性疾病预防控制中心编著的《全国伤害监测数据集（2017）》，老年人跌倒发生率为 20.7%。跌倒可能造成老年人身体损伤，进而导致其活动受限、身体功能受限，甚至死亡等后果，严重影响老年人的健康水平。

▼ 2. 降低运动能力

平衡性差容易导致意外发生，因此老年人会主动减少运动。然而，老年人长期缺乏运动会导致肌肉力量减弱和身体柔韧性下降，使平衡性差问题加剧。

▼ 3. 影响日常生活质量

平衡性差会限制老年人的日常活动，如上下楼梯、出行等，从而影响老年人的生活质量。

▼ 4. 影响心理健康

平衡性差的老年人会对站立、行走等日常活动产生担忧。这些担忧会使老年人增加心理压力、减少活动，进而减少社会交往，不利于老年人的心理健康。

▼ 5. 增加其他健康问题的风险

平衡性差可能导致老年人行走姿势不正确，进而增加脊柱、关节和肌肉的压力，增加损伤脊柱、患关节疾病和损伤肌肉的风险。平衡性差还可能导致老年人眩晕、耳鸣、头痛等。

因此，老年人应在日常加强平衡性训练，以保障日常生活质量，提高运动能力，促进心理健康和生理健康。

二、老年人平衡性测试方法

老年人平衡性测试方法与第四章介绍的平衡性测试方法相同，只是老年人需每条腿测试 3 次，取平均成绩。测试成绩以秒为单位，保留一位小数（表 9–1）。

单腿站立的时间越长，说明平衡性越好；反之，则说明平衡性差。若无法达到单腿站立的合格标准，老年人应咨询医生，请医生判断是否需要药物或康复治疗，并请医生预测有无跌倒风险。老年人如果发现自己有中枢神经系统的问题（如眩晕等），则必须先进行治疗，待病情得到控制后再进行平衡性训练，否则容易发生意外。

表 9–1　老年人平衡性测试的合格标准

年龄 / 岁	60 ~ 69	70 ~ 79	80 ~ 99
合格标准 / 秒	26.9	15	6.2

三、平衡性训练的注意事项

老年人进行平衡性训练时需要注意以下事项。

（1）训练时，老年人要选择合适的运动鞋，并准备一把结实的椅子；确保活动区域的地面清洁、平整，尽可能在有人看护的前提下进行训练。需注意的是，无论选择哪种训练方式，老年人都应时刻谨记：所有训练都应在身体情况允许的条件下进行，选择合适的训练方法，循序渐进。

（2）老年人应先进行静态平衡性训练，再动态平衡性训练。

（3）老年人应先在较大的支撑面进行训练，再改为在较小的支撑面进行训练。例如，老年人可以先进行坐姿平衡性训练，再进行站姿平衡性训练。进行站姿平衡性训练时，老年人可以先从双脚站立开始，再改为单脚站立。

(4) 老年人可以先从睁眼训练开始，利用参照物调找准平衡点，以更容易完成动作。老年人进行闭眼训练时，需要调动大脑神经来对平衡性进行调节，以完成难度更大的动作。

(5) 老年人应每周进行两三次平衡性训练。平衡性训练常常与下肢力量训练相结合，因为下肢力量训练也可以提高平衡性。下肢力量训练不宜连续做两天。

(6) 老年人应循序渐进地进行平衡性训练。随着训练水平的提高，老年人可以逐渐增加动作难度。例如，训练开始时，老年人可以两手扶椅背，然后尝试一手扶椅背训练。当一手扶椅背可以保持平衡时，老年人可以尝试用一根手指扶椅背训练，最后尝试不扶椅背训练。

(7) 在保证平衡膳食的基础上，老年人应适量补充鱼类、蛋类、瘦肉、坚果等。这些食物有助于提高大脑的认知能力。

(8) 患有影响平衡性的疾病或严重骨质疏松症的老年人应在医务人员的指导下进行训练。如果使用拐杖，老年人训练时必须有他人在身旁协助。

四、提高平衡性的训练方法

(一) 一般训练方法

太极拳、交谊舞、广场舞、健身操等可以改善大脑的感觉输入功能，从而达到提高平衡性的目的。身体重心的移动训练、动静结合的力量训练可以发展交互神经支配，从神经机制上对平衡性进行强化。机体把来自视觉系统、本体感觉系统和前庭系统的信息传向大脑，大脑把这些信息整合处理后发送神经冲动控制骨骼肌来维持身体的平衡。另外，身体的旋转、头部的摆动、眼神的注视可以加强视觉信息输入功能和前庭功能的锻炼，对提高平衡性产生积极的促进作用。

锻炼者应有意识地利用日常活动训练平衡性。在日常生活中，几乎所有让人体保持站立和移动的活动（如步行）都有助于提高身体的平衡性。

下肢力量训练（图 9-1）可以提高身体的运动控制能力，进而提高身体的平衡性。下肢的关节稳定性和肌力大小与人体直立姿势及稳定性关系密切。在深蹲、站姿腿弯举等动作训练中，下肢往往保持等长收缩的状态，这样不仅锻炼了下肢的关节稳定性、肌肉力量和肌肉耐力，还强化了关节周围的本体感受器，从而有助于提高身体的平衡性。

起立坐下　　　　　基础深蹲　　　　　坐姿抬腿

站姿腿弯举　　　　　　　　扶椅后伸腿

图 9-1　下肢力量训练

扶椅髋外展　　　　　　　　　扶椅提踵

扶椅弓步蹲　　　　　　　　　哑铃硬拉

臀桥

图 9-1　下肢力量训练（续）

▨▨▨（二）专项训练方法

▢ 1. 单脚站立

【动作要领】两手扶椅背，一腿伸直站立，另一腿后屈抬起（图 9-2），保持约 10 秒。每条腿做 3 组，每组 10 ～ 15 次。

【教练提示】在训练过程中，锻炼者可以逐渐增加难度。在单脚站立时，锻炼者可逐渐抬高后屈腿的膝关节，或使后屈腿向后伸展；

还可以闭眼进行练习。

2. 一字步

【动作要领】两臂侧平举，两脚前后开立，一脚脚跟贴另一脚脚尖走直线；一脚先站稳支撑，另一脚移到支撑脚前，使脚跟紧贴支撑脚脚尖，如此向前慢走 20 步（图 9-3）。往返一次为 1 组，锻炼者可做 3～5 组。

图 9-2　扶椅单脚站立　　　　　　图 9-3　一字步

【教练提示】锻炼者如果走不稳，可扶墙练习。

3. 高抬腿行走

【动作要领】两脚向前走直线。行走时，摆动腿的大腿尽可能地抬高，抬起后保持 1 秒（图 9-4），再缓慢向前落下。高抬腿行走的步幅比日常行走的步幅稍大。向前走 20 步为 1 组，锻炼者可以做 3～5 组。

【教练提示】开始时，锻炼者可以扶墙练习。待水平提高后，锻炼者可以边走边左右摆动头。

4. 原地转圈

【动作要领】两臂于体侧自然屈肘，两脚在原地缓慢地沿逆时针方向转圈（图 9-5）。锻炼者根据个人情况原地转圈 1～2 分钟后停下来，然后原地反向转圈。

图 9-4 高抬腿行走　　　　图 9-5 原地转圈

【教练提示】锻炼者若站不稳，可以扶椅练习。

第十章
提高你的柔韧性

【钟南山谈健身】

柔韧性是一项重要的身体素质。说到柔韧性，很多人的第一反应是这项素质对我们的日常生活影响不大。有的人天生能劈叉、下腰，有的人弯腰却触不到脚尖。随着年龄的增加，身体的柔韧性会不断下降。为了保持身体的柔韧性，人们需要经常进行拉伸运动，如做瑜伽、八段锦等运动，以保持身体正常的活动度。

一、柔性性概述

（一）柔韧性的概念和分类

柔韧性是指人体各关节的活动幅度，即关节的肌肉、肌腱及韧带等软组织的伸展能力，通常用关节活动度来表示。柔韧性可以分为一般柔韧性和专门柔韧性、静态柔韧性和动态柔韧性、主动柔韧性和被动柔韧性。这里主要介绍静态柔韧性和动态柔韧性。

静态柔韧性指单关节或复关节的实际运动界限的线性或角度度量，即静态柔韧性度量的是一个关节或一组关节的运动范围。在实际测试中，静态柔韧性测量的界限是由受试者和测试者主观定义的。在大多数静态柔韧性测试中，动作的限度取决于受试者对伸展位置的耐受性。因此，静态柔韧性并不是对柔韧性的真正客观的度量指标，而是带有一定的主观性的度量指标。

动态柔韧性指放松肌肉被动伸展时张力或阻抗增加的速率。因此，动态柔韧性被解释为在整个关节活动范围内伸展时的阻抗变化。与静态柔韧性相反，动态柔韧性的测量与对关节活动范围的限度的主观感觉无关。因此，动态柔韧性被认为是对柔韧性的更加客观的度量指标。由于动态柔韧性从本质上反映的是在关节活动范围限度内肌肉被动张力的增加，以及肌肉的黏弹性特征，测量动态柔韧性时的肌肉放松情况非常重要。

拉　伸

拉伸可以分为动态拉伸和静态拉伸。动态拉伸一般作为运动前的热身活动，是关节和肌肉进行全方位运动的主动运动。动态拉伸是一种功能性拉伸手段，锻炼者可以模仿即将进行的活动或运动动作，或将其与快走、原地踏步、慢跑等结合起来，从而达到激活肌肉的目的。静态拉伸是一种肌肉放松手段，通过将肌肉拉伸延展到最大活动范围后保持一段时间，起到放松紧张肌肉的作用，通常针对单个肌群。静态拉伸通常在做完有氧运动和力量训练后，作为放松活动来进行。运动前，锻炼者如果没有做任何准备活动，则不要做静态拉伸，否则容易拉伤肌肉。瑜伽、普拉提、八段锦等运动是具有趣味性的拉伸运动。需要注意的是，瑜伽、普拉提、八段锦等运动要在专业人士的指导下进行。

///（二）影响柔韧性的因素

柔韧性受年龄、性别、关节类型、肌肉长度、韧带、肌腱等因素影响。不同个体的柔韧性不同。通常来说，在同一年龄段中，女性的柔韧性比男性的柔韧性好。随着年龄的增加，人的柔韧性会变得越来越差。久坐少动会导致肌肉僵硬、关节活动受限。另外，肥胖也会限制关节的活动范围。大部分年龄段的人可以提高身体的柔韧性，但是可以提高的程度不同，中老年人更应加强柔韧性练习。

///（三）提高柔韧性的益处

身体柔韧性下降会严重影响人的生活自理能力及生活质量。例如，下肢柔韧性下降会影响弯腰、走路的步态及平衡性；肩关节柔韧性下降会影响自主穿衣、梳头等日常生活动作。提高身体的柔韧性能使动作更加流畅，有助于人体更有效地运动。人们可以随时随地做柔韧性练习，在做有氧运动或力量训练时也可以加入柔韧性练习。在运动方案中加入拉伸动作对提高身体柔韧性很有帮助。拉伸可以放松肌肉、提高关节的活动度，从而帮助锻炼者提高身体柔韧性。锻炼时，锻炼者应确保身体两侧各部位的柔韧性均等，这有助于预防运动损伤、改善体态。

提高身体柔韧性有以下益处。

（1）提高身体的灵活性。

（2）优化身体活动的表现。

（3）降低受伤的风险。

（4）缓解疼痛。

（5）强健肌肉。

（6）缓解压力。

二、柔韧性测试

在进行柔韧性测试前，受试者应进行简短的热身。受试者通常进行5分钟中等强度的有氧运动（如快步走、骑自行车、原地踏步等）便足以提高心率，提高肌肉组织的柔韧性。进行这样的热身活动可以帮助测试者在评估中记录到最佳的柔韧性数据。

（一）坐位体前屈测试

坐位体前屈测试是常见的柔韧性测试方法之一，反映了大腿后侧肌肉和下背部的柔韧性。

【注意】存在大腿后侧肌肉或背部损伤，或者患有严重的骨质疏松症等疾病者请勿做此测试。

【测试方法】

（1）测试者用固定长度的胶带（作为标记线）将标尺固定在测试

垫上，使胶带与标尺成直角。受试者坐在测试垫上，两腿伸直，使标尺位于两腿之间。两脚脚跟分别抵靠在标记线（胶带）的边缘，两脚分开 25 ～ 30 厘米。

（2）上体前屈，两臂同时慢慢地向前伸至最大限度，两手指尖可重叠（图 10–1），始终与标尺相接触，尽可能保持此姿势 2 秒左右。受试者应确保两手同时前伸，而不能靠弹振产生惯性前伸。

图 10–1　坐位体前屈测试

（3）测试者最好记录两次测试成绩。为取得最好的测试结果，受试者可在上体前屈时呼气，并把头放在前伸的两臂之间，确保膝关节伸直；两手向前伸时，保持两腿伸直，不要超伸；在测试期间要保持正常呼吸，不要屏气。

（4）受试者可以在每次进行柔韧性训练后进行该测试，并对照表 10–1、表 10–2 给自己评分，以了解自己的训练效果。

表 10–1　男性成年人坐位体前屈评分表

单位：厘米

分值	20 ～ 24 岁	25 ～ 29 岁	30 ～ 34 岁	35 ～ 39 岁	40 ～ 44 岁	45 ～ 49 岁	50 ～ 54 岁	55 ～ 59 岁
10 分	< -8.9	< -10.3	< -11.2	< -11.5	< -11.4	< -11.6	< -12.1	< -13.0
30 分	-8.9 ～ -6.5	-10.3 ～ -7.9	-11.2 ～ -8.8	-11.5 ～ -9.1	-11.4 ～ -9.0	-11.6 ～ -9.2	-12.1 ～ -9.7	-13.0 ～ -10.6
50 分	-6.4 ～ -0.8	-7.8 ～ -2.2	-8.7 ～ -3.1	-9.0 ～ -3.3	-8.9 ～ -3.3	-9.1 ～ -3.4	-9.6 ～ -4.0	-10.5 ～ -4.8
55 分	-0.7 ～ 2.2	-2.1 ～ 0.8	-3.0 ～ -0.1	-3.2 ～ -0.3	-3.2 ～ -0.3	-3.3 ～ -0.4	-3.9 ～ -0.9	-4.7 ～ -1.8
60 分	2.3 ～ 4.4	0.9 ～ 3.0	0.0 ～ 2.2	-0.2 ～ 1.9	-0.2 ～ 2.0	-0.3 ～ 1.8	-0.8 ～ 1.3	-1.7 ～ 0.4
65 分	4.5 ～ 6.4	3.1 ～ 5.0	2.3 ～ 4.2	2.0 ～ 3.9	2.1 ～ 3.9	1.9 ～ 3.8	1.4 ～ 3.3	0.5 ～ 2.4
70 分	6.5 ～ 8.3	5.1 ～ 6.9	4.3 ～ 6.1	4.0 ～ 5.8	4.0 ～ 5.8	3.9 ～ 5.7	3.4 ～ 5.2	2.5 ～ 4.3
75 分	8.4 ～ 10.2	7.0 ～ 8.9	6.2 ～ 8.0	5.9 ～ 7.8	5.9 ～ 7.8	5.8 ～ 7.7	5.3 ～ 7.2	4.4 ～ 6.3

续表

分值	20～24岁	25～29岁	30～34岁	35～39岁	40～44岁	45～49岁	50～54岁	55～59岁
80分	10.3～12.5	9.0～11.1	8.1～10.3	7.9～10.0	7.9～10.1	7.8～9.9	7.3～9.4	6.4～8.6
85分	12.6～15.5	11.2～14.1	10.4～13.3	10.1～13.0	10.2～13.1	10～12.9	9.5～12.4	8.7～11.6
90分	15.6～17.7	14.2～16.3	13.4～15.5	13.1～15.2	13.2～15.3	13～15.1	12.5～14.6	11.7～13.8
95分	17.8～21.2	16.4～19.8	15.6～19.0	15.3～18.7	15.4～18.8	15.2～18.7	14.7～18.2	13.9～17.3
100分	≥21.3	≥19.9	≥19.1	≥18.8	≥18.9	≥18.8	≥18.3	≥17.4

资料来源：国家国民体质监测中心：《国民体质测定标准（2023年修订）》，https://www.ciss.cn/tzgg/info/2023/32672.html。

表10-2　女性成年人坐位体前屈评分表

单位：厘米

分值	20～24岁	25～29岁	30～34岁	35～39岁	40～44岁	45～49岁	50～54岁	55～59岁
10分	< -4.3	< -5.5	< -6.5	< -7.0	< -7.0	< -7.0	< -7.0	< -7.4
30分	-4.3～-2.0	-5.5～-3.2	-6.5～-4.2	-7.0～-4.7	-7.0～-4.7	-7.0～-4.7	-7.0～-4.7	-7.4～-5.0
50分	-1.9～3.4	-3.1～2.3	-4.1～1.3	-4.6～0.8	-4.6～0.8	-4.6～0.8	-4.6～0.9	-4.9～-0.6
55分	3.5～6.3	2.4～5.1	1.4～4.2	0.9～3.7	0.9～3.7	0.9～3.7	1.0～3.8	0.7～3.6
60分	6.4～8.4	5.2～7.3	4.3～6.3	3.8～5.8	3.8～5.9	3.8～5.9	3.9～6.1	3.7～5.9
65分	8.5～10.3	7.4～9.2	6.4～8.2	5.9～7.7	6.0～7.8	6.0～7.8	6.2～8.0	6.0～7.8
70分	10.4～12.1	9.3～11.0	8.3～10.0	7.8～9.5	7.9～9.6	7.9～9.7	8.1～9.8	7.9～9.7
75分	12.2～14.0	11.1～12.9	10.1～11.9	9.6～11.4	9.7～11.5	9.8～11.6	9.9～11.8	9.8～11.6
80分	14.1～16.1	13.0～15.0	12.0～14.1	11.5～13.6	11.6～13.7	11.7～13.8	11.9～14.0	11.7～13.9
85分	16.2～19.0	15.1～17.9	14.2～16.9	13.7～16.5	13.8～16.5	13.9～16.7	14.1～16.9	14.0～16.9
90分	19.1～21.1	18.0～20.0	17.0～19.0	16.6～18.6	16.6～18.6	16.8～18.8	17.0～19.1	17.0～19.0
95分	21.2～24.4	20.1～23.4	19.1～22.4	18.7～21.9	18.7～22.0	18.9～22.2	19.2～22.5	19.1～22.5
100分	≥24.5	≥23.5	≥22.5	≥22.0	≥22.1	≥22.3	≥22.6	≥22.6

资料来源：国家国民体质监测中心：《国民体质测定标准（2023年修订）》，https://www.ciss.cn/tzgg/info/2023/32672.html。

【教练提示】老年人可以坐在椅子上做此测试。受试者把椅子靠在墙上，坐在椅子的前部；大腿根部应与椅子的前边缘对齐；左腿弯曲，右腿伸直，右脚脚尖勾起；两手上下叠放，指尖对齐；上体前屈，两臂向前伸，保持自然呼吸（图10-2）；上体前屈时呼气，保持2秒。测试者测量受试者的中指与右脚脚尖之间的距离，取最好成绩。测试前，受试者可以练习2次。受试者完成上述测试后换对侧做此动作。

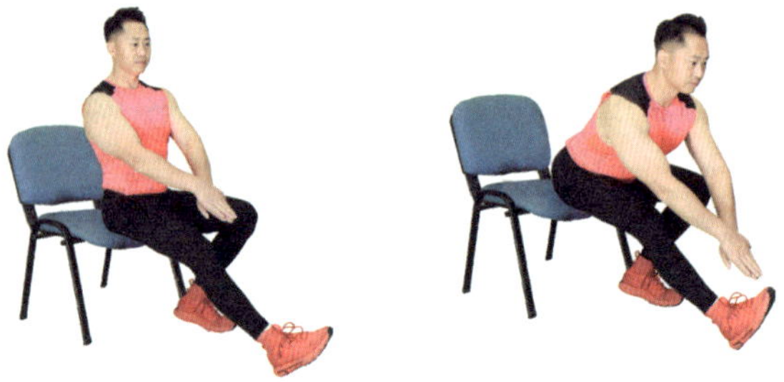

图 10-2　老年人椅式坐位体前屈测试

老年人椅式坐位体前屈正常范围如表 10-3 所示。

表 10-3　老年人椅式坐位体前屈正常范围

单位：厘米

性别	60～64岁	65～69岁	70～74岁	75～79岁	80～84岁	85～89岁	90～94岁
男	-6～10	-8～8	-8～8	-10～5	-14～4	-14～1	-17～1
女	-1～13	-1～11	-3～11	-4～9	-5～8	-6～6	-11～3

///（二）背后抓握测试

背后抓握测试是一种常见的肩关节柔韧性评估测试方法。肩关节的柔韧性会影响一个人的日常活动能力。

【注意】曾有颈部、肩部损伤或患有肩部疾病（如肩周炎等）的人不宜进行该项测试。

【测试方法】两腿稍分开站立，一手由下向上以手背贴到背部，另一手由上向下以掌心贴背部，两手手指尽力靠近（图 10-3）。测试者测量受试者两手中指间的垂直距离。受试者上下交换两手位置，重复以上测试，测试者取 2 次测试的最高分为测试得分。测试前，受试者可以练习，动作应缓慢、轻柔。如果手指能相触（或重叠），表明受试者的肩关节柔韧性好；如果两手中指指尖之间尚有距离，则距离越大，表明受试者的肩关节柔韧性越差，需要改善。

图 10-3　背后抓握测试

【教练提示】老年人如果两手中指在背后能够触碰或两手中指指尖之间的距离小于 5 厘米，则说明肩关节柔韧性较好；反之，则说明肩关节柔韧性较差。老年人可参考老年人背后抓握正常范围（表10-4），自查肩关节柔韧性。

表 10-4　老年人背后抓握正常范围

单位：厘米

性别	60～64岁	65～69岁	70～74岁	75～79岁	80～84岁	85～89岁	90～94岁
男	-16.5～0	-19.0～-2.5	-20.0～-2.5	-23.0～-5.0	-24.0～-5.0	-24.0～-7.6	-27.0～10.0
女	-7.6～3.8	-8.9～3.8	-10.0～2.5	-13.0～1.3	-14.0～0	-18.0～-2.5	-20.0～2.5

三、拉伸运动的注意事项

（1）每个拉伸动作做 3～5 次。锻炼者慢慢地将肌肉和关节拉伸到最大限度，保持 10～30 秒；放松，呼吸，重复前述动作，尽力将肌肉和关节拉伸至更大限度。锻炼者每周拉伸 2 或 3 次，每次至少拉伸 10 分钟。

（2）锻炼者如果腰部、髋部等有手术史，曾受伤或已受伤，应在拉伸前得到医生的许可并向医生咨询相关的训练注意事项。锻炼者如果有任何健康问题，应向医生或理疗师寻求帮助以找到最适合自己的拉伸方法。

（3）锻炼者如果只做拉伸运动，要先通过低强度活动（如快走、原地踏步、慢跑等）热身几分钟。锻炼者如果没有热身就拉伸，就会导致运动损伤。锻炼者在做完有氧运动、力量训练后也要拉伸。

（4）拉伸期间，锻炼者保持自然呼吸，不要屏气。

（5）拉伸时，锻炼者会感到被拉伸的肌肉有紧绷感，这是正常现象。拉伸过度会造成运动损伤。如果锻炼者在拉伸时或拉伸后第二天感到急痛、刺痛或关节疼痛，则说明拉伸过度了，锻炼者应减小拉伸幅度。

（6）锻炼者训练时不能急于求成，要循序渐进。尤其是柔韧性较差的人，拉伸的动作应缓慢、流畅，并有所控制，使肌肉有微拉紧的感觉即可。锻炼者拉伸时不要有弹振动作，否则会导致肌肉过度紧绷，可能会造成肌肉损伤。在和同伴一起进行拉伸时，锻炼者要注意不能攀比。锻炼者如果强行做一些身体不能承受的高难度动作，容易导致运动损伤。

（7）锻炼者拉伸时应避免关节超伸。关节超伸是指关节完全打开时角度超过180°，超出了关节活动的正常范围。这种现象主要出现在肘关节和膝关节。当用臂部和腿部支撑身体时，锻炼者应保持肘关节和膝关节微屈。

（8）锻炼者拉伸时应集中注意力，确保动作正确。不正确的拉伸动作弊大于利。

（9）拉伸运动力求对称，特别是当锻炼者有过受伤的经历时，身体两侧的柔韧性不均等会增加身体受伤的风险。

（10）锻炼者可以集中力量拉伸主要肌群，确保身体两侧肌肉都得到拉伸；也可以拉伸自己经常使用的肌肉和关节。即使拉伸已帮助锻炼者提高关节活动度，停止拉伸后，关节活动度可能会再次降低。因此，锻炼者要坚持进行拉伸运动。

（11）锻炼者可以针对具体部位进行拉伸运动。一些研究结果表明，针对在运动或活动中使用最多的肌肉做拉伸运动，对增加其柔韧性很有帮助。例如，锻炼者在跑步后应拉伸大腿前侧肌肉和小腿后侧肌肉等。

（12）锻炼者将太极拳、瑜伽、普拉提等运动融入拉伸运动有助于提高身体的柔韧性。同时，这些运动也可以提高锻炼者的平衡性，有助于降低老年人跌倒的风险。

四、改善柔韧性的训练方法

（一）颈部拉伸

【动作要领】两脚左右开立，间距约与肩同宽；头颈直立，左手置于头部右侧，头部慢慢地向左转动，直至感到颈部右侧有轻微的拉伸感（图 10-4），保持 10 ～ 30 秒；头部回正，换对侧练习。重复 3 ～ 5 次。

【教练提示】锻炼者也可以向前屈颈，进行颈后拉伸（图 10-5），保持 10 秒，重复 3 次。

图 10-4　颈侧拉伸　　　图 10-5　颈后拉伸

（二）臂部拉伸

1. 两臂上举

【动作要领】两脚左右开立，间距约与肩同宽，身体正直，目视前方。两手手指于体前交叉，翻掌后，两臂伸直上举（图 10-6），保持 10 ～ 30 秒。两臂缓慢下落至开始位置。重复 3 ～ 5 次。

▼ 2. 屈臂背部拉伸

【动作要领】两脚左右开立，间距约与肩同宽，两手分别于背后一上一下握拉弹力环。下侧手臂发力，拉伸上侧手臂（图 10-7），保持 10 ～ 30 秒。然后放松并换对侧练习，两侧各重复 3 ～ 5 次。

图 10-6　两臂上举　　　　图 10-7　屈臂背部拉伸

////（三）肩部拉伸

▼ 1. 侧拉肩部

【动作要领】两脚左右开立，间距约同肩宽，身体直立，躯干稳定，面向前方。右臂经体前水平伸向左侧；左臂屈肘于右肘处固定右臂，使右臂紧贴胸部（图 10-8），保持 10 秒。换左臂，重复以上动作。重复 3 ～ 5 次。

▼ 2. 屈臂靠墙拉伸

【动作要领】锻炼者靠墙，两脚左右开立，间距约与肩同宽，两臂侧平举。两肘弯曲，两臂前臂上举至两手指尖向上，两手手背触

墙 [图 10-9(a)]，保持 10 ～ 30 秒。两臂前臂缓慢向前、向下转动，直至指尖向下，两手手掌触墙 [图 10-9(b)]，保持 10 ～ 30 秒。重复 3 ～ 5 次。

图 10-8　侧拉肩部　　　　图 10-9　屈臂靠墙拉伸

3. 扶椅前屈

【动作要领】两脚左右开立，间距约大于肩宽，两膝微屈，上体前俯，两臂伸直，两手扶椅背，背部挺直（图 10-10）。上体不要有弹振动作，保持 10 ～ 30 秒。重复 3 ～ 5 次。

图 10-10　扶椅前屈

（四）胸部拉伸

【动作要领】锻炼者站坐均可。两脚左右开立，间距约与肩同宽，两手手指于背后交叉。两臂伸直并缓慢向上抬起，直至胸部、肩部和手臂有拉伸感为止（图 10-11），保持 10 ～ 30 秒。然后放松，重复 3 ～ 5 次。

图 10-11　胸部拉伸

////（五）背部拉伸

1. 坐姿转身

【动作要领】锻炼者坐在带扶手的椅子前端，上体保持正直。腰部缓慢地向右侧转动，头部转向右侧，臀部保持不动。右手抓握椅子的右扶手，左手放在右腿大腿外侧（图 10-12），保持 10 ～ 30 秒。上体缓慢回正至开始位置。重复 3 ～ 5 次。

2. 坐姿臂前伸

【动作要领】锻炼者坐在椅子前端，上体保持正直，两脚左右开立，间距约与肩同宽，踏实地面。两臂前平举，两手反手交握（图 10-13），保持 10 ～ 30 秒。重复 3 ～ 5 次。

图 10-12　坐姿转身　　　图 10-13　坐姿臂前伸

///（六）腹部拉伸

【动作要领】锻炼者俯卧，两手于体侧撑地。两臂慢慢伸直，推起上体（图 10-14），保持 10 ～ 30 秒。重复 3 ～ 5 次。

图 10-14　腹部拉伸

///（七）臀部拉伸

【动作要领】锻炼者坐在椅子前端，两脚左右开立，间距约与肩同宽，左腿屈膝放于右腿上，上体缓慢前倾，直至臀部肌肉有拉伸感（图 10-15）。保持 10 ～ 30 秒。然后放松、还原，换对侧练习，两侧各重复 3 ～ 5 次。

图 10-15　臀部拉伸

///（八）腔部拉伸

1. 大腿后侧拉伸

【动作要领】锻炼者仰卧，左腿弯曲，右腿伸直，两手缓慢地将左腿拉向胸部，直至腰部和臀部有拉伸感（图 10-16），保持 10～30 秒。然后缓慢还原至初始姿势，换对侧练习，两侧各重复 3～5 次。

【教练提示】锻炼者可以同时使两腿弯曲，两手缓慢地将两腿拉向胸部，以拉伸双腿大腿后侧肌群。（图 10-17）

图 10-16　单腿大腿后侧拉伸　　图 10-17　双腿大腿后侧拉伸

2. 大腿前侧拉伸

【动作要领】锻炼者站在椅子的后面，两脚左右开立，间距约与肩同宽。右手扶椅背，左腿后屈抬起，左手握住左脚脚踝（可以使用弹力带等辅助拉伸）。腹部收紧，左手发力向上拉左腿小腿，直至左腿大腿前侧有明显的拉伸感（图 10-18），保持 10～30 秒。然后缓慢还原至初始姿势，换对侧练习，两侧各重复 3～5 次。

3. 小腿拉伸

【动作要领】锻炼者面向墙站立，距离墙约一臂半，两脚左右开立，间距约与肩同宽。两臂前平举，两手撑于墙上，左脚向前迈一步，左腿屈膝，右腿向后蹬直，上体前倾，直到右腿小腿肌肉有柔和的拉伸感（图 10-19），保持 10～30 秒。然后缓慢还原至初始姿势，换对侧练习，两侧各重复 3～5 次。

图 10-18　大腿前侧拉伸　　　　　图 10-19　小腿拉伸

4. 踝关节拉伸

【动作要领】锻炼者坐在椅子前端，右腿屈膝，左腿伸直，左脚脚跟触地，脚尖用力勾起，直至左脚踝关节有拉伸感（图 10-20），保持 10 ～ 30 秒。然后缓慢还原至初始姿势，换对侧练习，两侧各重复 3 ～ 5 次。

【教练提示】锻炼者可以两腿伸直，同时勾起两脚脚尖，脚跟触地，进行双脚踝关节拉伸。（图 10-21）

图 10-20　单脚踝关节拉伸　　　　图 10-21　双脚踝关节拉伸

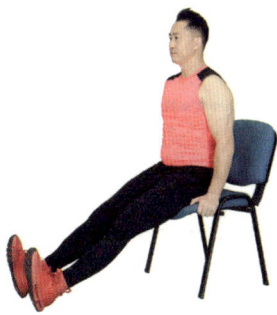

第十一章
常见慢性疾病的健身防治方法

【钟南山谈健身】

　　运动是促进健康的良药。有的人因为担心运动风险大于运动益处，不喜欢进行体育运动。然而，进行规律的体育运动对慢性疾病患者有很多益处。定期进行体育运动有助于缓解慢性疾病症状，提高慢性疾病患者的生活质量，并降低其发生其他疾病的风险。患有高血压、高脂血症、2 型糖尿病、肥胖症、颈肩疼痛等疾病的患者都能通过规律的体育运动获得益处。众所周知，虽然一些慢性疾病（如心血管疾病、糖尿病等）很难被治愈，但是我们可以通过服用药物、进行体育运动、平衡膳食等方式减轻慢性疾病的症状，促进健康。对绝大多数人来说，中低强度的运动发生运动损伤的概率较低。突然提高运动强度则易增加心脏病发作的风险。

　　每个人都应该通过身体活动促进整体健康，并预防疾病。健身对健康的益处远大于风险。我建议多运动、少久坐，希望大家过上一种更健康、更有活力的生活，为实现"健康中国"作贡献。然而，一些慢性疾病患者会出现不适应推荐的运动方式、运动强度、运动时间等特殊问题。因此，慢性疾病患者在运动前应咨询医生，了解适合自己身体素质和病情的运动方式、运动强度、运动频率、运动时间等。在日常健身过程中，慢性疾病患者若有疑问，应请医生评估自己的运动方式是否安全、运动强度是否合适等。同时，医生也可以根据慢性疾病患者的身体状况和健身目标调整用药处方，以尽量避免其在运动时出现问题。有的患者需要做康复治疗，则应遵照医嘱健身。

　　本章主要探讨心血管疾病和糖尿病的健身防治方法。这些慢性疾病的发病率较高，对人们的日常生活影响较大。体育运动的类型和总量应根据患者的身体素质和病情来确定。慢性疾病患者应遵循"早就医、早发现、早干预"的原则。

一、健身对防治慢性疾病的作用

慢性疾病是指不构成传染、具有长期积累形成疾病形态损害的疾病的总称。慢性疾病分为 4 个主要类型：心脑血管疾病、癌症、慢性呼吸系统疾病和糖尿病。慢性疾病是影响我国人民群众身体健康的主要疾病。世界卫生组织将发生在 30 ~ 70 岁的死亡定义为过早死亡。2022 年，世界卫生组织指出，非传染性疾病是过早死亡的主要原因。当前，我国经济社会快速发展，人口老龄化程度不断加深，膳食结构也随之发生变化，慢性疾病由于其发病率、死亡率高，知晓率、控制率低，以及疾病经济负担重等，已成为威胁我国人民群众生命健康的重要公共卫生问题。《全国第六次卫生服务统计调查专题报告》显示，心脑血管疾病、糖尿病和癌症等重大慢性疾病占我国疾病经济负担超 90%，我国 55 ~ 64 岁人群的慢性疾病患病率达 48.4%，65 岁及以上老年人的慢性疾病发病率达 62.3%。随着慢性疾病患者基数的不断扩大，我国因慢性疾病死亡人数的比例也有所增加。《中国居民营养与慢性病状况报告（2020 年）》显示，2019 年我国因慢性疾病导致的死亡人数占总死亡人数的 88.5%，与往年相比有所上升。因此，慢性疾病的预防控制工作仍面临较大挑战。

在由健康问题导致的全球范围内人口死亡的五大危险因素中，体力活动不足排在第 3 位（高血压 13%、吸烟 9%、体力活动不足 6%、高血糖 6%、超重和肥胖 5%）。定期运动能为身体带来诸多好处。大量的循证医学研究结果显示，定期运动能在预防和康复两个重要环节对促进身体健康作出重要贡献。运动有独特的、不可替代的、附加的慢性疾病预防和治疗效果。合理运动可以有效地预防包括肥胖症、高血压、糖尿病、心脏病、关节炎、骨质疏松症，甚至癌症在内的 40 余种慢性疾病。运动能娱悦身心、缓解压力，人的身体一旦动起来，大脑就开始释放包括内啡肽在内的多种激素，这些激素能有效地改善情绪抑郁，缓解精神压力。运动能使人的注意力更集中，工作更高效。运动后，大脑血流量增加，大脑的警觉度会提高。此外，运动还能加快新陈代谢，让人充满活力。

不健康的生活方式是慢性疾病的主要发病原因，也是影响慢性疾病患者健康管理效果的重要因素。增强健康意识，知道如何把运动健身、科学饮食与自律管理有效地结合起来尤为重要。做好慢性疾病的早预防、早发现、早干预是促进健康老龄化的重要措施。广大慢性疾病患者可以每天快走 15～30 分钟或慢跑 5～10 分钟。我们千万不要错失运动的良机，每天坚持运动，快乐生活一辈子。

> **拓展阅读**
>
> ### 健身的作用
>
> 健身的作用如下。
>
> （1）提升运动能力，减少运动损伤。
>
> （2）缓解疲劳，保持精力充沛。
>
> （3）提高生活质量，预防失能。
>
> （4）改善情绪和心情。
>
> （5）减少对治疗方案的依赖性。
>
> （6）提升自我管理的能力，提高身体健康水平。
>
> （7）减轻患者本人及其家人和社区的医疗负担，降低入院率。
>
> （8）促进身体健康，增强体质，提高机体免疫力。

二、慢性疾病患者通用科学健身指南

（1）运动前，慢性疾病患者首先要了解运动禁忌症。

（2）慢性疾病患者应评估自己的身体活动和运动水平，合理设定运动强度和运动量，选择适合自己的运动方式。老年慢性疾病患者建议使用 6 分钟步行测试方法测试自己的心肺功能，如果测试结果达到表 11-1 的参考值，说明心肺功能良好。

表 11-1　6 分钟步行测试标准

年龄 / 岁	女性步行距离 / 米	男性步行距离 / 米
60 ～ 64	498 ～ 603	558 ～ 673
65 ～ 69	457 ～ 580	512 ～ 540
70 ～ 74	439 ～ 571	498 ～ 622
75 ～ 79	398 ～ 535	430 ～ 585
80 ～ 84	352 ～ 454	407 ～ 553
85 ～ 90	311 ～ 466	347 ～ 521

（3）刚开始运动的慢性疾病患者每周运动 5 天，每天运动 15 分钟即可。

（4）成年慢性疾病患者应该每周至少运动 5 天，每天进行 30 分钟以上的中等强度有氧运动，如每周进行 150 分钟以上的快走；或进行每周 3 天、每天 25 分钟较高强度的有氧运动，如每周 75 分钟以上的慢跑。最好把有氧运动时间分散在一周内。

（5）成年慢性疾病患者每周应进行至少 2 天的中等强度的力量训练，对全身的主要肌群进行锻炼。

（6）成年慢性疾病患者还应重视柔韧性和平衡性运动，避免静坐少动的行为习惯。

（7）成年慢性疾病患者应在医生的指导下进行体育运动，了解适合自己的运动方式、运动量等。

（8）慢性疾病患者进行运动应遵循量力而行、循序渐进、安全第一的原则。切记：运动前，要进行充分的准备活动；运动时，要注意监控自己的心率和疲劳感；运动后，要进行整理活动。

三、心血管疾病的健身防治

（一）心血管疾病概述

心血管疾病是与心脏和血管相关的疾病的总称，如冠心病、脑卒中、心脏病、高血压、高脂血症等。很多心血管疾病是可以预防的。大量流行病学研究和干预性研究表明，药物治疗与生活方式治疗相结合是最有效的冠心病二级预防策略。欧洲和美国的心血管疾病二级预防指南均强调身体活动或运动的价值，建议临床医生不仅要给患者提供药物处方，还应提供运动处方。

心血管疾病作为致死率较高的疾病，虽然有遗传等不可改变的诱因，但是大多数的心血管疾病可以通过"体医融合"，即采取戒烟控酒、健康饮食、体育运动等方式进行预防和调节。

研究发现，一段时间的运动可以有效地降低心血管疾病发生的风险。运动可以防控高血压，使安静时血压降低 5～10 毫米汞柱。结合减轻体重的效果，运动可以使安静时血压降低 10～20 毫米汞柱。运动可以改善心脏功能、增强血管的弹性。针对心血管疾病，运动干预是有效、安全的措施。运动不仅能增强患者的心肌收缩能力，抑制心肌纤维化和病理性重构，同时提高骨骼肌摄氧和利用氧的能力，增加冠状动脉血流量，促进冠状动脉侧支形成，降低血液黏度，改善凝血状态抑制，还能延缓动脉硬化的发生和发展，改善自主神经功能，弱化交感神经活性。可以说，运动对高血压、糖尿病、慢性心力衰竭、高脂血症等疾病有预防和减轻其症状的作用。

（二）心血管疾病患者健身的注意事项

运动前，心血管疾病患者应先进行身体检查。医生要对患者进行运动风险评估和运动能力测试，然后根据运动风险分层，提供个性化的运动处方。所有心血管疾病患者在实施运动计划前都需要进行运动风险评估。运动风险评估的内容包括以下几个方面：心血管疾病史及其他器官疾病史；分析身体检查结果，重点分析心肺功能和肌肉、骨骼系统机能；了解最近的心血管疾病检查结果，包括血生化检查、心电图、冠状动脉造影、超声心动图、运动负荷试验、起搏器或植入型心律转复除颤器功能；目前服用的药物，包括剂量、服用方法和不良反应；心血管疾病危险因素控制是否达标；日常饮食习惯和运动习惯；等等。

在完成上述评估后，医生根据患者的运动风险分层为患者制订个性化运动处方，其中运动负荷试验和运动风险分层是运动风险评估中的重点内容。评估后，低风险患者可以在医生的指导下居家运动，中风险患者严格依照医生的指导居家运动，高风险患者则需要在医生的监护下运动或暂不运动。总之，心血管疾病患者应该与医生建立紧密的联系，并在医生指导下运动。

心血管疾病患者进行体育运动时应循序渐进、量力而行；运动时，不要屏气用力，以免血压突然升高；运动中，应实时监测血压是否在正常范围内。

运动禁忌体征或症状如下。

（1）异常气短。

（2）头晕。

（3）胸部疼痛。

（4）心律不齐。

（5）静息血压高于 180/110 毫米汞柱，或运动时血压高于 240/110 毫米汞柱。

（6）急性肌肉或关节疼痛。

（7）患有限制正常运动的骨科疾病等。

心血管疾病患者如果在运动前、运动中或运动后出现以上任何症状，应停止运动，并及时咨询医生。

▰///（三）心血管疾病患者的运动处方

▱ 1.1 期康复运动

1 期康复运动应在患者入院后 24 小时内开始，病情不稳定或有合并危险因素者可以适当延缓 3～7 天。1 期康复运动应注重循序渐进，从被动肢体活动开始，逐渐从床上坐立到床旁站立、行走等，最后过渡到简单的日常活动。在开始 1 期康复运动前，患者应在医生指导下进行 2 次 6 分钟步行测试。

【运动项目】步行、扶椅坐起、上下楼梯等。

【运动强度】低强度，最大心率的 50%。

【运动频率】每天 1 次。

【运动时间】每次 10～15 分钟。

【运动方案】① 平地步行，时间 3～5 分钟，速度由慢及快，自我感觉疲劳即可结束。② 原地扶椅站立、坐下，做 3 组，每组 8～10 次，组间休息约 1 分钟。③ 以自我感觉舒适的速度上、下 3 层楼梯 3～5 次，每次休息约 1 分钟。④ 平地步行 3 分钟，放松四肢 2 分钟。其中，患者可以选做步骤 ②③。

▱ 2.2 期康复运动

2 期康复运动一般在患者出院后 1～6 个月开始，做过经皮冠脉介入术或冠状动脉旁路移植术的患者应于术后 2～5 周开始。康复运动在 2 期康复阶段尤为重要，建议采用间歇训练法，每日进行 3～5 次运动，每次 3～5 分钟。运动能力有限的患者可以逐渐增加日常体力活动，如家务劳动、园艺劳动等。在 2 期康复运动中，医生会通过心肺运动试验监测患者在运动状态下的心电图、血压值、气体代谢、血氧饱和度等指标，依据患者在运动中是否出现不良症状或风险事件（如心电图改变、血压异常增高或下降、心律失常等）确定运动风险和运动强度。

【运动项目】建议以有氧运动为主，如慢走、快走、超慢跑等，在身体耐受的情况下结合徒手力量训练（参见本书第八章）和柔韧性练习（参见本书第十章）。

【运动强度】低强度，最大心率的 50%～60%。

【运动频率】每周 3～5 次。

【运动时间】每天 20～30 分钟。徒手力量训练每次选 3 个动作，每个动作做 3 组，每组重复 8～10 次，组间休息 1 分钟。每周 2 次，隔天进行。

3.3 期康复运动

心血管疾病患者的 3 期康复运动可以在家中进行，无须医生监护。

【运动项目】有氧运动，如快走、超慢跑、慢跑、室内自行车、广场舞、太极拳、太极剑、健身气功等，在身体耐受的情况下结合徒手力量训练和柔韧性练习。

【运动强度】中低强度，最大心率的 50%～70%。

【运动频率】每周 3～5 次。

【运动时间】每天 20～30 分钟。徒手力量训练每次选 5 个动作，每个动作做 3 组，每组重复 10～15 次，组间休息 30 秒。每周 2 次，隔天进行。

【一周健身计划范例】

周一　准备活动 5 分钟：臂绕环、扶椅前后摆腿、髋部旋转，共 3 分钟；快走 2 分钟。徒手上肢力量训练：坐姿臂弯举、扶椅臂屈伸、扶墙俯卧撑，各 3 组，每组 10 次。整理活动 5 分钟：快走 3 分钟；大腿后侧拉伸、小腿后侧拉伸和胸部拉伸，共 2 分钟。

周二　快走 5 分钟，共 2 次。

周三　准备活动 5 分钟：臂绕环、扶椅前后摆腿、髋部旋转，共

3 分钟；快走 2 分钟。徒手下肢力量训练：扶椅深蹲、扶椅弓步、扶椅踮脚，各 3 组，每组 10 次。整理活动 5 分钟：快走 3 分钟；大腿后侧拉伸、小腿后侧拉伸和胸部拉伸，共 2 分钟。

周四　休息。

周五　同周一。

周六　同周三。

周日　休息。

【运动提示】

（1）佩戴心率监测器或开启手机心率监测软件，保证安全第一。

（2）循序渐进，量力而行。例如，第二周，每次的快走增加到 10 分钟，第三周每次的快走增加到 20 分钟，直到患者可以一次快走 1 小时。下一步，患者可以尝试走跑结合，不断变换速度。这样的间歇式运动方式可以有效增强运动效果。

（3）每次运动前，应先做准备活动；运动后，做整理活动。准备活动应从低强度开始，速度不要太快。整理活动的运动强度应逐渐降低。对于跌倒风险较高的患者，建议把平衡练习加入日常运动，如单腿扶椅站立、闭眼单腿扶椅站立、扶椅踮脚等。

（4）体育运动对每个人都有益处，尤其是对心血管疾病患者而言，益处更多。一开始的运动计划可能会令患者望而却步，很难下定决心，在这种情况下，患者可以多与医生沟通，增强健身意识，掌握正确的健身方法，循序渐进。心血管疾病患者也可以每次从 5 分钟的运动开始，关键是养成坚持运动的好习惯，坚持每周记录健身日记。

四、糖尿病的健身防治

（一）糖尿病概述

糖尿病是一种代谢性疾病，它的特征是患者的血糖值长期高于标准值。高血糖会导致"三多一降"症状：多食、多饮、多尿及体重下降。随着病情的发展，糖尿病可能损害人的眼睛、肾脏、心脏、血管和神经，是失明、肾衰竭、心脏病、下肢血管堵塞及脑卒中的主要病因。2 型糖尿病患者数量占成年糖尿病患者总数的绝大部分。

选择健康的生活方式有助于预防 2 型糖尿病。如果患者已被确诊为糖尿病前期，那么改变生活方式可能会减缓或阻止糖尿病继续发展。健康的生活方式包括如下几个方面。

（1）保持健康饮食。选择低脂、低能量、高膳食纤维的食物，多吃各种水果、蔬菜和全谷物。

（2）积极运动。每周至少进行 150 分钟中等强度的有氧运动，如健走、骑自行车、跑步、游泳等。

（3）减轻体重。适度减轻体重并予以保持可以延缓从糖尿病前期向 2 型糖尿病的发展。

（4）避免长时间不运动。久坐少动会增加患 2 型糖尿病的风险。尽量每坐 30 分钟就站起来活动一下。

////（二）健身对防治糖尿病的作用

健身对防治糖尿病至关重要，其作用主要表现在以下几个方面。

（1）提高血糖水平，增强胰岛素敏感性。

（2）改善身体的整体健康状况和功能，降低发生糖尿病并发症的风险。

（3）控制体重，预防糖尿病。

////（三）不适合糖尿病患者健身的情况

运动在糖尿病治疗中占有非常重要的地位，许多糖尿病患者也十分重视运动。但有些情况下运动反而不利于控糖，甚至会带来危险，具体情况如下。

（1）糖尿病患者血糖超过 13.9 毫摩尔 / 升，或者已有糖尿病酮症酸中毒症状的时候，血糖过高意味着患者体内的胰岛素不足（或是胰岛素抵抗严重）。此时运动不能使血液中的葡萄糖进入细胞被肌肉等组织利用，反而可能增加糖尿病酮症酸中毒的风险。对于已有糖尿病酮症酸中毒症状的患者，运动会加重其病情，甚至使其陷入昏迷。

（2）低血糖患者如果运动会加重低血糖症状，严重时会造成低血糖昏迷，危及生命，需要急诊治疗。

（3）糖尿病患者血糖控制能力较差时，贸然运动也有较高风险。1型糖尿病患者或患病时间很长的2型糖尿病患者，体内几乎不产生胰岛素，血糖容易出现明显波动，更应注意。这些糖尿病患者待血糖水平较为平稳后，可以尝试适量运动，只是运动前务必测量血糖，由此决定运动时间和运动强度，同时随身携带果汁、水果、能量棒、血糖仪、医疗卡等，以便在出现低血糖症状时及时处理。

（4）对于有心血管疾病体征或症状、糖尿病病程较长、年龄较大或有其他糖尿病相关并发症的成年人，建议在开始比快走更剧烈的体育运动前接受医学专业评估和运动能力测试。

（5）如果经检测，体内存在中高水平的血酮体或尿酮体且血糖大于13.9毫摩尔/升，糖尿病患者不应运动，应待身体相关指标恢复正常后开始运动。

（6）有严重的应激（如外伤、手术等）或急性感染时，糖尿病患者不要运动。此时运动会加重目前的病情，同时使血糖更加难以控制，造成恶性循环。

（四）糖尿病患者健身的注意事项

运动是糖尿病治疗计划中的一个重要部分。通常来说，2型糖尿病患者应该积极参加体育运动，注意补充水分。为了安全运动，糖尿病患者应在运动前、运动中和运动后监测自己的血糖水平。这样才能发挥运动的作用，预防血糖波动危险。

▉ 1. 运动前，检测血糖

糖尿病患者如果正在服用胰岛素或其他会导致血糖水平降低的药物，则在运动前 15～30 分钟检测血糖。糖尿病患者如果没有服用治疗糖尿病的药物，或者未服用与降低血糖有关的药物，则不需要在运动前采取任何特别的预防措施。运动前，糖尿病患者应向医生询问注意事项。

以下是有关运动前血糖水平的一般指南，测量值以"毫摩尔／升"为单位。

（1）血糖低于 5.6 毫摩尔／升。血糖可能太低，糖尿病患者不能安全地运动。在运动前，糖尿病患者可以吃一些含有碳水化合物的食物，如燕麦、面包、面条等。

（2）血糖为 5.7～13.8 毫摩尔／升。糖尿病患者可以运动。对于大多数人来说，这是一个安全的运动前血糖范围。

（3）血糖高于 13.9 毫摩尔／升。血糖可能太高，糖尿病患者不能安全地运动。在运动前，糖尿病患者应检测尿液中是否含有酮类物质（人体分解脂肪以获取能量时产生的物质）。酮类物质的存在表明身体没有足够的胰岛素来控制血糖。如果在酮类物质含量高的时候运动，糖尿病患者就有发生糖尿病酮症酸中毒（这是一种糖尿病的严重并发症）的风险，需要立即采取措施降低血糖水平，等到检测显示尿液中没有酮类物质时再运动。

▉ 2. 运动中，注意低血糖症状

在运动期间，糖尿病患者有时需要关注低血糖问题。糖尿病患者如果计划长时间运动，应每隔 30 分钟左右检测一次血糖，特别是当糖尿病患者尝试一项新的体育活动或提高运动强度或持续进行运动时。每隔 30 分钟左右检测一次血糖，可以让糖尿病患者知道自己的血糖水平是处于稳定、上升还是下降状态，以及继续运动是否安全。

如果糖尿病患者正在参加户外活动或体育比赛，这样可能很难做到每隔 30 分钟左右检测一次血糖。但是，在得知自己的血糖情况后，糖尿病患者需要改变运动习惯，采取有效措施。

糖尿病患者遇到下列情况时须立即停止运动：① 血糖为 3.9 毫摩尔 / 升或更低；② 身体颤抖，感到虚弱或意识模糊。此时，糖尿病患者可以通过摄入 15 克碳水化合物来提高血糖水平，如葡萄糖片或葡萄糖凝胶（查看标签以了解这些食物含有多少克碳水化合物），约 118 毫升果汁，约 118 毫升常规（非无糖）软饮料，硬糖、软糖，等等。15 分钟后复测血糖。如果血糖水平还是太低，则糖尿病患者可以再吃 15 克碳水化合物，15 分钟后再检测一次血糖。根据需要重复上述步骤，直到血糖达到正常水平。

3. 运动后，再测血糖

运动结束后，糖尿病患者应立即检测血糖，并在接下来的几小时内反复检测血糖。运动会消耗储存在肌肉和肝脏中的糖原。当糖尿病患者的身体重新储存这些糖原时，它会从血液中吸收糖原。

糖尿病患者运动得越剧烈，血糖受影响的时间就越长。运动后，低血糖症状甚至可能会持续 4 ~ 8 小时。糖尿病患者吃一些含有低升糖指数的碳水化合物的食物，如燕麦棒、什锦干果，有助于防止血糖下降。

如果运动后出现低血糖症状，糖尿病患者应吃少量含碳水化合物的食物，如燕麦、饼干、葡萄糖片，或饮用约 118 毫升果汁。

另外，具备运动条件的糖尿病患者在运动过程中还应注意以下几点。

（1）在运动前、运动中和运动后都要适当补充水分，避免在一天中最热的时候或在阳光直射的情况下运动，以防止体温过高。

（2）任何使用胰岛素或服用磺脲类药物的糖尿病患者，在运动期间须携带含碳水化合物的食物，以预防、缓解低血糖，并准备胰高血糖素来治疗严重低血糖（如果容易发生低血糖）。

（3）进行低强度的有氧运动，如健走或日常活动。除了体检外，糖尿病患者不需要提前进行运动能力测试。长期不运动的老年糖尿病患者若想参加中高强度的运动（如慢跑等），建议先进行运动能力测试；否则，要先从步行开始。

（4）糖尿病患者晨练不宜太早，不要空腹，更不要在降糖药物发挥最大效用时运动，以免发生低血糖。

（5）糖尿病患者应注意保护双脚，穿舒适的鞋子和棉袜，并应在运动前和运动后检查双脚。

总之，糖尿病患者必须根据自身情况和医生建议来选择合适的运动方式。注射胰岛素的糖尿病患者在运动前，可以减少就餐时的胰岛素剂量，同时选择腹部注射，避免注射在四肢部位，以延缓胰岛素的吸收速度，减少低血糖情况的发生。糖尿病患者最好在征得医生的同意后再进行运动。尤其是长期不运动的糖尿病患者，应向医生咨询运动时的注意事项。

（五）2型糖尿病成年人患者的运动建议及运动处方

1. 2型糖尿病成年人患者的运动建议

（1）有规律的有氧运动可以加强2型糖尿病成年人患者的血糖管理。如果身体状况允许，患有合并症的成年人和患有2型糖尿病的老年人也应该尽可能多地进行有氧运动。不具备运动条件的成年人应专注于改善功能性健康和身体平衡性。

（2）在血糖管理和降低胰岛素水平方面，中低强度的力量训练结合有氧运动有助于提高2型糖尿病成年人患者的肌肉力量、骨骼肌质量和胰岛素敏感性，增加骨密度，同时降低糖化血红蛋白浓度。

（3）相较于餐前活动，专家更建议进行餐后活动，如健走，持续时间最好长于45分钟，从而可以发挥运动稳定血糖水平的作用。无论运动强度或运动类型如何，餐后消耗更多能量都有助于降低血糖水平。

（4）少量多次且有规律地进行身体活动，以此来减少久坐的时间。这样可以适度地降低餐后血糖和胰岛素的水平，尤其是具有胰岛素抵抗和体重指数较高的2型糖尿病成年人患者。

（5）在合理范围内适当减轻体重（通过饮食和运动等实现）将对糖化血红蛋白、血脂和血压产生有益影响。

（6）2型糖尿病成年人患者如果希望减少内脏脂肪，需要每周进行4～5天的中等强度运动（每次消耗约2100千焦能量）。

（7）建议患有2型糖尿病的成年人的身体活动量达到与普通人群相当的标准：每周进行150～300分钟的中等强度有氧运动，或75～150分钟的高强度有氧运动，或两者的等效组合；每周至少进行2天中等强度或高强度的力量训练。高强度的运动对增强胰岛素敏感性的作用明显。身体素质好的2型糖尿病成年人患者可以选做中高强度的运动。

（8）建议患有2型糖尿病的孕妇每周运动3～5次，每次至少进行20～30分钟中等强度的有氧运动。

（9）防止运动期间或运动后出现低血糖症状。服用胰岛素或胰岛素促分泌剂的患者应适当增加碳水化合物的摄入量，或相应减少胰岛素的使用量。

（10）在进行代谢手术前，参加体育锻炼可能会增强手术效果。手术后，在医生指导下参加康复运动也会带来额外的好处。

（11）旨在增强关节灵活性的柔韧性练习对患有2型糖尿病的老年人非常有益。正常衰老会导致老年人的关节活动受限，高血糖则会加重该问题。

（12）老年人进行平衡性练习可以改善身体平衡性和步态，降低跌倒风险，患有周围神经病变的成年人也是如此。

▼2.2型糖尿病成年人患者的运动处方

2型糖尿病成年人患者的运动处方推荐见表11-2。

表11-2 2型糖尿病成年人患者的运动处方推荐

运动处方

姓名：_____   性别：_____

年龄：_____

运动类型	推荐运动项目	运动频率	运动时间	运动强度	总运动量	运动进程
有氧运动	快走 超慢跑 骑自行车 跳舞 游泳 太极拳	每周3～7天，连续不运动时长不超过2天	每次10～30分钟	中等强度至高强度	每周进行150～300分钟中低强度运动或75～150分钟高强度有氧运动	循序渐进，从适应期开始，逐渐到提高期和稳定期
力量训练	上肢力量训练 下肢力量训练	每周2～3天，隔天运动	每天3～5个动作，每个动作重复1～3组，每组10～15次，组间休息2～3分钟	中等强度	每周至少进行2天中等强度或高强度力量训练	循序渐进，从适应期开始，逐渐到提高期和稳定期
柔韧性练习	肩颈拉伸 胸部拉伸 腿部拉伸	每周至少3天	每个动作重复2或3次，拉伸15～30秒	自觉肌肉紧绷或轻微不适	累计不少于60分钟/周	循序渐进，从适应期开始，逐渐到提高期和稳定期
注意事项	每次运动前、运动后检测血糖 运动前，要热身；运动后，要放松 如果想减脂，注意控制饮食，有氧运动与力量训练须兼顾					

一次体育运动对降低血糖效果的影响会持续24～72小时，因此，每周应至少运动3天。每周运动5天或5天以上会有助于2型糖尿病成年人患者取得更好的运动效果。坚持长期体育运动可以保证

运动对增强胰岛素敏感性的长期效用。低强度运动（如快走）是较安全的运动，更适合老年人。快走为防治 2 型糖尿病最常见的运动。鼓励身体活动水平较高的成年人多参加中高强度运动，尤其是间歇性运动，这对控制血糖的作用更加明显。此外，如果 2 型糖尿病成年人患者在健身方案中混合设置有氧运动、力量训练、柔韧性练习和平衡性练习，运动效果更佳。

健身提示

控制体重，关注体形

超重和肥胖是导致一些慢性疾病（如心血管疾病、糖尿病、骨骼肌肉类疾病、癌症等）的主要因素。营养均衡、吃动平衡是控制体重的关键。

（1）限制能量摄入，尤其注意限制摄入脂肪和碳水化合物。

（2）多吃含优质蛋白的食物，多吃水果、蔬菜，以及豆类、全谷类、坚果等食物。

（3）进行有规律的体育运动。例如，青少年每天至少运动 60 分钟，成年人每周至少运动 150 分钟。体育运动必须结合合理的膳食，才能收到理想的减脂效果。

（4）为了保证足够的运动时间，运动强度不要过高，建议进行中低强度的运动项目，如超慢跑、快走、游泳等。

（5）如果体重过重，走、跑有困难，可以先进行室内自行车、游泳等非身体支撑运动。

（6）除了有氧运动，不要忽视力量训练和柔韧性练习。力量训练可以提高人体的基础代谢能力，增加能量消耗。柔韧性练习则有助于塑造优美的体形。

（7）对于超重和肥胖人群来说，有家人或朋友一起结伴运动，会更有运动动力，更有利于长期坚持，效果也更好。

第十二章

初级、中级和高级健身方案

【钟南山谈健身】

　　健身与医学密切相关，都是基于人体解剖学、运动生理学等学科的知识，有针对性地改善人体各器官的机能，提高身体素质，促进身体健康。健身与医学的目的是一致的，都是使人体各系统向更好的方向发展。我们在运动健身方面也要有针对性，应根据自己的身体素质、运动水平、运动经验和健身目标选择适合自己的运动项目和运动量，最好将健身目标与膳食营养结合起来，制订适合自己的健身方案。这样有助于我们实现自己的健身目标，取得更好的健身效果。

　　锻炼者要想制订一个合理的健身方案，首先，要根据自己的健身目标，合理地安排各运动项目的运动时间，并确定运动强度和运动频率；其次，要根据个人的身体素质和运动水平调整运动项目难度；最后，要对后期的进阶健身方案作出适当的调整。

　　本章设计了初级、中级和高级健身方案，以及增肌方案和减脂塑形方案，锻炼者可以根据自己的身体状况参考使用，以增强体质、增进健康，并养成良好的运动习惯。

一、制订健身方案

　　锻炼者制订健身方案时，应注意以下几点。

　　（1）考虑健身目标。锻炼者制订健身方案时应考虑健身目标，明确、具体的健身目标有助于锻炼者评判自己的进步程度并保持健身的动力。

　　（2）起点要低，逐渐进步。刚开始健身时，锻炼者应谨慎开始、缓慢进步。如果受伤了或生病了，锻炼者应咨询医生或健身教练，让他们帮助自己制订健身方案，以逐步提高关节活动度、耐力水平并增强肌肉力量。

（3）把健身纳入日常生活中。对于某些锻炼者来说，安排时间进行健身可能是一项挑战。为方便起见，锻炼者可以像安排约会一样安排时间健身。例如，锻炼者可以计划一边在跑步机上跑步，一边听喜欢的音乐；一边骑固定自行车，一边看电视剧。

（4）将不同的运动方式纳入健身方案。锻炼者在健身时进行不同的运动（如交叉训练）可以防止因运动方式单一而对健身产生厌倦情绪。锻炼者进行交叉训练可以降低受伤的风险和过度使用特定肌肉或关节的频率。制订健身方案时，锻炼者应将能够锻炼身体不同部位的各项运动考虑在内，如健走、游泳和力量训练交替进行。

（5）尝试间歇式训练。进行间歇式训练时，锻炼者可以尝试先进行短时间（如1分钟）的高强度运动，再进行较长时间（如3分钟）的中等强度运动，两种强度的运动交替进行。

（6）留出恢复时间。很多人一旦决定健身就开始疯狂运动（运动太久或太剧烈），但在肌肉和关节酸痛或受伤后就放弃了健身。为避免身体受伤，锻炼者应安排一定的休息和恢复时间。建议每周休息2天。

（7）制订书面计划。制订书面计划并将书面计划张贴在显眼的位置，有助于激励锻炼者坚持不懈地参加健身活动。

二、实施健身方案

锻炼者开始实施自己的健身方案时，应记住以下几点建议。

（1）慢慢开始，逐渐增加运动量。锻炼者给自己充足的时间，通过原地踏步、伸展运动进行热身，然后加快到可以持续5分钟而不会感觉过度疲劳的速度。随着耐力的增强，锻炼者逐渐增加锻炼时间。在一周中的3～5天时间里，锻炼者应每天坚持锻炼30～60分钟。

（2）可以一天分几次锻炼。锻炼者不需要一次做完一天所有的运动项目。例如，上午健走3000步，下午健走4000步，晚上健走3000步。

（3）快乐健身。除了日常的锻炼，锻炼者还可以在周末和家人一起郊游或者在晚上练习瑜伽；找一些自己喜欢的活动，把它们加入自己的健身方案。

（4）监控自己的身体感受。锻炼者如果感到胸闷、气短、头晕或恶心，可能是运动过量了，应暂停健身活动，严重者应及时就医。

（一）初级健身方案

千里之行，始于足下。刚开始健身时，运动强度要低，每次的运动时间不能太长。依据我们制订的健身方案进行锻炼，锻炼者会发现自己的身体耐力逐步增强，运动能力逐步提高。运动结束后，锻炼者会有轻微的疲劳感，不但精神愉悦，而且疲劳感在第二天基本消失。健身初期，锻炼者应尽量采用徒手力量训练方式，不使用其他器械；慢慢地增加运动时间，逐渐增加每周的运动次数；运动前要热身，运动后要放松。如果锻炼者认为完成本周的健身活动较累，则下周仍然重复本周的健身活动，直至感觉完成本周的健身活动不费力气。运动后，锻炼者的身体需要休息和恢复，因此建议锻炼者每周休息 2 天。在按照我们制订的初级健身方案（表 12–1）完成为期 4 周的健身活动后，锻炼者应先对自己的运动水平进行评估，再决定下一步的健身活动是重复初级健身方案还是进阶到中级健身方案。

【运动项目】有氧运动（快走、超慢跑和跳绳）、徒手力量训练、柔韧性练习和平衡性练习。

【运动强度】从低强度到中等强度，运动中心率应控制在最大心率的 50%～60%。

【运动时间】每次运动 15～30 分钟。

【运动频率】每周 3～5 天。

【注意事项】初级健身活动持续 4～8 周，运动频率从每周 3 天逐渐提高至每周 5 天。每天的健身任务可以分两次完成。锻炼者感觉到身体不适时要暂停运动，注意运动安全。

表 12-1　初级健身方案

周期	周一	周二	周三	周四	周五	周六	周日
第一周	原地踏步 快走1千米 大腿前侧拉伸 小腿拉伸	原地踏步 快走1千米 大腿前侧拉伸 小腿拉伸 压腿	上臂绕环 高抬腿 快走5分钟 坐姿侧平举 坐姿臂屈伸 扶墙俯卧撑 胸部拉伸 臂部拉伸	休息	原地踏步 快走1千米 大腿前侧拉伸 小腿拉伸 胸部拉伸	高抬腿 腰部旋转 扶墙俯卧撑 扶椅坐起 扶椅深蹲 大腿前侧拉伸 小腿拉伸	休息
第二周	热身5分钟 超慢跑10分钟 放松5分钟	热身5分钟 快走10分钟 放松5分钟	热身5分钟 上肢力量训练3个动作，每个动作做3组，每组做8～10次 放松5分钟	休息	热身5分钟 快走10分钟 放松5分钟	热身5分钟 下肢力量训练3个动作，每个动作做3组，每组做8～10次 放松5分钟	休息
第三周	热身5分钟 超慢跑10分钟 放松5分钟	热身5分钟 快走10分钟 放松5分钟	热身5分钟 核心力量训练3个动作，每个动作做3组，每组做8～10次 放松5分钟	休息	热身5分钟 跳绳10分钟 放松5分钟	热身5分钟 下肢力量训练3个动作，每个动作做3组，每组做8～10次 放松5分钟	休息
第四周	热身5分钟 超慢跑10分钟 放松5分钟	热身5分钟 快走10分钟 放松5分钟	热身5分钟 核心力量训练3个动作，每个动作做3组，每组做8～10次 放松5分钟	休息	热身5分钟 平衡性练习3个动作，每个动作做3组，每组做8～10次 放松5分钟	热身5分钟 上肢力量训练3个动作，每个动作做3组，每组做8～10次 放松5分钟	休息

/// （二）中级健身方案

　　如果坚持一两个月的健身活动后，锻炼者已经基本适应健身初期的运动强度，身体机能得到增强，运动能力有所提高，那么就可以进阶到中级健身阶段了。在这个阶段，锻炼者要逐渐增加运动时间和提高运动强度，争取每周的运动时间达到推荐运动时间的最低要求，即每周至少运动 150 分钟，这就是我们所提倡的"运动 150"理念。注意，运动前要热身，运动后要放松。如果锻炼者认为完成本周的健身活动比较累，则下周仍然重复本周的健身活动，直至锻炼者感觉完成本周的健身活动不费力气。运动后，锻炼者的身体需要休息和恢复，因此建议锻炼者每周休息 2 天。在此，我们提供了一周的中级健身方案（表 12–2），锻炼者可以根据自己的身体素质和运动水平制订适合自己的健身方案。中级健身活动为期 4 周。锻炼者在按照中级健身方案完成为期 4 周的中级健身活动后，应先对自己的运动水平进行评估，再决定下一步的健身活动是重复中级健身方案还是进阶到高级健身方案。如果完成中级健身活动，说明锻炼者已经养成了健身习惯。这时，锻炼者就会感受到运动带来的好处了，即精神焕发，睡眠得到改善，身体轻松，更有力气。

【运动项目】有氧运动（快走、超慢跑和跳绳）、力量训练、柔韧性练习和平衡性练习。

【运动强度】中等强度，运动中心率控制在最大心率的 60%～70%。

【运动时间】每次运动 30～40 分钟。

【运动频率】每周 3～5 天。

【注意事项】中级健身活动持续 4～8 周，运动频率从每周 3 天逐渐提高至每周 5 天。每天的健身任务可以分两次完成。锻炼者如果感觉身体不适，则应暂停运动，注意运动安全。

表 12–2　中级健身方案

周一	周二	周三	周四	周五	周六	周日
热身 5 分钟 有氧运动 20 分钟 放松 5 分钟	热身 5 分钟 有氧运动 25 分钟 放松 5 分钟	热身 5 分钟 上肢力量训练 20 分钟 放松 5 分钟	休息	热身 5 分钟 有氧运动 20 分钟 放松 5 分钟	热身 5 分钟 下肢力量训练 25 分钟 放松 5 分钟	休息

///（三）高级健身方案

现在，锻炼者已经养成坚持锻炼身体的好习惯了，身体机能有了较大改善。这时，锻炼者应根据自己身体薄弱的部位或想改善的部位进行重点训练。进行重点训练前，锻炼者应重点评估自己的心肺耐力、肌肉力量、平衡性、柔韧性、体重、腰围等指标，以在训练中逐步达到更高运动水平。注意，运动前要热身，运动后要放松。如果锻炼者认为完成这周的健身活动比较累，则下周仍然重复这周的健身活动，直至锻炼者感觉完成本周的健身活动不费力气。运动后，锻炼者的身体需要休息和恢复，因此建议锻炼者每周休息 2 天。我们为锻炼者提供了一周的高级健身方案（表 12-3），锻炼者可以根据自己的身体素质和运动水平制订适合自己的健身方案。高级健身活动为期 4 周。锻炼者在按照高级健身方案完成为期 4 周的高级健身活动后，需要再对自己的运动水平进行评估，按实际情况调整自己的健身方案。如果完成高级健身活动，那么锻炼者已经成为健身达人了。请锻炼者帮助并指导身边的亲朋好友，让他们也享受健身带来的好处吧！

【运动项目】有氧运动（快走、超慢跑和跳绳）、力量训练、柔韧性练习和平衡性练习。

【运动强度】中等强度至高强度，运动中心率控制在最大心率的 60%～85%。高强度运动时间要短，控制在 15～25 分钟。建议中等强度和高强度运动交替进行，这样运动效果更佳。

【运动时间】每次运动 30～60 分钟。

【运动频率】每周 3～5 天。

【注意事项】高级健身活动持续 4～8 周，运动频率从每周 3 天逐渐提高至每周 5 天。每天的健身任务可以分两次完成。锻炼者如果感觉身体不适，则应暂停运动，注意运动安全。

表 12-3 高级健身方案

周一	周二	周三	周四	周五	周六	周日
热身10分钟 有氧运动30分钟 放松5分钟	热身10分钟 有氧运动35分钟 放松5分钟	热身10分钟 上肢力量训练30分钟 放松5分钟	休息	热身10分钟 有氧运动35分钟 放松5分钟	热身5分钟 下肢力量训练30分钟 放松5分钟	休息

三、监测自己的进步程度

实施健身方案4～8周后，锻炼者需要重新评估自己的健康状况和身体素质，包括血压、心率、体重指数、体脂率、腰围、力量水平、耐力水平、柔韧性、平衡性等，然后每隔两个月重新评估一次。在这一过程中，锻炼者可能会意识到，自己需要增加运动时间才能保持继续进步；或者可能会惊喜地发现，自己的运动量恰好能够实现自己的健身目标。

在实施健身方案的过程中，锻炼者如果失去了动力，那么需要设定新的目标或尝试新的运动项目。也许与朋友一起运动或去健身房上课会对锻炼者重塑健身自信有所帮助。

开始健身是一个重要的决定。锻炼者应从中低强度的运动项目开始，逐步增加运动时间和提高运动频率，相信自己可以养成长期的健身习惯。

四、增肌方案

如果锻炼者的健身目的是增肌，那么在制订健身方案时应该以肌肉的分化训练为基本导向。尽管如此，我们还是应该优先考虑进行复合动作训练，因为复合动作训练会给我们的身体带来更大的冲击力，并且能带动更多的肌群，从而引起较大的生理反应。功能性训练突破了传统的单关节力量训练模式，强调整条动力链上各环节在不同的平面完成相关动作时的稳定性和灵活性，从而更好地发挥力量训练的作用。相比之下，孤立的动作仅用于辅助练习，并根据需要进行相应的添加，但要切记：一切训练组合都要基于自己每周的锻炼天数（运动频率）来进行。在制订健身方案时，锻炼者可以参考下面的增肌方案（表 12-4）。

表 12-4　每周 3 天的增肌方案

周一	周三	周五
腿部	胸部	背部
背部	背部	胸部
肩部	肩部	肩部
上臂前部肌肉 / 上臂后部肌肉	上臂前部肌肉 / 上臂后部肌肉	上臂前部肌肉 / 上臂后部肌肉
胸部 / 腹部	腿部 / 腹部	腿部 / 腹部

注：每周每个肌群训练 3 次，顺序可以视情况调换，中间可设置休息日。

五、减脂塑形方案

个体的体内脂肪超过正常范围，通过各种方法减掉身上多余脂肪的行为被称为减脂。简单来说，塑形就是让体形变得好看。它有两个条件：① 一定的肌肉量；② 低体脂率（男性 12% 左右，女性 18% 左右）。虽然塑形一定要减脂，但是减脂不一定能塑形，因为塑形还有另外一个条件，就是要有一定的肌肉量。想塑形的人要想体形有惊人的变化需要 1 ～ 3 年的时间，同时需要配合调整膳食结构。想减脂的人一定要将合理饮食摆在首要位置，养成良好的生活习惯，同时坚持进行规律性的有氧运动和力量训练。

虽然运动能消耗人体的能量，但是并非所有人都能通过运动收到理想的瘦身效果。最好的减脂方法就是根据自身体脂率来制订合适的减脂塑形方案。

体脂率在 32% 以上就算是比较严重的肥胖了，因此处于这个体脂率水平的人群首先要做的就是减脂。考虑到肥胖者的体重基数过大，为了避免伤害膝关节和身体其他部位的关节，同时又能有效地燃烧脂肪，肥胖者最好先咨询医生，并按照医嘱进行运动和调整饮食方案。

减脂者应学习平衡膳食的理论知识，重视调整膳食结构。为了不影响新陈代谢及减脂的效果，减脂者应在保证优质蛋白摄入量的同时，严格控制碳水化合物的摄入量，多以健康的全谷物和蔬菜代替精制的米与面食。每顿饭的配比量为，蔬菜约占 1/2，优质蛋白食物占 1/4，全谷物食物占 1/4。每日吃水果的量不宜超过 400 克，同时注意少吃含糖量较高的水果。晚餐要逐渐减少碳水化合物的摄入量。每天的饮水量不少于 1700 毫升。同时，注意保证充足的睡眠。

在减脂的过程中，肌肉的增加对减脂具有重要作用。因此，建议减脂者每周至少有 2 天进行力量训练（每次 45 ～ 60 分钟），或进行高强度间歇式训练（每次 20 ～ 30 分钟），这有助于减脂者在训练中和训练后燃烧大量的脂肪。力量训练应隔天进行。每周 3 ～ 4 天进行 30 ～ 60 分钟的有氧运动，如快走、超慢跑、游泳等，这些运动可以在一天中的不同时段进行。

减脂方案不必与以增肌或提高力量为目的的抗阻力训练完全相同。需要注意的是，减脂方案也需要在安排训练时平衡分配训练内容，兼顾完整的动作模式，以使全身各个部位得到系统的训练。除了调整训练变量外，我们还建议进行循环性的训练。另外，减脂者可以在每周的休息日中添加针对身体薄弱环节（如肩袖等稳定肌群）的练习，并增加更多的恢复性训练内容，以确保减脂计划的顺利实施。对于减脂者来说，减脂的关键在于饮食方案的制订和实施。如果没有合理的饮食规划，减脂者即使尽最大努力去进行训练，也很难收到预期的塑形效果。

///（一）初级减脂塑形方案

初级减脂塑形方案（表 12–5）是任意的组合形式，应避免在相邻动作中出现相同的肌群训练或模式安排。

表 12–5　初级减脂塑形方案

示例 1	示例 2	示例 3
深蹲 6～8 次	硬拉 3～5 次	哑铃卧推 6～8 次
臂屈伸 8～12 次	哑铃弯举 8～10 次	自重引体向上 3～5 次
哑铃划船 6～8 次	推举 4～6 次	腿弯举 10～15 次
哑铃弯举 8～10 次	哑铃划船 8～10 次	臂屈伸 8～12 次
卧推 6～8 次	臂屈伸 8～12 次	哑铃飞鸟 8～12 次
臀桥 8～12 次	腿屈伸 12～15 次	弓步蹲 6～8 次

注：锻炼者要根据自身训练水平重复 2～4 个循环，每个循环间休息 1～3 分钟。每种训练动作间隙需要根据动作难度及负荷调整休息时间，切记不要超过 1 分钟。

///（二）中级减脂塑形方案

中级减脂塑形方案（表 12–6）需要兼顾不同个体的运动水平采用完整动作模式。

表 12–6　中级减脂塑形方案

杠铃杠	哑铃	壶铃
硬拉	后退箭步蹲 6～8 次	高脚杯深蹲 6～8 次
借力推举	硬拉 8～10 次	推举 3～5 次
俯身划船	前蹲 6～8 次	壶铃摇摆 6～8 次
悬垂高翻	卧推 10～12 次	俯身划船 8～10 次
前蹲 / 后蹲	俯身划船 6～8 次	对角线上拉 6～8 次

中级减脂塑形方案具体训练步骤如下。

【杠铃杠组合训练】① 第一个循环，每个动作做 6 次，中间尽量不要放下杠铃杠，不要休息。循环结束，休息 90 秒。② 第二个循环，每个动作做 5 次，不同动作间最多可以休息 15 秒。循环结束，休息 90 秒。③ 第三个循环，每个动作做 4 次，不同动作间最多可以休息 15 秒。循环结束，休息 90 秒。④ 第四个循环，每个动作做 3 次，不同动作间最多可以休息 15 秒。循环结束，休息 90 秒。⑤ 第五个循环，每个动作做 2 次，不同动作间最多可以休息 15 秒。循环结束，休息 90 秒。⑥ 第六个循环，每个动作做 1 次，不同动作间最多可以休息 15 秒。循环结束，杠铃杠组合训练完成，休息 5 分钟，做好肌肉拉伸动作。

【哑铃组合训练】① 每个循环之间休息 60 秒；② 根据自己的运动水平和能力重复 3 ～ 4 个循环。

【壶铃组合训练】① 每个循环之间休息 90 秒；② 根据自己的运动水平和能力重复 4 ～ 6 个循环。

（三）高级减脂塑形方案

高级减脂塑形方案（表 12–7）要求在相同模式下，按照力量—速度素质依次排列。

表 12–7　高级减脂塑形方案

负荷类型	次数	组合 A		组合 B	
		推举、投	蹲、跳	卧推、投	硬拉
超负荷	3 ～ 5 次	坐姿上半程推举	半蹲	上半程卧推	上半程硬拉
力量	3 ～ 5 次	站姿推举	前蹲	卧推	标准硬拉
力量—速度	2 ～ 3 次	借力推举	悬垂高翻或抓举	速度卧推	悬垂高翻
速度—力量	6 ～ 8 次	药球投掷	杠铃深蹲跳	药球投射	药球抛射
自重爆发	6 ～ 8 次	增强式下斜俯卧撑	交替弓步跳	增强式俯卧撑	连续跳远

注：该训练方法适用于资深的专业健身人士，不建议初级健身者尝试。

高级减脂塑形方案具体训练步骤如下。

（1）高级减脂塑形方案采用循环训练法，减脂者依次完成组合 A 中的每个动作，每个动作间休息 30 ～ 90 秒。

（2）减脂者将组合 A 做 4 ～ 6 次循环，具体次数取决于减脂者的健身目标和体能水平。

（3）减脂者根据身体需要安排休息，以及水和能量的补充。

（4）减脂者继续进行组合 B 训练，同样采用循环训练法，依次完成组合 B 中的每个动作，每个动作间休息 30 ～ 90 秒。

（5）减脂者将组合 B 做 4 ～ 6 次循环，具体次数取决于减脂者的健身目标和体能水平。

（6）训练结束后，减脂者调整呼吸，休息 5 ～ 10 分钟，进行肌肉拉伸训练。

第十三章
运动损伤的预防

【钟南山谈健身】

　　好身体不仅是健康最重要的标志之一，还是进行创造性智力活动的基础。运动过程中我们最怕什么？答案是"受伤"。运动能给人们带来很多好处，但前提是要科学运动，而且人们在运动过程中难免会发生运动损伤。即使在平时的生活中，我们也可能会发生身体损伤，如劳损或扭伤等。科学证据表明，几乎每个人都可以安全地进行体育运动。此外，体育运动为人体带来的益处要远大于风险。在参加体育运动前，人们应该了解一些运动损伤的常识和预防方法，以保证日后更科学地进行锻炼，降低运动损伤发生的风险，从而更长久地参加自己喜爱的运动。运动量过大常常会引发运动损伤。当你试图过快地进行过多的身体活动时，可能会对身体造成过度使用性损伤。跑得太快、运动时间过长、过多地做同一种运动都会使肌肉紧张，导致肌纤维损伤。另外，不恰当的运动方法也会对身体造成伤害。例如，在做一组力量训练时，姿势不正确会导致运动损伤。打网球时，你可能会使某些肌肉负荷过重，导致肱骨外上髁炎（网球肘）。你最好在开始高强度运动前或新的运动项目前与医生进行沟通，他会提供一些建议，帮助你更安全地进行身体活动。例如，如果你出现髋关节无力现象，医生会告诉你对应的治疗方案，还会告诉你预防膝部疼痛的锻炼方法。你应提高安全意识，重视运动安全，掌握科学的健身方法，不要让运动损伤妨碍自己的身体活动；与医生多沟通，注意身体发出的信号并调整自己的运动强度，这样可以有效避免运动损伤，提高运动水平。

　　长时间久坐少动的人，刚开始健身时更应注意预防运动损伤，保证运动安全。本章重点指导大家如何科学地进行体育锻炼，提高运动安全意识，掌握预防运动损伤的知识和方法，预防运动损伤。

一、运动损伤概述

（一）运动损伤的概念及其分类

运动损伤是指在体育运动中发生的身体损伤。运动损伤在参加体育运动的人群中很常见。常见的运动损伤一般可以分为以下 4 类。

（1）身体某部位使用过度造成的劳损。

（2）钝性创伤，如坠落、扭伤。

（3）骨折和关节脱位。

（4）关节韧带损伤和肌肉损伤。

（二）运动损伤的症状

运动损伤会引起疼痛，程度从轻度到重度不等。损伤组织可能伴有以下症状。

（1）肿胀。

（2）发热。

（3）触痛。

（4）瘀伤。

（5）失去正常活动度。

（三）运动损伤发生的原因

运动损伤的发生既与锻炼者的身体素质、技能水平有关，也与运动项目的特点、技术难度、运动环境等运动风险因素有关。运动风险因素主要分为内在风险因素和外在风险因素两类。内在风险因素主要包括身体、心理等因素。造成运动损伤的主要原因有以下几点。

（1）锻炼者思想上麻痹大意，运动防护意识不强，不重视运动的安全性。这是造成运动损伤的风险因素中最主要的因素。例如，运动前锻炼者不检查运动器械，不遵守运动场所的规章制度，不遵守运动竞赛规则，预防措施不到位，好胜心、好奇心及攀比心强，盲目参加高危项目。同时，锻炼者运动时注意力分散，对自身技能认知存在偏差也会造成运动损伤。

（2）运动前，锻炼者的准备活动做得不充分，特别是缺乏针对性的准备活动，致使身体的运动器官、内脏器官的机能达不到运动状态，从而造成运动损伤。另外，运动后不拉伸、拉伸不到位或过度拉伸，都会造成运动损伤。

（3）锻炼者运动时情绪低落，或者在畏难、恐惧、犹豫及过度紧张时进行锻炼，容易发生运动损伤。锻炼者缺乏运动经验或缺乏自我保护能力也容易发生运动损伤。

（4）运动量过大，运动项目组合不科学，运动强度过高，以及技术动作不熟练等都可能引起运动损伤。另外，锻炼者身体疲劳、患病时仍然坚持运动也会造成运动损伤。

（5）参加接触性的剧烈运动（如足球、篮球等）时，锻炼者容易因相互冲撞而造成运动损伤。

（6）运动场地狭窄、地面不平坦、器械不坚固、空气污浊、有噪声、光线暗、气温过高或过低，以及运动服装不符合要求等，都可以直接或间接地造成运动损伤。

（7）如果锻炼者存在体态不良、损伤史、骨质疏松等问题，就可能导致运动损伤。研究表明，骨质疏松者出现运动损伤的概率较高；损伤过一次的锻炼者再次受伤的概率是未受过伤的锻炼者的两倍。当两腿不等长时，髋关节两侧及膝关节所受的外力是不均等的，导致一侧的下肢受到更多的压力，易出现运动损伤。

二、运动风险评估

"无评估，不训练"是健身行业的金科玉律。运动对身体健康的促进作用毋庸置疑，然而，任何运动都存在一定的运动风险。只有尽早识别运动风险并及时采取合适的方法规避运动风险，才能有效地预防运动损伤，增强运动效果。运动风险评估包括体检和运动试验、体态评估、功能性动作检测等。

随着人们健康意识的不断提升，运动健身特别是跑步已成为许多人日常生活的一部分。《2019中国马拉松大数据分析报告》显示，2019年中国境内（不含香港、澳门、台湾地区）举办规模马拉松赛事1828场。数以万计的职业长跑运动员、马拉松爱好者纷纷参与到这项运动中。然而，晕倒、电解质紊乱、脱水甚至是运动性猝死等事故时有发生。这些事故发生的一个重要原因就是赛前的运动风险评估未得到重视。近年来，一些企业界知名人士因高强度运动诱发疾病离世的事例再次提醒人们应重视运动风险评估。因此，建议参加中高强度体育运动及比赛者一定要进行运动风险评估；当锻炼者感觉自己身体状况欠佳时应提高安全意识，在运动前请专业教练进行运动风险评估。

▨▨（一）体检和运动试验

国家体育总局运动医学研究所体育医院功能检测科康复师张建红建议，马拉松爱好者及其他喜爱高强度运动的人不妨在运动前、比赛前为自己做一个体检，这样会大大降低运动风险的发生。运动前的体检和运动试验非常重要。以下人群更应该进行体检：① 生活习惯、生活方式不健康的人；② 工作压力大、没有时间顾及自己身体的人；③ 平时有病但不就医的人。

国家体育总局运动医学研究所体育医院功能检测科副主任医师高璨建议，锻炼者首先应接受血脂、血糖、心、肝、肾功能等全血生化检查，因为血糖、血脂异常是心血管疾病发生的独立危险因素。另外，锻炼者应重视心电图、心脏超声及肺功能检查，这不仅能提示心脏结构功能异常、肺活量和通气能力，更重要的是可保障运动的安全性。

经过体检，锻炼者应确认自己是否适合剧烈运动。下面6类人群不宜参加剧烈运动。

（1）存在冠心病危险因素（包括吸烟、高血压、糖尿病、高脂血症、早发冠心病家族史、大量饮酒、久坐、肥胖、熬夜、工作压力大）的人群。

（2）有心脏性猝死家族史的人群。

（3）近期有过严重的腹泻或使用利尿剂，很有可能体内钾、镁、钙离子水平异常的人群。

（4）有不需要药物治疗的心律失常问题，包括窦性心律不齐、各种早搏、窦性心动过缓等人群。

（5）曾有过与活动相关的颌以下脐以上部位不适症状或心悸、气短的人群。

（6）存在焦虑状态、疑病症或曾有过惊恐发作病史的人群。这类人群大多没有器质性心脏病的典型症状，但属于高危人群。如果没有进行心脏评估，在极限运动中有可能出现突发状况。

此外，运动试验有助于规避运动风险。运动试验是运动风险评估的重要内容，目前临床常用的运动试验包括心电图运动试验、心肺运动试验、心肌核素扫描、运动心脏超声等。其中，心肺运动试验不仅能协助诊断心肌缺血，还可以确定运动耐量，了解运动中的症状和其他危险因素。运动试验建议在有急救设施的正规医疗机构进行，医生可根据试验结果评估患者的健康状况、运动能力，给出合理建议及运动处方，以规避比赛中可能出现的风险。此外，锻炼者进行高强度运动前一定要保证睡眠充足，禁止饮酒，患有急性发热性疾病（包括感冒）时不宜参加体育锻炼和比赛。

/// （二）体态评估

随着年龄的增长，人们久坐少动、跷二郎腿、低头看手机、经常穿高跟鞋等不良习惯的养成，造成人们的身体动作模式不佳，使人们特定关节的活动度下降。当身体做某些动作时，为了应对某个关节活动度下降的问题，其他关节或周围肌肉就会出现动作代偿，即帮助其完成该任务。

当我们运动时，肩关节、髋关节、膝关节、踝关节等没有足够的灵活性或良好的稳定性，就容易发生运动损伤。

在健身前，健身教练一般都会请锻炼者进行体态评估。

良好的身体姿势可以帮助锻炼者保持肌肉在最佳长度内产生高水平的功能和力量。当我们的某些肌肉出现功能紊乱问题时，这些肌肉从形态上来看可能被拉长或缩短，那么其连接的骨骼和关节的形态也会发生相应的变化。体态评估正是捕捉这些形态上的变化，以此推断肌肉功能紊乱的具体情况。进行体态评估前，健身教练会做体态问卷调查（表13–1）。

表 13–1　体态问卷表

日期：	姓名：		性别：	
年龄：	职业类型：			
你现在有疼痛感吗？	有（具体位置）及存在时间		无	
是否有受伤史（骨折、扭伤等）			忘记了 / 无	
运动频率			很少 / 无	
晚上是否有夜间疼痛感			无	
你最想解决的体态问题（骨盆前后倾、腿形不正、高低肩、脊柱侧弯等）			不知道 / 想评估看结果	

如图13–1所示，从左向右依次为骨盆后倾、骨盆前倾、胸椎后凸、头前伸、体姿良好的表现。

图 13-1　不良体姿与良好体姿对照

健身教练会对锻炼者身体的正面、左右两侧（图 13-2）、背面进行拍照，重点检查头、颈、肩、肘、腕、胸椎、腰椎、骨盆、髋、膝、足、踝等部位。

图 13-2　体态评估拍照示范

很多有体态问题的人其实自己已经有所感知，也许是酸胀，也许是呼吸受阻，也许是疼痛。这些现象的出现过程缓慢，在早期发作时也不会太剧烈，通常不会引起人们足够的重视。人们在活动时如果不照镜子，一般不会发现自己的体态有问题，而旁人容易发现。进行标准的全身体态评估需要专业人士的指导和协助，但自我评估也能对一些常见的体态问题进行筛查，而且请家人在家协助拍照就能完成。

自我评估方法：在静止站立的状态下，拍摄身体的正面、背面和左右两侧，记录下自己瞬间的体态表现，然后在照片上画线，测量距离和角度，这样能够更好地评估和分析自己的体态。需要注意的是，自我评估不能替代专业评估，因为自我评估受限于场地环境、专业知识等因素，只能对常见的体态问题进行初步判断，而最终确诊、分析问题和制订解决方案仍然需要专业人士的主导和参与。

（三）功能性动作检测

通过检测功能性动作来发现受试者在灵活性和稳定性方面的不平衡问题，放大动作代偿的问题，可查明与本体感觉相关的灵活性和稳定性等方面的运动风险。通过功能性动作检测找到受试者的非对称性和限制性环节，发现肢体弱动作链，再通过跟进训练方法加以矫正，可以达到预防运动损伤、改善运动表现的目的。

功能性动作检测由 7 个基本动作构成：过顶深蹲、单腿独立、直线弓步蹲起、肩关节灵活性动作、仰卧直腿主动上抬、躯干稳定性俯卧撑、旋转稳定性动作（图 13-3）。在测试中，每个动作做 3 次，取 3 次动作的最高分；做动作时要求缓慢、连续。在进行每个动作测试前，教练要示范每个动作，并指出技术要点，之后让受试者自己做。

过顶深蹲　　　单腿独立　　　直线弓步蹲起　肩关节灵活性动作

图 13-3　功能性动作检测的 7 个基本动作

仰卧直腿主动上抬

旋转稳定性动作

躯干稳定性俯卧撑

图 13-3　功能性动作检测的 7 个基本动作（续）

功能性动作检测的评分标准如下。

（1）0 分：受试者出现疼痛。

（2）1 分：受试者无法完成所有动作。

（3）2 分：受试者能够完成所有动作，但完成的质量不高。

（4）3 分：受试者能高质量地完成所有动作。

功能性动作检测的总分为 21 分。研究指出，分数在 14 分以下，受试者发生运动损伤的风险较高。如果受试者的测试分数低于 14 分，则说明其现在不具备基础运动能力；即使受试者的技术水平比较高，其在训练或比赛过程中发生运动损伤的概率也很大，难以发挥运动潜能。

功能性动作检测主要用来筛查动作模式是否良好和运动风险程度，测量出来的分数及结果并不会影响到受试者的运动表现。例如，在检测过顶深蹲时，受试者如果没有达到 3 分，并不代表其不能进行深蹲训练，只能说明其动作模式不完美。这时受试者应扶着椅子、桌子等进行深蹲练习或靠墙深蹲等。但是要记住，一旦受试者得了 0 分，则应提高警惕，并在医生的指导下进行锻炼。通过功能性动作检测，受试者能及时发现身体的灵活性和稳定性方面存在的问题，从而避免造成新的运动损伤。

三、运动损伤预防指南

对于大多数人来说，定期科学地进行体育锻炼，逐步提高运动频率、不断提高身体素质有助于预防运动损伤。具体来说，预防运动损伤的常识如下。

（1）提高预防运动损伤的意识，重视运动安全。锻炼者应了解和学习一些运动损伤预防知识，评估自己的运动风险，认知自己的健康状况和运动水平，必要时应做体检、体态评估和功能性动作检测等，避免因为无知导致运动损伤。

（2）合理地选择适合自己的锻炼内容。对于中老年人或体弱者而言，最安全的运动项目是中低强度、低冲击力的运动，如健走、慢跑、游泳、排舞、骑自行车、太极拳、健身气功等。接触性和有碰撞的运动项目的运动风险较高。低强度项目比高强度项目的运动损伤风险更低。例如，快走带来的运动损伤风险只是快跑的 1/3 或更低。因此，身体素质和运动水平低的人应从低强度运动开始，或者交叉进行低强度和中等强度的运动。

（3）尽量使健身方式多样化。锻炼者可以通过进行多种体育运动来降低过度运动引起的运动损伤。锻炼者在日常训练时可以进行不同运动项目的交叉训练，不要只做一种运动。建议以有氧运动为主，兼顾力量训练、柔韧性练习和平衡性练习。其中，有氧运动中要混合各种运动形式，如快走、慢跑、骑自行车、游泳、排舞等，这样可以让身体不同部位的肌群得到锻炼，而不是让某一组肌肉负荷过重，从而防止发生过度使用性损伤。此外，锻炼者要确保每周对臀部、腿部和核心部位等主要肌群至少进行两次力量训练。

（4）设定科学的个人运动目标。因运动目标不同，不同运动形式造成的运动损伤风险也不同。例如，健身跑与马拉松跑相比，前者造成的运动损伤风险更低。过去曾经受过伤的人再次受伤的风险更高，如果其设定了不符合自己身体条件的运动目标，则更容易导致运动损伤。因此，锻炼者通过设定科学的运动目标可以降低发生运动损伤的风险。

（5）循序渐进地增加运动时间，提高运动强度，逐渐达到推荐运动量。科学研究表明，骨骼、肌肉和关节的运动损伤风险与一个人平时的运动水平和新的运动水平之间的差距（这种差距就是"超量负荷"）呈正相关。在平时锻炼时，锻炼者应减少超量负荷，让身体慢慢地适应新的刺激，遵守"10% 锻炼原则"，即锻炼者的运动强度或持续运动时间的增加量不得超过前一周的 10%。例如，如果锻炼者想在力量训练时增加负重，则每周增重不超过 10%。再如，锻炼者每天持续慢跑 60 分钟，下一周要超负荷练习，则跑步的持续时间不应超过 66 分钟。

（6）运动风险增加的主要因素包括年龄、身体素质、运动经验和水平。锻炼者要掌握适合自己的运动强度，不要过度运动。锻炼者可以用"220－年龄"这个公式进行计算，所得的数字是自己的最大运动心率，再用最大运动心率分别乘以 60% 和 80%，就是自己的目标心率范围。我们推荐中等强度的运动心率是最大运动心率的 60%～80%，这是较安全的运动心率。例如，一个 40 岁的人的最大运动心率不要超过 180 次／分，而其最佳运动心率约为 130 次／分。锻炼者在目标心率范围内运动时发生运动损伤的风险较低。

（7）久坐少动的人开始运动时，应该从低强度的有氧运动（如健走、伸展操等）开始。其应该每天运动 10～15 分钟，每周保持 3 天以上的运动频率，然后逐渐增加运动时间和运动次数，养成运动习惯。运动前，做好充分的准备活动（5～10 分钟）；运动后，应做整理活动（5～10 分钟）。静态的身体拉伸宜在所有活动结束后进行，否则易发生运动损伤。

（8）使用合适的专业装备、运动器材，选择合适的运动服装，选择安全的运动环境，遵守运动规则和制度，并对运动时间、运动地点和运动形式做出科学的选择。

（9）掌握正确的呼吸方法，不要屏气。在做力量训练时，屏气会造成血压升高。锻炼者应学会提起哑铃时呼气，放下哑铃时吸气。

（10）加强对易受伤部位的锻炼。坚持对容易受伤部位和相对薄弱部位的锻炼，提高它们的机能，是预防运动损伤的一种积极手段。针对不同的受伤部位，在医生或物理治疗师指导下进行运动康复和功能性训练可以降低再次发生运动损伤的风险。

（11）避免由于局部负担过重而发生的微细损伤积累导致的慢性劳损。体育锻炼时，身体的不同部位承担的负担不同。局部负担过重可能会导致微细损伤，这种微细损伤经过一段时间的累积，就会发生慢性劳损。锻炼者应合理分配负重，避免局部负担过重。

（12）采用正确的学习形式，掌握正确的技术动作是防止运动损伤的关键。锻炼者无论是刚开始一项新的运动，还是已经进行了很长一段时间的体育运动，都可以考虑参加有教师或教练指导教学的相关课程。在做新的技术动作前，复习和观看相关教学视频有助于避免错误，降低发生运动损伤的风险。例如，做负重深蹲时，保持背部挺直、收紧核心很重要。

（13）调整运动频率。锻炼者如果将要开始新的健身项目，不要成为"周末战士"，因为将一周的体育锻炼时间压缩到周末两天可能会导致过度使用性损伤。相反，锻炼者要争取每天至少进行 30 分钟的适度体育锻炼。如果没有完整的 30 分钟时间，锻炼者可以把它分解成 3 个 10 分钟或 6 个 5 分钟。

（14）运动要注意兼顾饮食、补充水分、休息。锻炼者应确保在运动前 2 小时吃了食物，不要空腹运动；确保膳食平衡，不吃或少吃高热量食物；运动前、运动中和运动后注意补充水分，除非医生限制饮水量；注意休息，保证充足睡眠。

（15）加强自我医务监督。锻炼者要掌握必要的自我医务监督知识和方法，及时了解自己的身体和心理状态，及时调整自己的锻炼计划，学会监控自己的运动心率和运动疲劳感。出现以下症状时锻炼者应停止运动：胸部、颈部、肩部和臂部等有疼痛感；头晕、恶心；出冷汗；肌肉痉挛；关节、大腿或双脚等出现急性疼痛。

（16）如果患有慢性疾病或有手术史等，患者想开始一项新的运动或提高运动强度，应在运动前向医生咨询运动建议和注意事项。例如，糖尿病患者运动时需要注意监控血糖和运动量。

四、运动损伤的处理和预防

运动时常见的运动损伤一般分为软组织损伤、骨与关节损伤等。具体的处理方式根据运动中的具体损伤情况进行选择。

（一）软组织损伤

软组织损伤是最常见的运动损伤，包括擦伤、肌肉损伤、扭伤等。

1. 擦伤

擦伤一般是运动时皮肤受粗糙物摩擦所致。例如，跑步时摔倒，运动时身体被器械摩擦受伤。擦伤后有皮肤出血或组织液渗出等现象。

【处理】

（1）洗手。这样做有助于避免感染。

（2）止血。轻微擦伤一般会自行止血。必要时用干净的绷带或纱布轻轻按压，并抬高受伤部位，直到停止流血。

（3）清理伤口。用清水冲洗伤口。用流动的清水冲洗伤口可以降低感染风险。用肥皂清洁伤口周围，但别把肥皂弄到创面上。必要时用酒精或碘伏进行消毒杀菌，但这些东西有刺激性。用酒精消毒过的镊子清除所有污垢或碎屑，如果无法清除所有碎屑，请立即就医。

（4）遵医嘱涂抹软膏。薄涂一层软膏可以保持伤口表面湿润和防止瘢痕形成，但一些软膏中的某些成分可能会导致部分人发生轻度皮疹，如果出现皮疹，应停止使用软膏。

（5）包扎伤口。使用绷带、成卷的纱布或用纸带固定的纱布覆盖伤口可以保持伤口清洁。如果是轻微的擦伤，不要覆盖伤口。

（6）更换敷料。敷料每天至少更换一次，或者在被弄湿或弄脏时进行更换。

（7）遵医嘱注射药物。如果伤口较深或较脏，伤者需要遵医嘱注射药物。

（8）观察感染症状。如果皮肤或伤口附近出现发红、疼痛加剧、流液、发热或肿胀等感染迹象，伤者应及时就医。

【预防】运动前进行充分的准备活动；坚持体育锻炼，增强体质，提高肌肉的弹性、伸展性和力量；避免超负荷运动；掌握正确的运动姿势；选择气温适宜、场地平坦的环境运动。

2. 肌肉损伤

肌肉损伤是肌肉或肌腱（连接肌肉和骨骼的纤维组织）的损伤。就医时，医生会检查伤者是否出现肿胀和压痛点。根据伤者疼痛的位置和程度，医生可以确定肌肉损伤的程度和性质。如果伤者损伤严重，导致肌肉或肌腱完全撕裂，医生能够通过观察或超声波检查确定损伤部位。

【处理】

（1）进行积极性休息。伤者避免进行引起疼痛、肿胀或不适的体育活动，但不要避免所有体育活动。

（2）冷敷。伤者即使正在寻求医疗帮助，也要立即冷敷受伤部位。伤者可以使用冰袋或进行冰水浴，每次 15～20 分钟；受伤后最初几天，在醒着的时候每 2～3 小时重复一次。

（3）加压包扎。为了帮助消肿，伤者可用弹性绷带压迫受伤部位，直到肿胀消除。包扎不要太紧，否则可能会阻碍血液循环。包扎从远心端开始。如果疼痛加剧，受伤部位变得麻木或发生肿胀，则松开包扎。

（4）抬高伤肢。将受伤部位抬高到与心脏水平位置之上，尤其是在夜间，这样可以通过重力帮助消肿。

【预防】加强对易受伤部位的锻炼，同时充分做好准备活动，合理安排运动量，纠正技术动作中的错误。

3. 扭伤

扭伤是韧带（连接相邻两骨之间的致密纤维缔结组织束）的拉伤或撕裂。如果关节过度承压，同时又过度伸展，就会发生扭伤。例如，锻炼者以危险的方式旋转、扭转、翻动踝关节时，或者在不平整的地面上行走或锻炼，或者跳跃时落地不当，都会扭伤踝关节，因为运动过程中可能会拉紧或撕裂固定踝关节骨骼的韧带；运动时转体不当，会造成膝关节扭伤；摔倒时用手撑地，会造成手腕扭伤；滑雪、打网球、打羽毛球时，拇指可能会因过度伸展而损伤。

【处理】扭伤的处理方式取决于损伤的严重程度。伤者最好先进行医学评估，以判定关节扭伤的严重程度并确定合理的治疗方案。早期的治疗包括休息、冷敷、加压包扎和抬高患肢。轻度扭伤可在家中治愈。但是，由于扭伤可能并发严重损伤（如骨折），伤者应立即就医。此外，伤者如果有以下情况应就医。

（1）受影响的关节不能移动或无法承受重量。

（2）受伤关节出现疼痛。

（3）受伤部位有麻木感。

值得注意的是，有的严重扭伤需要做手术来修复撕裂的韧带。

【预防】在体育活动中定期进行拉伸和下肢力量训练，多做一些平衡性和柔韧性练习。此外，平时要穿能提供支撑和保护脚踝的鞋子，尽量不穿高跟鞋。运动前，要进行充分的准备活动。在不平坦的地面上行走、跑步或工作时要小心。如果踝关节受过伤，可使用踝关节支架或绑带。不参加不适合自身条件的运动。

▨（二）骨与关节损伤

骨与关节损伤常见于较剧烈的运动中，如篮球、足球、拳击等。常见的骨与关节损伤表现为关节脱位、骨折等。

▽ 1. 关节脱位

关节脱位是指组成关节的两个骨端相互移开、对合关系全部丧失的病症。关节脱位一般是由跌倒、接触性碰撞、高速体育运动导致的创伤，通常发生在身体较大的关节处。成年人最常见的损伤部位是肩膀，儿童则是肘部。关节脱位会使关节短暂变形且伤肢无法移动，可能导致突发性剧烈疼痛和肿胀。

【处理】

（1）立即就医，将骨端接回正确的位置。

（2）在伤者接受救治前，用夹板固定受伤的关节。切忌活动脱位关节或强力还纳，因为这么做有损关节及其周围肌肉、韧带、神经或血管。

（3）冷敷受伤的关节。这样能防止内部出血，以及液体在损伤关节内部和周围堆积，有助于消肿。

【预防】做好运动前的准备活动，运动过程要循序渐进，不要一开始就进行剧烈运动。

▽ 2. 骨折

骨折指骨与软骨的完整性或连续性中断。运动中，身体某部位受到直接或间接的暴力撞击后可能造成骨折。骨折后可能出现以下征象：① 患者没有反应，没有呼吸或一动不动；② 大量出血；③ 即使轻轻按压或移动，也会引起疼痛；④ 肢体或关节变形；⑤ 骨骼刺穿皮肤；⑥ 受伤的手指或脚趾感到麻木或颜色发青。

【处理】如非必要，救助者不得移动伤者，以免造成其他损伤，应及时拨打急救电话。等待医疗救助时，救助者应立即采取以下措施。

（1）若伴有伤口出血，救助者应进行止血，并用无菌绷带、干净的布或干净的衣服加压包扎伤口。

（2）固定受伤部位。救助者不要试图重新还纳骨折端。如果救助者受过急救培训，知道如何使用夹板，并且尚无法获得专业帮助，可在骨折部位上方和下方使用夹板固定并给夹板加上衬垫，以减轻伤者不适。

（3）敷冰袋来控制肿胀和缓解疼痛。救助者不要将冰袋直接敷在伤者皮肤上，可用毛巾、布或其他材料包住冰袋。

（4）如果伤者感到头晕或呼吸急促，救助者应让其平躺，头部略低于躯干，双腿抬高。

（5）若伤者骨折后出现休克，应由专业人士先进行紧急处理，如点按其人中穴，并进行人工呼吸或闭胸心脏按压。

【预防】选择安全、卫生的场地及适合自己的运动强度，在温度适宜的环境中运动；在运动中注意加强自我保护。

以上所涉及运动损伤的相关处理方法均须在专业人士的指导下，且在经过认真学习、反复实践的基础上实施。如伤者情况危急，请优先将其送医治疗，以免贻误伤情。

五、容易发生运动损伤的部位

临床上，常见的容易发生运动损伤的部位有以下 5 个。

▰//// （一）踝关节

踝关节扭伤在足球、篮球和排球运动中比较常见，在其他涉及跑、跳及快速转动的运动中也经常发生。例如，跑步时脚不小心踩到石头崴一下，短跑时用脚发力，或者打羽毛球时跳跃、扣杀落地，都可能使锻炼者出现脚部红肿、疼痛、活动受限等症状。

【建议】运动前，锻炼者应充分活动踝关节，必要时佩戴护踝装备；运动中出现脚部疼痛，锻炼者应停止运动。受伤后，锻炼者应休息并冷敷，冷敷时间超过 1 天，可适当进行轻微活动，以加快踝关节痊愈。

▰//// （二）跟腱

跟腱断裂也是常见的意外伤，容易发生在对抗性较强的运动中，如羽毛球运动中的跳跃、扣杀等动作，篮球运动中的上篮、抢篮板球等动作，以及百米冲刺等。

判断是否出现跟腱断裂，锻炼者可以尝试蹬地。如果脚跟提不起来，前脚掌不能着地站立，一般情况下就是跟腱断裂。

【建议】运动前，锻炼者一定要做充分的准备活动，如慢跑，跑到微微出汗后，做一些动态拉伸运动，尤其是小腿部位的拉伸。如果运动中出现脚部疼痛，锻炼者应立即停下来。脚跟部位出现肿胀时，锻炼者可以先冷敷，然后尽快就医，一定不要再继续活动。

▰//// （三）膝关节

膝关节最容易受到擦伤和挫伤。如果伤口创面不深、面积不大，清理完并涂上碘伏后，可以进行包扎；如果伤口创面较大、较深，则需要医生进行缝合，同时还要遵医嘱注射药物。

除了擦伤和挫伤，膝关节还容易出现交叉韧带损伤。交叉韧带损伤大多出现在锻炼者进行跳跃急停、膝关节扭转这些动作后，这些动作在跑步、足球、篮球、跳远等运动中都会涉及。如果发生急性韧带损伤，伤者会立即有疼痛感并伴有膝关节红肿等症状，应立即就医。

【建议】伤者通过休息、冷敷等治疗后可减轻症状，过一段时间后会发现正常走路没问题，但上下楼梯会出现膝关节不稳定、腿软等症状，很容易再次扭伤，这时要引起注意并及时就医。平常锻炼时，伤者注意穿合适的运动鞋；最好选择软一点的运动场地；加强大腿前侧肌肉的力量训练，如练习靠墙深蹲。

（四）腰部

腰部损伤主要发生在进行某些器械锻炼时。此外，网球、游泳、仰卧起坐等主要依靠腰部发力的运动，以及不正确的瑜伽动作、长时间的坐姿不良等也是腰部损伤的高危因素。

【建议】运动前，锻炼者应先做准备活动；运动后，锻炼者注意拉伸腰部。锻炼者可以根据疼痛部位的不同戴上护腰装备，平时可多做燕式平衡、俯卧撑和平板支撑等核心力量训练。

（五）肩部

导致肩部损伤最常见的运动是羽毛球、网球等。这些运动易引起超肩运动，即腕与肘活动位置超过肩膀。超肩时间过长会引发肩部劳损，如肩部撞击症（肩峰下疼痛综合征）。这里的撞击并不是两个人肩膀碰撞，而是在抬手猛击球时，自身的肱骨和肩峰撞击，从而导致肩峰下滑囊炎、肱骨内侧髁炎等。

【建议】发生肩部损伤后，锻炼者应立即停止活动，局部冷敷；48小时后，锻炼者可使用温热毛巾热敷。若损伤较重，如活动受限、发生韧带撕裂或关节脱位，锻炼者一定不要活动，应及时就诊。运动前，锻炼者应以肩部为轴做单手画圆动作，以充分调动肩部周围的肌肉。锻炼者平时还应加强肩部力量训练，如练习坐姿哑铃侧平举和前平举等。

六、运动的不适反应及预防措施

（一）不适反应

由于运动需要调动全身的肌肉组织，很多人在运动时或运动后可能会出现肌肉酸痛和肌肉痉挛的现象。

1. 肌肉酸痛

（1）急性肌肉酸痛。急性肌肉酸痛是指因肌肉暂时性缺血而造成的酸痛现象，是肌肉在运动中或运动结束后短时间内发生的疼痛。急性肌肉酸痛症状：剧烈运动中，感觉肌肉有酸痛感；一旦停止运动，这种酸痛感就消失。急性肌肉酸痛有别于肌肉拉伤，只有肌肉做剧烈或长期的活动时，才会发生急性肌肉酸痛。通常情况下，急性肌肉酸痛会伴随肌肉僵硬的现象。急性肌肉酸痛主要是因为从事高强度运动，造成肌肉暂时性缺血，导致肌肉运动代谢产物的堆积，使肌肉产生疲劳、酸痛、僵硬的现象。通常情况下，在停止运动后的 1 分钟左右，身体就能完全恢复。切记，锻炼者在运动后可能会感到有点酸痛、轻微不适或有点累，但不应感到疼痛。当感到疼痛时，锻炼者应立即停止运动。

（2）延迟性肌肉酸痛。延迟性肌肉酸痛是指在锻炼后 12 ～ 24 小时内出现、持续 1 ～ 3 天后逐渐缓解的肌肉酸痛。延迟性肌肉酸痛并不属于病理损伤，而是运动过后的正常现象。发生延迟性肌肉酸痛的原因是肌肉纤维或结缔组织有细微的损伤，通常是因为肌肉离心收缩运动（如下坡跑）导致肌肉发炎，从而使锻炼者产生酸痛、僵硬的感觉。例如，在运动过程中锻炼者使用了不常锻炼的肌群，或是突然提高运动强度，就会造成延迟性肌肉酸痛。当身体出现延迟性肌肉酸痛现象时，说明锻炼者收到了锻炼效果。锻炼后，机体对细微损伤的组织会进行修复，身体也变得更加强壮。因此，锻炼者不需要太过排斥延迟性肌肉酸痛的症状。出现延迟性肌肉酸痛时，锻炼者应通过拉伸、按摩、冷敷或热敷等方式来缓解肌肉酸痛。

锻炼的关键是要把肌纤维细微损伤的程度控制在安全范围内。变换一种新的运动方式或是提高运动强度，都会导致延迟性肌肉酸痛的出现。但这并不是一件坏事，而是身体给锻炼者发出信号，告诉锻炼者这个运动强度稍微高了，但还可以接受。这种在安全范围内的破坏是有益的，有助于肌肉的修复和增长，说明机体对运动负荷做出了积极的反应。

当然，锻炼者不能盲目地追求这种肌肉酸痛感，尤其是在做一些力量训练时，有的人觉得肌肉酸痛的感觉非常好，证明其锻炼效果明显，这是误区。肌肉在力量训练过程中需要对抗阻力，血供量的增加会让肌肉形态和围度因充血而呈现出视觉上的变大，但这只是一种短暂的假象。锻炼效果增强是一个循序渐进的过程。在锻炼中施加相应的运动负荷，不仅能够让锻炼者在锻炼后机体恢复到原有水平，还可以超过原有水平，这就是常说的"超量恢复"。因此，在安全范围内，运动量越大、消耗的能量物质越多，超量恢复的程度越明显。如果运动刺激过大，超过了人体的生物适应能力，就会对身体造成损伤，因此掌握适宜的运动强度很重要。锻炼者要循序渐进，量力而为。

◤ 2. 肌肉痉挛

肌肉痉挛俗称抽筋。如果锻炼者出现肌肉痉挛症状，采取下列措施有助于缓解不适。

（1）拉伸和按摩。拉伸和按摩有助于放松痉挛的肌肉。如果是小腿肌肉痉挛，锻炼者可将身体重心放于痉挛的腿上并微微地弯曲膝关节。如果锻炼者无法站立，可坐在地板或椅子上拉伸痉挛的小腿，在使痉挛的腿保持伸直的同时，试着用手将脚尖拉向头部方向。此动作有助于缓解大腿后侧肌肉（如腘绳肌）的痉挛情况。如果是大腿前侧肌肉（如股四头肌）痉挛，锻炼者可一手扶椅子站稳，另一手将痉挛侧的脚拉向臀部。

（2）热敷或冷敷。锻炼者用热毛巾或加热垫热敷紧绷的肌肉，进行温水浴或直接用热水冲淋痉挛的肌肉，可以缓解疼痛。此外，冷敷痉挛的肌肉也可以缓解疼痛。

（二）预防措施

（1）做好充分的准备活动。在做准备活动过程中，锻炼者先原地踏步或快走，再进行动态拉伸动作。动态拉伸部位也要和自己即将开始的身体运动主要肌肉部位相匹配。例如，打羽毛球需要下肢移动、核心动态稳定和胸椎灵活控制，在做准备活动的过程中锻炼者就需要兼顾这些关节的动态伸展和灵活稳定。如果要跑步，锻炼者就要关注下肢髋关节、膝关节、踝关节的灵活性和稳定性。有急性拉伤史者可以稍微活动过去受伤的部位。

（2）锻炼者遵循循序渐进的原则，逐步提高运动强度，使肌肉能够慢慢地适应运动负荷。

（3）在做某些运动的时候要量力而为，运动量不要过大。锻炼者如果已有肌肉酸痛现象，则应休息并进行冷敷处理，不宜再过度运动，否则易产生更严重的伤害。

（4）锻炼后的静态拉伸、泡沫轴滚压放松、筋膜枪按摩、冷敷、冷水浴和热敷等对于缓解延迟性肌肉酸痛有很大的帮助。筋膜枪只应用于大肌群部位或是肌肉隆起最高的地方，切记不要打到关节和韧带。

（5）锻炼后第二天进行低强度有氧运动，进行积极性恢复。低强度有氧运动包括快走、慢跑、骑自行车等。肌肉的血液流量增加后，可以增加肌肉细胞的含氧量，加速肌肉康复的速度，有效地舒缓肌肉酸痛。如果肌肉的酸痛感已经严重到动一下都很吃力时，锻炼者应立即停止运动，暂时休息。

（6）锻炼后，锻炼者应摄入水果和蔬菜，以补充抗氧化剂，防止自由基攻击正在修复的肌细胞；补充优质蛋白（牛肉、鱼肉、牛奶等），为修复肌纤维提供直接的原料；及时补充碳水化合物和水分，如蜂蜜水、果汁等，补充运动时损失的肌糖原。

附　录

附录一　体育锻炼前的调查问卷

　　经常参加体育锻炼对人体健康的好处显而易见，越来越多的人每天参加体育锻炼。对于大部分人来说，参加体育锻炼是非常安全的。然而，部分人应在开始锻炼前咨询医生。以下问卷将让你了解适宜增加的运动量或开始锻炼前是否必须向医生咨询更多的运动建议。本问卷适用于 15 ～ 69 岁的人群。如果你的年龄超过 65 岁，则不适合进行较高强度的运动，运动前请咨询医生。

体育锻炼前的调查问卷

请仔细阅读以下 7 个问题，并如实地回答每个问题：勾选"是"或"否"	是	否
1. 你的医生是否曾经说过你患有心脏病，并告知你必须在医生的指导下锻炼？	☐	☐
2. 运动时，你是否感到胸部疼痛？	☐	☐
3. 在最近 1 个月中，不运动时，你是否曾感到过胸部疼痛？	☐	☐
4. 你是否曾因眩晕而失去平衡？或者你是否曾失去意识？	☐	☐
5. 你是否因运动发生变化导致骨骼或关节问题（如背部、膝关节或髋关节）加重？	☐	☐
6. 你现在是否在服用治疗高血压、心脏病的处方药？	☐	☐
7. 你是否知道你不能参加体育锻炼的其他原因？	☐	☐
如果你对上述问题的回答至少有一个为"是"		

　　请你在锻炼前或运动水平测试前向医生咨询，并告知医生你对此问卷中哪个问题的回答为"是"。向医生咨询你的运动禁忌和运动建议。

如果你对上述问题的回答均为"否"

你可以获准参加体育锻炼。

安全提示：从低强度的运动慢慢地开始锻炼，循序渐进，这样既安全，又容易。运动前，先参加运动水平测试。另外，建议你测量血压。如果血压超过144/94，请在开始锻炼前咨询医生。

如果出现下列情况，请推迟参加体育锻炼

你暂时患病，如感冒或发热，等病好之后再运动。

如果你怀孕了，请在参加体育锻炼前咨询医生。妊娠期妇女应该避免在妊娠期前3个月做仰卧起坐、卷腹等动作，还要避免参加有身体接触或碰撞的运动，以及有跌倒或腹部创伤风险高的运动，如足球、篮球、滑冰、滑雪等。妊娠期妇女应该在医生的指导下进行锻炼。

姓名：　　　　　　　　　　　　　　　日期：

附录二　月度健身打卡记录表

定期运动对健康的好处不容忽视。锻炼者无论什么年龄、性别或身体状况，都可以进行科学运动。如果你已经设定了健身目标，想改变自己，那么你应制订健身计划并立即行动。记录健身日记，可以帮助你养成更自律的生活方式，督促你养成健身的好习惯。在执行过程中，你每周都有两天休息和恢复时间，在此期间，你可以静静地回顾一下前几天的健身情况，思考一下哪些地方还需要改进，哪些地方还需要学习，并记录下自己的健身情况。如果你能够更详细地记录健身情况更好。例如，你做了哪些准备活动、有氧运动、力量训练和拉伸的动作，做了多长时间，做了几组，每组几次，是否感到疲劳等。设定健身目标，逐步实现你的理想。记录健身日记可以为你实现健身目标保驾护航，可以不断帮助你调整健身方案，激发你的强大内心潜力，使你养成积极的生活态度，高效率地完成工作。

月度健身打卡记录表

周一	周二	周三	周四	周五	周六	周日	是否完成本周健身计划
1	2	3	4	5	6	7	☐
8	9	10	11	12	13	14	☐
15	16	17	18	19	20	21	☐
22	23	24	25	26	27	28	☐
29	30	31					☐

备注：○　没有锻炼
　　　●　锻炼
　　　✓　完成本周健身计划（3 或 4 次 / 周）
　　　×　未完成本周健身计划

责任编辑：张双子
封面设计：常　帅
版式设计：严淑芬
责任校对：东　昌

图书在版编目（CIP）数据

跟钟南山院士学健身／高云智，张少生，郭勇　著 . —北京：人民出版社，
　2024.6
ISBN 978－7－01－026374－8

I.①跟…　II.①高…②张…③郭…　III.①健身运动－基本知识　IV.① G883

中国国家版本馆 CIP 数据核字（2024）第 082730 号

跟钟南山院士学健身
GEN ZHONGNANSHAN YUANSHI XUE JIANSHEN

高云智　张少生　郭勇　著

人民出版社 出版发行

（100706　北京市东城区隆福寺街 99 号）

北京新华印刷有限公司印刷　新华书店经销

2024 年 6 月第 1 版　2024 年 6 月北京第 1 次印刷

开本：710 毫米 ×1000 毫米 1/16　印张：19.75

字数：268 千字

ISBN 978－7－01－026374－8　定价：99.00 元

邮购地址 100706　北京市东城区隆福寺街 99 号

人民东方图书销售中心　电话（010）65250042　65289539